U0817009

总第79集

行政执法与行政审判

中华人民共和国最高人民法院
行政审判庭 编

中国法制出版社
CHINA LEGAL PUBLISHING HOUSE

目　录

高端论坛

司法谦抑原则在行政诉讼中的适用

黄永维　郭修江

【摘要】 司法谦抑原本适用于刑事司法领域，之后发展到宪法、行政法领域。司法谦抑本质是司法的隐忍、克制。行政诉讼中，基于司法与行政的关系、司法的弱势地位、行政的专业技术性特点，以及行政诉讼法规定，人民法院在行政诉讼中必须坚持司法谦抑原则。司法谦抑原则要求行政诉讼中人民法院必须认识到行政审判和行政管理的根本目标的一致性；必须坚守司法审查的范围和法定起诉条件，不得越权审判；必须尊重行政机关对事实和法律问题的初次判断，对技术问题的专业判断；必须坚守依法审判的底线，依法支持行政机关申请非诉执行和生效判决执行。行政诉讼中，人民法院要正确适用司法谦抑原则，必须处理好司法谦抑与依法审判、维护大局、保护权利、监督权力、解决争议、能动司法、与时俱进的关系。在依法审判的前提下，充分发挥行政审判的法律功能和社会功能。

【关键词】 司法谦抑　行政诉讼　监督行政　保护权利　解决争议

行政诉讼的目的在于解决行政争议，保护公民、法人和其他组织的合法权益，监督行政机关依法行使职权。① 人民法院通过对被诉行政行为的合法性审查，纠正违法的行政行为，通过行政赔偿、行政补偿，使公民、法人和

① 《行政诉讼法》第一条规定："为保证人民法院公正、及时审理行政案件，解决行政争议，保护公民、法人和其他组织的合法权益，监督行政机关依法行使职权，根据宪法，制定本法。"

其他组织受到侵害的合法权益得以恢复和救济，最终达到实质化解行政争议的目的。行政诉讼首先体现的是对行政权的监督和制约，通过监督行政权的依法行使，达到保护公民法人和其他组织合法权益，实质化解行政争议的目的。这一点，与同为公法诉讼的刑事诉讼极为相近。刑事诉讼法的目的是惩罚犯罪，保护人民，保障国家安全和社会公共安全，维护社会主义社会秩序。[①] 人民法院通过惩罚犯罪、教育改造犯罪人、减少犯罪，从而达到保护人民群众人身、财产安全，维护正常的社会秩序，实现社会和谐稳定的目的。刑事诉讼中，人民法院尤其强调对犯罪行为的惩罚。但是，与此同时也非常强调少用、慎用刑罚手段，要坚持刑法谦抑性原则。事实上，在行政诉讼法领域，世界各国在强调对行政机关依法行政进行监督的同时，亦特别强调对行政机关行使自由裁量权的尊重，不能以司法权代替行政权。但是，在行政诉讼中，如何理解司法谦抑，如何处理好监督和谦抑的关系，始终是司法实践不易把握的难题。

一、行政诉讼中的司法谦抑原则

司法谦抑，也称司法克制，是指司法机关在裁判案件的过程中，应当隐忍、克制行使司法权力的冲动，尊重社会自身的净化作用，尊重包括行政机关在内的其他国家机关在法律规定的裁量权范围内行使权力的方式、幅度的选择权和决定权。司法谦抑原则最早由刑法学界提出，后被宪法、行政法学界借鉴。刑法谦抑性原则主要是指，如果一项犯罪行为，能够根据相应的规则采用行政处罚、经济制裁，甚至是批评教育、道德谴责等方式进行处理的，尽可能使用非刑法的其他手段进行处理，要最大限度地避免使用刑罚手段。在此基础上，我国刑事审判中又延伸出宽严相济的刑事政策[②]。即，要根据犯罪的具体情况，实行区别对待，做到该宽则宽，当严则严，宽严相济，罚当其罪，打击和孤立极少数，教育、感化和挽救大多数，最大限度地减少社会对立面，促进社会和谐稳定，维护国家长治久安。既要注意克服重刑主义

---

① 《刑事诉讼法》第一条规定："为了保证刑法的正确实施，惩罚犯罪，保护人民，保障国家安全和社会公共安全，维护社会主义社会秩序，根据宪法，制定本法。"

② 2010 年 2 月 8 日，最高人民法院印发《关于贯彻宽严相济刑事政策的若干意见》（法发〔2010〕9 号），对宽严相济的刑事政策作出全面系统的规定。

思想影响，防止片面从严，也要避免受轻刑化思想影响，一味从宽。事实上，宽严相济的刑事政策，是司法谦抑原则在刑罚适用中的具体运用。刑法谦抑性原则不仅要求在是否采用刑罚手段上要保持克制，即便已经构成犯罪需要进行刑罚制裁的，也要宽严适度，罪刑相当。

行政诉讼中，司法谦抑原则是指人民法院在行使审判权对行政行为进行监督的过程中，要尽可能克制司法权对行政权干预的冲动。不属于行政诉讼受案范围，或者不符合行政诉讼法定立案条件的案件，依法不予受理；人民法院依法受理的行政案件，要坚持合法性审查原则的底线，对于行政机关在法律规定范围内行使自由裁量权的行为，要尽可能尊重行政机关的抉择，确保合法、有效的行政行为得到实际实施，保障行政管理活动的依法、高效、有序运转。

行政诉讼中司法为什么要坚持谦抑原则，主要理由有：第一，司法与行政的关系决定，行政诉讼中司法必须遵守谦抑原则。人民法院的审判权与行政机关的行政权，是两种不同的国家权力。法律规定行政权受审判权的监督制约，如果两种国家权力之间没有边界，司法权就会代替行政权，成为行政权之上的行政权。保持审判权的谦抑，是防止两种国家权力混同的基本要求。第二，司法权的性质和地位决定，行政诉讼中司法必须遵守谦抑原则。国家设立审判权的目的在于解决争议，而设立行政权的目的则在于实现国家有效管理。两相比较，审判权的性质和地位显然要弱于行政权。如果在司法权的行使过程中，司法机关不遵守谦抑原则，将无力承担相应的责任。第三，行政的专业性和技术性决定，行政诉讼中司法必须遵守谦抑原则。现代行政管理的专业技术性越来越强。司法机关是法律方面的行家里手，但是在涉及行政管理专业技术领域则完全是外行。在此情形下，司法不得不尊重行政机关的专业判断，保持谦抑的态度。第四，行政诉讼法本身要求，行政诉讼中司法必须遵守谦抑原则。合法性审查原则是行政诉讼法的基本原则，对于行政机关在自由裁量权范围内的合理性问题，司法必须保持谦抑；司法机关的行政诉讼判决方式变更权有限，仅限于对行政处罚明显不当，或者其他行政行为涉及对款额的确定、认定确有错误的情形下，才享有作出变更判决的权力。行政诉讼法对审判权监督行政权，在受案范围、原告资格、适格被告、起诉期限、起诉前置条件等受理条件上，作出远远多于民事诉讼、刑事诉讼的限制；在对被诉行政行为的审查范围、审理强度方面，也作出不同于其他诉讼的许多限定；在判决方式上实行判决方式法定化，明确限定法官的裁判权。这些都体现了行政诉讼法规定的谦抑原则。

二、司法谦抑对行政诉讼的基本要求

行政诉讼中，司法谦抑原则的基本要求主要包括以下几方面：

（一）要深刻理解司法监督的根本目的

行政诉讼法赋予人民法院对行政机关依法行使职权的监督职能，根本目的在于实现国家的有效治理，绝对不是让国家管理失控。国家的有效治理，是任何时代建立国家政权机器的根本目的。现代社会为什么仍需要建立国家政权，其根本原因在于科技进步，社会分工更加细密，人和人之间的相互依赖关系更加紧密。由人组成的社会，分工合作，共享社会发展成果，需要科学、有序、和谐发展，无序将会导致整个人类社会的崩溃。西方社会契约论，正是在人类这一基本社会需求的基础上形成的现代国家理论。尤其需要强调的是，在社会主义的中国，中国共产党领导之下的各级各类国家机关，根本目标是一致的，就是要在和谐稳定的社会环境中，实现中华民族的伟大复兴，实现每一个人的梦想，实现每一个个体的最大发展。也就是说，监督不是行政诉讼的最终目标，促成行政管理目标的实现，实现社会利益的最大化，从而实现每一个个体的最大发展才是监督的根本目的。用一句通俗的话说，就是行政审判要“成事”，要在监督权力、保障权利、实质化解行政争议的同时，更加积极地促进符合国家整体利益的行政管理目标的实现。

（二）要严守司法权对行政权监督的范围

行政诉讼法对行政诉讼受案范围作出明确界定，限于侵犯特定公民、法人或其他组织人身权、财产权等合法权益，或对其权利义务产生实际不利影响的行政行为。国防、外交行为，行政机关制定、发布行政法规、规章的行为，对行政机关工作人员的奖惩、任免行为，法律规定由行政机关最终裁决的行政行为，以及不具有强制力的行政指导、行政调解行为，未对外产生法律效力的行政机关内部程序性行为等，不属于行政诉讼的受案范围。人民法院对于明确不属于行政诉讼受案范围的事项，不得以救世主心态，违法受理并审判。

（三）要符合行政案件的法定受理条件

行政诉讼法对起诉条件作出一系列的明确限定，只有符合法定受理条件的案件，人民法院才能受理、审判。无论是原告资格、适格被告、具体的诉讼请求和事实根据、受案范围、管辖法院，还是起诉期限、起诉前置程序等，只要有一项不符合法定条件，人民法院就不能受理，已经受理的，也要裁定驳回起诉。不符合法定受理条件，人民法院就对该案件不具有审判的职权，无论如何审理、判决，均属于司法越权，属于违反司法谦抑原则的表现。有的法官罔顾起诉不符合法定条件的事实，以所谓为百姓鸣不平的大无畏英雄气概，违法受理案件，进行实体判决。这就显然违背了司法谦抑的基本原则。如果行政行为违法，侵犯当事人合法权益，但起诉又不符合法定条件，人民法院应当通过司法建议、协调和解、多元化解等方式解决问题，维护老百姓合法权益，绝对不能通过违法受理案件、越权裁判来实现所谓的公平正义。

（四）要尊重行政机关对事实和法律问题的初次判断

行政诉讼的一审，实际上类似于民事案件的二审。出现某种法律上需要国家干预的情形时，行政机关依职权进行调查处理，这是国家机关对社会关系的第一次干预。它类似于原、被告发生民事争议后，向人民法院起诉，一审进行审理和判决的情形。所以，英、美等国家把行政诉讼称为“司法复审”（Judicial Review），把提起行政诉讼称为“上诉”（Appeal）。诉讼中，人民法院应当尊重一审法院的初次判断，一审法院在其司法自由裁量权范围内作出的事实认定和法律判断，二审没有新的事实根据和法律依据时，不得仅以自己的主观判断否定一审的事实认定和法律判断。行政诉讼中，一审法院对待行政机关的被诉行政行为，恰似二审法院对待一审法院，应当尊重行政机关在其行政自由裁量权范围内作出的事实认定和法律判断。一审否定被诉行政行为的事实认定，必须要有新的证据，或者是行政机关对证据的采信违反《行政诉讼法》和《最高人民法院关于行政诉讼证据若干问题的规定》等证据规则的规定；一审否定被诉行政行为的法律适用，必须要有新的事实根据，或者认为行政行为认定事实与法律规定的适用条件不相符，或者存在一审对法律规定的理解明显错误情形。例如，在审理土地、山林权属确权行政裁决案件中，被告根据现有证据，依照优势证明标准，作出确权处理决定。人民法院认定确权处理决定主要证据不足，必须要有新的证据足以推翻被告认定事实，或者被告没有综合分析可采信证据，认定事实违背优势证明标准等具体的事实和理由，不能仅以法官的主观认识，否定被告的事实认定。又如，人民法院认定被诉行政行为程序违法，应当说明被诉行政行为程序的哪一个步骤、顺序或时限，违反哪一部法律、法规、规章中的哪一条款的具体规定，即便是认为违反正当程序原则，至少也要引用国务院印发的《全面推进依法行政实施纲要》（国发〔2004〕10号）第五条、第二十条的规定①，决不能以法官个人对正当程序的理解作为认定被诉行政行为程序违法的依据，更不能以诸如英国的“自然公正原则”、美国的“正当程序原则”中相关判例规则、法律标准或学理解释的要求，作为人民法院判断被诉行政行为程序是否合法的依据。

（五）要尊重行政机关对专业技术问题的判断

随着科技的进步，现代行政管理越来越趋向于专业技术化。法官在相关行政管理专业技术领域，完全是外行。审理有关专业技术领域行政案件，法官应当保持高度的谦抑态度，认真聆听、学习，理解和弄懂其中的基本原理。对于此类案件，法官审查的重点不是行政机关专业技术的判断，除非专业技术判断违背其基本原理，法官要尊重行政机关在专业技术问题上的判断。法官需要审查的主要内容是，行政机关进行专业判断的过程是否遵守法定的程序规则，包括法定的技术操作规程的要求，因为行政机关违反法定程序或技术操作规程，可能导致其技术判断结果错误。判断行政机关做出专业判断时是否符合法定程序和明确的技术操作规程要求，这是法官的专长和优势，法官的监督重点要放在自己的特长上。

---

① 《全面推进依法行政实施纲要》第五条“依法行政的基本要求”第三款规定：“——程序正当。行政机关实施行政管理，除涉及国家秘密和依法受到保护的商业秘密、个人隐私的外，应当公开，注意听取公民、法人和其他组织的意见；要严格遵循法定程序，依法保障行政管理相对人、利害关系人的知情权、参与权和救济权。行政机关工作人员履行职责，与行政管理相对人存在利害关系时，应当回避。”同时，第二十条规定：“严格按照法定程序行使权力、履行职责。行政机关作出对行政管理相对人、利害关系人不利的行政决定之前，应当告知行政管理相对人、利害关系人，并给予其陈述和申辩的机会；作出行政决定后，应当告知行政管理相对人依法享有申请行政复议或者提起行政诉讼的权利。对重大事项，行政管理相对人、利害关系人依法要求听证的，行政机关应当组织听证。行政机关行使自由裁量权的，应当在行政决定中说明理由。要切实解决行政机关违法行使权力侵犯人民群众切身利益的问题。”这是我国行政法规性文件对我国各级行政机关遵守“程序正当”的法定要求，可以作为判断被诉行政行为程序是否合法的根据。

（六）要守住依法判决的底线

我国行政诉讼法对人民法院作出行政判决的方式和适用条件，有明确的规定。所以，大家可以看到，行政判决的判决主文之前引用的法律条文，不同于民事判决和刑事判决。民事判决依照民法总则、合同法、侵权责任法、票据法、公司法等民事实体法律规范，作出实体判决；刑事判决依照刑罚分则的相关条款，作出实体判决。而行政判决，则是依照程序法——《行政诉讼法》作出相关的实体判决：依照第六十九条，判决驳回原告诉讼请求；依照第七十条，判决撤销被诉行政行为；依照第七十二条，判决被告限期履行法定职责；依照第七十三条，判决被告履行给付义务；依照第七十四条，判决确认被诉行政行为违法；依照第七十五条，判决确认被诉行政行为无效；依照第七十七条，判决变更被诉行政行为。行政判决引用行政诉讼法而非行政实体法，其原因在于立法对行政审判权进行了限制，除适用给付判决、变更判决外，不准许人民法院直接适用行政实体法，代替行政机关对行政案件相关事项直接作出处理。人民法院只能根据行政诉讼法规定的有限判决方式，依法作出判决。严守依法判决底线，是司法谦抑原则在行政诉讼中最为集中的表现。

司法谦抑还要求人民法院要选择适用正确的判决方式，确保行政判决在监督行政机关依法行使职权，保护公民法人和其他组织合法权益的基础上，有利于纠纷的实质化解，不得对违法的行政行为一撤了之。判决方式选择错误，属于适用法律错误、判决结果错误，人民法院应当通过二审或审判监督程序予以纠正。根据行政诉讼法的规定，判决方式的适用分为作为和不作为两种情形。

对于行政机关作出的行政行为，区分以下情形作出判决：1. 被诉行政行为“证据确凿，适用法律、法规正确，符合法定程序”属于合法状态情形的，依法判决驳回原告诉讼请求[①]；2. 被诉行政行为“有实施主体不具有行政主体资格或者没有依据等重大且明显违法情形”，依法判决确认无效[②]；

---

① 《行政诉讼法》第六十九条规定：“行政行为证据确凿，适用法律、法规正确，符合法定程序的……人民法院判决驳回原告的诉讼请求。”

② 《行政诉讼法》第七十五条规定：“行政行为有实施主体不具有行政主体资格或者没有依据等重大且明显违法情形，原告申请确认行政行为无效的，人民法院判决确认无效。”

3. 被诉行政行为违法，需要彻底否定其效力恢复到作出被诉行政行为之前状态的，依法判决撤销被诉行政行为；行政协议案件中，判决撤销单方变更、解除协议行政行为的，应当同时判决被告继续履行协议；[①] 4. 被诉行政行为违法，但是属于“行政处罚明显不当，或者其他行政行为涉及对款额的确定、认定确有错误的”[②]，要优先适用变更判决，不得适用《行政诉讼法》第七十条规定作出撤销并重作判决；5. 被诉行政行为违法但符合《行政诉讼法》第七十四条第一款规定情形的，人民法院应当判决确认被诉行政行为违法，保留效力，不得适用《行政诉讼法》第七十条规定，判决撤销或者撤销并重作，也不得适用第七十四条第二款判决确认违法；6. 被诉行政行为违法，但符合《行政诉讼法》第七十条第二款规定情形的[③]，人民法院应当判决确认违法，不得判决撤销、撤销并重作，或者适用第七十四条第一款判决确认违法；7. 在被诉行政行为违法且不符合前述判决方式法定适用条件时，人民法院才可以适用第七十条规定，判决撤销被诉行政行为，责令被告重新作出行政行为。

对于不作为的行政行为，可以区分以下几种情形作出判决：1. 原告申请被告履行法定职责或者给付义务理由不成立，即，被诉不履责、不履行给付行为合法的，判决驳回原告诉讼请求[④]；2. 被告不履行法定职责依法应当履责的，判决被告限期履行法定职责[⑤]，并尽可能明确履责的具体内容；行政协议案件中，诉不依法履行、未按照约定履行义务行政行为的，应当判决被告继续履行协议[⑥]；3. 履责没有实际意义的，依照《行政诉讼法》第七十

---

① 《行政诉讼法》第七十八条第一款规定：“被告不依法履行、未按照约定履行或者违法变更、解除本法第十二条第一款第十一项规定的协议的，人民法院判决被告承担继续履行、采取补救措施或者赔偿损失等责任。”

② 《行政诉讼法》第七十七条第一款规定：“行政处罚明显不当，或者其他行政行为涉及对款额的确定、认定确有错误的，人民法院可以判决变更。”

③ 《行政诉讼法》第七十四条第二款规定：“行政行为有下列情形之一，不需要撤销或者判决履行的，人民法院判决确认违法：（一）行政行为违法，但不具有可撤销内容的；（二）被告改变原违法行政行为，原告仍要求确认原行政行为违法的；（三）被告不履行或者拖延履行法定职责，判决履行没有意义的。”

④ 《行政诉讼法》第六十九条规定：“……原告申请被告履行法定职责或者给付义务理由不成立的，人民法院判决驳回原告的诉讼请求。”

⑤ 《行政诉讼法》第七十二条规定：“人民法院经过审理，查明被告不履行法定职责的，判决被告在一定期限内履行。”

⑥ 《行政诉讼法》第七十八条规定：“被告不依法履行、未按照约定履行或者违法变更、解除本法第十二条第一款第十一项规定的协议的，人民法院判决被告承担继续履行、采取补救措施或者赔偿损失等责任。”

四条第二款第三项规定，判决确认不履责行为违法；行政协议案件中，诉不依法履行、未按约定履行义务行政行为，协议无法继续履行或者继续履行没有实际意义的，判决确认不依法履行、未按约定履行义务行为违法[①]，并解除协议；4. 被告依法负有给付义务，依法判决限期给付并明确给付的数额、内容，不得以履行判决代替给付判决，简单判决被告限期履行给付义务。

（七）要依法支持行政机关申请非诉执行和生效判决的执行

行政机关作出行政行为后，行政相对人不履行相应义务，对此我国法律规定了两种强制执行方式：一是行政机关自行强制执行。根据行政强制法的规定，只有在全国人大及其常委会制定的法律授予行政机关享有自行强制执行权的，行政机关才可以依法自行强制执行。且一旦法律赋予行政机关自行强制执行权，即便是行政相对人申请行政复议、提起行政诉讼，根据诉讼、复议不停止执行原则[②]，行政机关均可依法强制执行，不受复议、诉讼的影响，以确保行政行为得到及时有效实施。例外情况只有《行政强制法》第四十四条[③]规定。人民法院在行政诉讼中，要慎用停止被诉行政行为执行的行政裁定，保持司法的克制。二是申请人民法院强制执行。法律未授予行政机关自行强制执行权的，行政机关须依法申请人民法院强制执行，又包括两种情形：1. 非诉执行。根据行政强制法规定，当事人在法定期限内不申请行政复议或者提起行政诉讼，又不履行的，行政机关可以自期限届满之日起三个

---

① 《最高人民法院关于审理行政协议案件若干问题的规定》第十九条规定："被告未依法履行、未按照约定履行行政协议，人民法院可以依据行政诉讼法第七十八条的规定，结合原告诉讼请求，判决被告继续履行，并明确继续履行的具体内容；被告无法履行或者继续履行无实际意义的，人民法院可以判决被告采取相应的补救措施；给原告造成损失的，判决被告予以赔偿。"

② 《行政诉讼法》第五十六条规定："诉讼期间，不停止行政行为的执行。但有下列情形之一的，裁定停止执行：（一）被告认为需要停止执行的；（二）原告或者利害关系人申请停止执行，人民法院认为该行政行为的执行会造成难以弥补的损失，并且停止执行不损害国家利益、社会公共利益的；（三）人民法院认为该行政行为的执行会给国家利益、社会公共利益造成重大损害的；（四）法律、法规规定停止执行的。当事人对停止执行或者不停止执行的裁定不服的，可以申请复议一次。"《行政复议法》第二十一条规定："行政复议期间具体行政行为不停止执行；但是，有下列情形之一的，可以停止执行：（一）被申请人认为需要停止执行的；（二）行政复议机关认为需要停止执行的；（三）申请人申请停止执行，行政复议机关认为其要求合理，决定停止执行的；（四）法律规定停止执行的。"

③ 《行政强制法》第四十四条规定："对违法的建筑物、构筑物、设施等需要强制拆除的，应当由行政机关予以公告，限期当事人自行拆除。当事人在法定期限内不申请行政复议或者提起行政诉讼，又不拆除的，行政机关可以依法强制拆除。"

月内申请人民法院强制执行[①]。人民法院审查非诉执行案件，不予执行的法定条件是“明显缺乏事实根据”，“明显缺乏法律、法规依据”，或者“其他明显违法并损害被执行人合法权益的”[②]。对于当事人放弃行政复议、行政诉讼救济，又不履行相应义务，行政机关申请人民法院强制执行的非诉执行案件，人民法院不能按照行政诉讼案件审查被诉行政行为合法性的标准判断是否准予执行。根据行政强制法的规定，“明显违法并损害被执行人合法权益”是判断是否应当准予强制执行的实质标准，只要申请执行的行政行为不属于明显违法，且未侵犯被执行人实体合法权益的，人民法院就应当依法裁定准予强制执行，至于存在的不影响行政行为处理结果合法性的其他违法情形，人民法院应当通过司法建议督促行政机关予以纠正，建议依法追究主管人员和主要责任人员的法律责任，甚至依法追究刑事责任。2. 生效判决的执行。人民法院作出的行政判决书、调解书终审生效后，行政相对人仍不依法履行生效判决确定的义务，或者经生效判决确认具有执行效力的原行政行为义务的，没有强制执行权的行政机关应当申请人民法院强制执行。[③] 生效判决的执行，既包括人民法院作出的给付判决、具有执行内容的变更判决；也包括被诉行政行为具有执行内容的驳回原告诉讼请求判决和根据《行政诉讼法》

① 《行政强制法》第五十三条规定：“当事人在法定期限内不申请行政复议或者提起行政诉讼，又不履行行政决定的，没有行政强制执行权的行政机关可以自期限届满之日起三个月内，依照本章规定申请人民法院强制执行。”

② 《行政强制法》第五十七条规定：“人民法院对行政机关强制执行的申请进行书面审查，对符合本法第五十五条规定，且行政决定具备法定执行效力的，除本法第五十八条规定的情形外，人民法院应当自受理之日起七日内作出执行裁定。”第五十八条规定：“人民法院发现有下列情形之一的，在作出裁定前可以听取被执行人和行政机关的意见：（一）明显缺乏事实根据的；（二）明显缺乏法律、法规依据的；（三）其他明显违法并损害被执行人合法权益的。人民法院应当自受理之日起三十日内作出是否执行的裁定。裁定不予执行的，应当说明理由，并在五日内将不予执行的裁定送达行政机关。行政机关对人民法院不予执行的裁定有异议的，可以自收到裁定之日起十五日内向上一级人民法院申请复议，上一级人民法院应当自收到复议申请之日起三十日内作出是否执行的裁定。”

③ 《行政诉讼法》第九十五条规定：“公民、法人或者其他组织拒绝履行判决、裁定、调解书的，行政机关或者第三人可以向第一审人民法院申请强制执行，或者由行政机关依法强制执行。”《最高人民法院关于适用〈中华人民共和国行政诉讼法〉的解释》第一百五十二条第一款规定：“对发生法律效力的行政判决书、行政裁定书、行政赔偿判决书和行政调解书，负有义务的一方当事人拒绝履行的，对方当事人可以依法申请人民法院强制执行。”第一百五十三条第一款规定：“申请执行的期限为二年。申请执行时效的中止、中断，适用法律有关规定。”

第七十四条第一款规定确认被诉行政行为保留效力判决①。行政机关申请生效判决执行的，人民法院既不能对经生效判决确认具有执行效力的行政行为进行合法性审查，也不能按照非诉执行案件对所涉行政行为进行“明显违法并损害被执行人合法权益”的审查，只能按照《最高人民法院关于适用〈中华人民共和国行政诉讼法〉的解释》第一百五十五条第一款规定的内容进行审查②，并作出是否准予执行的裁定。实践中，要谨防将生效判决执行案件当作非诉执行案件予以立案审查执行。

三、行政审判司法谦抑要护理好的几个关系

行政审判中，人民法院落实司法谦抑原则，要注意处理好以下几对关系：

（一）要处理好司法谦抑与依法审判的关系

依法审判是行政审判的生命线，是底线。任何时候、任何情况下人民法院都不能失去依法审判的底线。司法谦抑是在依法审判的大前提下，需要兼顾考量的，绝对不能将司法谦抑凌驾于依法审判之上。否则，就是老百姓所说的“官官相护”。司法谦抑只能是在人民法院的司法裁量权范围内，考虑国家司法权与行政权之间的职能分工，维护合法行使行政权行为的效力和效率，要分清司法权与行政权的法律界限，支持行政机关依法履行法定职责，从而实现司法与行政的共同目标。

---

① 《行政诉讼法》第七十四条第一款规定：“行政行为有下列情形之一的，人民法院判决确认违法，但不撤销行政行为：（一）行政行为依法应当撤销，但撤销会给国家利益、社会公共利益造成重大损害的；（二）行政行为程序轻微违法，但对原告权利不产生实际影响的。”该款规定不同于第二款。依据第二款确认违法，生效判决不具有执行效力。但是，人民法院根据第一款判决确认违法，事实上承认被诉行政行为的执行效力，因此可以申请人民法院强制执行。

② 《最高人民法院关于适用〈中华人民共和国行政诉讼法〉的解释》第一百五十五条规定：“行政机关根据行政诉讼法第九十七条的规定申请执行其行政行为，应当具备以下条件：（一）行政行为依法可以由人民法院执行；（二）行政行为已经生效并具有可执行内容；（三）申请人是作出该行政行为的行政机关或者法律、法规、规章授权的组织；（四）被申请人是该行政行为所确定的义务人；（五）被申请人在行政行为确定的期限内或者行政机关催告期限内未履行义务；（六）申请人在法定期限内提出申请；（七）被申请执行的行政案件属于受理执行申请的人民法院管辖。行政机关申请人民法院执行，应当提交行政强制法第五十五条规定的相关材料。人民法院对符合条件的申请，应当在五日内立案受理，并通知申请人；对不符合条件的申请，应当裁定不予受理。行政机关对不予受理裁定有异议，在十五日内向上一级人民法院申请复议的，上一级人民法院应当在收到复议申请之日起十五日内作出裁定。”

（二）要处理好司法谦抑与维护大局的关系

司法谦抑的目的之一就是要维护大局，通过司法的克制，确保符合国家宏观管理目标，符合人民根本利益、长远利益的行政行为得到及时、有效的实施。但是，应当注意的是，不能把“维护大局”庸俗化。一些地方政府，行政诉讼中动辄以“地方大局”为借口，阻挠人民法院对违法行政行为的监督，这是绝对不准许的。也不是我们这里所说的“维护大局”。对于地方政府及其职能部门违反国家宏观政策，出于政绩考虑，突击上马危害自然环境、重复建设等国家禁止或限制的建设项目，违背科学规律、违反法律规定，实施征收、强拆等行政行为，人民法院一定要坚决予以撤销；对于国家倡导的推进环境整治、拆除违法建筑等事项，有的行政机关不按照国家规定及早开展整治活动，上级行政机关检查督办要求限期完成时才匆忙行动，违法实施行政行为，引发诉讼后又以落实国家宏观政策的“大局”为由，阻挠人民法院对其违法行政行为依法进行监督，这是“伪大局”，是以维护大局为借口，掩盖其执行国家政策不及时、不到位的真相，已不能视其为真正的大局。

（三）要处理好司法谦抑与保护公民、法人和其他组织合法权益的关系

司法谦抑之所以在行政诉讼理论上鲜有学者论及，很重要的一个原因是担心被人扣上不维护老百姓合法权益的帽子。其实，两者是不相冲突的。因为，司法谦抑必须要服从于依法审判，而依法审判则要求必须要维护好公民法人和其他组织的合法权益，维护合法权益是司法谦抑不可突破的底线。一方面，司法谦抑要求人民法院审理行政案件不能以损害公民、法人和其他组织的合法权益为代价。即便是为了维护国家利益、公共利益，不撤销违法的行政行为，判决确认被诉行政行为违法，但是，由此造成公民、法人和其他组织的损失，人民法院要依法判决行政机关予以赔偿，或者采取其他补救措施依法予以救济。不能让个别当事人为了国家利益、公共利益承担比一般人更多的损失，行政诉讼必须体现公共负担平等原则。另一方面，司法谦抑要求人民法院保护的利益是公民、法人或者其他组织的合法权益。并非判决给原告的利益越多，就越能维护老百姓的合法权益。行政赔偿必须依法赔偿，不属于国家赔偿范围的赔偿请求，人民法院不应予以支持。超越国家赔偿范围判决行政机关予以行政赔偿而侵犯的国家或地方的财政利益，是人民群众的共同利益，最终要由纳税人共同负担，所以也属于违法审判。

（四）要处理好司法谦抑与监督行政机关依法行政的关系

司法谦抑并非放弃监督。但是，对于违法行政行为的监督方式是多样的。有的法官一说到监督就想到判决撤销被诉行政行为，似乎只有判决撤销被诉行政行为才体现司法对行政的监督，其他审判方式都不能体现监督，这种认识是错误的。只要是能够引导行政机关按照法律规定依法行政的审判方式，都是监督行政的体现。例如，判决确认被诉行政行为违法、判决变更被诉行政行为、判决被告限期履行法定职责、判决被告限期给付，甚至是被告改变被诉行政行为后裁定准予原告撤诉，原、被告达成和解协议，人民法院制作调解书调解结案，提出司法建议等，都是监督的表现形式。人民法院要善于运用各种监督方式依法进行监督，而不是简单撤销被诉行政行为。过去的历史教训值得汲取，把撤销被诉行政行为作为行政诉讼的主要甚至是唯一监督方式，造成了大量的行政诉讼“半拉子工程”，导致行政诉讼程序空转，既不能有效监督行政机关依法行政，又不能维护公民、法人和其他组织的合法权益，更有甚者制造新的矛盾，造成各种权利之间的冲突和纠葛，完全违背了行政诉讼法的立法目的。因此，司法谦抑实质上是要让司法权更好地、更有效地监督行政机关依法行使职权。

（五）要处理好司法谦抑与实质化解行政争议的关系

2017 年修正的行政诉讼法实施后，人民法院比以往任何时候都更加注重实质化解行政争议。司法谦抑正是要通过全面审查被诉行政行为合法性，保护公民、法人和其他组织的合法权益，采用更为精准的审理和裁判方式，实质化解行政争议。司法谦抑对行政审判的要求更高，人民法院既要坚持合法性审查原则，又要区别不同情况，依法精准监督，依法精准保护权利，依法采取精准的裁判方式化解争议。而不是像过去一样，简单撤销违法的行政行为了之，或者是不分是非、“和稀泥”式地协调、和解，解决争议。司法谦抑是更有效地实质性化解行政争议。

（六）要处理好司法谦抑与司法能动的关系

司法能动在社会主义的中国更具活力。司法能动，延伸服务，是为了更好地发挥司法审判的社会功能。我国行政诉讼法规定的司法建议制度，就是法律支持司法能动的最好体现。在法律范围内的司法能动，与司法谦抑原则不相冲突。有的行政案件，因为法律规定或者当事人自身原因，不符合起诉条件，人民法院不能受理，但是确实被诉行政行为存在违法侵犯当事人合法权益的情形，若不纠正明显不能体现司法追求的公平正义的价值。此时，人民法院就应当充分发挥我国行政诉讼制度优势、体制优势，通过司法建议、多元化解行政争议平台等路径，以行政诉讼外的解决方式实质解决争议，实现社会公平正义。还有的行政案件，涉及的问题是普遍的行政机关或者老百姓违法问题，为了达到“通过一案，教育一片”的司法教育、引领作用，人民法院可以通过邀请行政机关旁听庭审，网络直播庭审，庭审进社区、进课堂，制作以案说法宣传片等方式，扩大司法裁判的影响力，实现司法裁判的社会功能。

（七）要处理好司法谦抑和与时俱进的关系

司法谦抑主要体现为司法的保守性，司法不是有争议的社会激进思想的首倡者和支持者。但是，同时司法是解决社会现实问题的，要求司法必须与时俱进，体现时代特色，解决现实问题。因此，只有在社会上多数人接受这种存在争议的先进思想、形成社会多数人共识，且司法有能力推进使其成为现实社会关系的时候，司法才会明确予以支持。因此，司法的与时俱进是有条件的，必须始终保持适度的司法谦抑。例如，网络约车到底是一种全新的、区别于传统出租车的经营方式，还是传统出租车业务的变形。交通管理部门对网络约车行为作为无证经营违法行为予以行政处罚，人民法院应当如何处理。这里就涉及司法谦抑和与时俱进的关系问题。人民法院要支持网络约车这种先进但有争议的经营方式，至少需要具备两个条件：一是社会公众的普遍接受，二是党和国家对网络约车问题的基本政策导向，两者缺一不可。所以，人民法院在处理争议法律问题时，必须十分谨慎、积极稳妥。既不可谦抑过头、过于保守，阻碍社会的发展和进步；也不可罔顾现实的可能性，单兵突进、一意孤行。对于一时法院难以解决但又需要解决的问题，要充分发挥我国体制优势，及时向党委、人大报告，依靠党的领导，逐步推进，取得实效。

（作者单位：最高人民法院）

热点聚焦：涉疫情防控行政审判问题

涉新型冠状病毒感染肺炎疫情防控工作行政案件法律适用问题的调查研究

北京市高级人民法院行政庭*

【摘要】新型冠状病毒感染肺炎疫情防控工作关涉传染病防治、突发公共卫生事件应对、疫情信息发布、物资征调征用、市场及社会秩序维护、劳动和社会保障给付等诸多行政管理领域，不仅是风险规制这一行政法前沿课题的重要内容，更与行政审判息息相关。本文针对涉新冠病毒疫情防控行政案件法律适用问题进行调查研究，对未来一个时期行政审判工作中可能出现的涉疫情防控法律问题进行了预判和分析，并提出相应的司法对策和建议。

【关键词】疫情防控　行政审判　法律适用

新型冠状病毒感染肺炎疫情防控工作关涉传染病防治、突发公共卫生事件应对、疫情信息发布、物资征调征用、市场及社会秩序维护、劳动和社会保障给付等诸多行政管理领域，不仅是风险规制这一行政法前沿课题的重要内容，更与行政审判息息相关。预计疫情防控期间及其后一个时期，相关行政案件将有所呈现，新类型疑难法律适用问题也将层出不穷。为落实党中央依法防控疫情的工作部署和保证最高人民法院充分发挥审判职能作用，加强对疫情所涉案件法律适用和政策把握问题研究的工作要求，近期，北京市高

---

* 执笔人：霍振宇。

级人民法院行政庭针对涉新冠病毒疫情防控行政案件法律适用问题进行了专项调查研究，对未来一个时期行政审判工作中可能出现的涉疫情防控法律问题进行了预判和分析，并提出相应的司法对策和建议，以期为坚决打赢疫情防控阻击战提供有力的司法服务和保障。

一、涉疫情防控工作行政案件主要类型

行政案件主要类型在很大程度上取决于政府行政行为所及之处，相关领域的行政行为与行政相对人或利害关系人权利义务的连结点构成行政争议产生的源头。在疫情防控、突发公共卫生事件应急管理领域，《传染病防治法》《突发事件应对法》《突发公共卫生事件应急条例》等法律规范中，主要规定了政府及行政机关以下职责：

一是疫情报告、通报和公布。如《传染病防治法》第三十条、第三十三条规定了疾病预防控制机构、地方卫生行政部门发现传染病疫情后的报告职责；第三十五条规定了国务院卫生行政部门、各级人民政府对传染病疫情的通报职责；第三十八条规定了国务院卫生行政部门和省、自治区、直辖市人民政府卫生行政部门对传染病疫情信息向社会公布的职责。《突发事件应对法》第三十九条规定了地方各级人民政府及有关主管部门对突发事件信息的报告、通报职责；第四十三条规定了地方各级人民政府对突发公共卫生事件发布预警信息的职责；第五十三条规定了履行统一领导职责或者组织处置突发事件的人民政府，发布有关突发事件事态发展和应急处置工作信息的职责。

二是疫情防控中采取的应急措施或临时措施。如《传染病防治法》第三十九条规定了医疗机构采取隔离治疗措施的职责；第四十一条规定了县级以上地方人民政府实施隔离措施的职责；第四十二条规定了县级以上地方人民政府经上一级人民政府决定，可以采取限制或停止人群聚集活动，停工、停业、停课，封闭或者封存饮用水源、食品以及相关物品，控制或者扑杀染疫野生动物、家畜家禽，封闭可能造成传染病扩散的场所等紧急措施的职责；第四十三条规定了国务院及县级以上地方人民政府宣布疫区，对出入疫区的人员、物资和交通工具实施卫生检疫，对疫区实施封锁的职责；第四十五条规定了国务院及县级以上地方人民政府调用储备物资，征用房屋、交通工具以及相关设施、设备的职责。《突发事件应对法》第四十九条、第五十条、

第五十二条规定了公共卫生事件发生后，履行统一领导职责的人民政府可以采取的应急处置措施主要包括：封锁危险场所，实行交通管制以及其他控制措施，禁止或者限制使用有关设备、设施，关闭或者限制使用有关场所，中止人员密集的活动，对特定区域内的建筑物、交通工具、设备、设施以及燃料、燃气、电力、水的供应进行控制，封锁有关场所、道路，查验现场人员的身份证件，限制有关公共场所内的活动，向单位和个人征用应急救援所需设备、设施、场地、交通工具和其他物资等。《突发公共卫生事件应急条例》第三十三条、第三十四条、第三十八条规定的强制性应急措施主要包括：人员疏散或隔离，对传染病疫区实行封锁，对食物和水源采取控制措施，交通工具上传染病人密切接触者的控制措施，涉及国境口岸和入出境的人员、交通工具、货物、集装箱、行李、邮包等紧急控制措施等。

三是疫情期间对市场、社会秩序的管理与维护。如《突发事件应对法》第四十九条规定，依法从严惩处囤积居奇、哄抬物价、制假售假等扰乱市场秩序的行为，稳定市场价格，维护市场秩序；依法从严惩处哄抢财物、干扰破坏应急处置工作等扰乱社会秩序的行为，维护社会治安。第五十四条、第六十五条、第六十六条规定，任何单位和个人不得编造、传播有关突发事件事态发展或者应急处置工作的虚假信息。构成违反治安管理行为的，由公安机关依法给予处罚。单位或者个人违反本法规定，不服从所在地人民政府及其有关部门发布的决定、命令或者不配合其依法采取的措施，构成违反治安管理行为的，由公安机关依法给予处罚。

四是对疫情防控工作的奖励、社会保障、抚恤等给付措施。如《传染病防治法》第十一条规定，对在传染病防治工作中做出显著成绩和贡献的单位和个人，给予表彰和奖励。对因参与传染病防治工作致病、致残、死亡的人员，按照有关规定给予补助、抚恤。《突发事件应对法》第六十一条规定，公民参加应急救援工作或者协助维护社会秩序期间，其在本单位的工资待遇和福利不变；表现突出、成绩显著的，由县级以上人民政府给予表彰或者奖励。县级以上人民政府对在应急救援工作中伤亡的人员依法给予抚恤。《突发公共卫生事件应急条例》第九条规定，县级以上各级人民政府及其卫生行政主管部门，应当对参加突发事件应急处理的医疗卫生人员，给予适当补助和保健津贴；对参加突发事件应急处理作出贡献的人员，给予表彰和奖励；对因参与应急处理工作致病、致残、死亡的人员，按照国家有关规定，给予相应的补助和抚恤。

通过上述疫情防控、突发公共卫生事件应急管理领域相关法律规范中行政机关职责的梳理，涉疫情防控行政案件可能存在以下类型：

一是公民、法人或其他组织认为有关行政机关在疫情防控中采取的应急措施或临时措施违法，侵犯其合法权益，向人民法院提起行政诉讼的情形。根据上述法律规定，传染病暴发、流行时，有关行政机关可以采取紧急措施切断传染病的传播途径。例如，限制人群聚集的活动，停工、停业、停课，封闭或者封存被传染病病原体污染的公共饮用水源、食品以及相关物品，封闭可能造成传染病扩散的场所以及对相关人员采取隔离治疗、留验、医学观察，征用房屋、交通工具以及相关设施、设备等。相关当事人可能会因人身自由受到限制、财产权利受到损害以及正常的工作生活秩序受到干扰等原因对上述紧急措施的合法性提出质疑，进而引发诉讼。此类诉讼与疫情防控直接相关，涉及疫情防控应急措施合法性和有效性的司法评价，被诉行政行为具有紧急性、强制性等特征，在法律适用、程序规范、裁量权运用等方面与常规行政案件存在较大差异，属于新类型行政案件。

二是公民、法人或其他组织认为有关行政机关疫情防控信息发布、披露不及时，不准确、不全面，侵犯其知情权，向人民法院提起信息公开诉讼的情形。疫情报告、通报、预警和公布是疫情防控工作的重中之重，疫情信息发布的及时性、准确性，是正确采取防控措施，有效应对疫情决策的前提和基础，迟报、谎报、瞒报、漏报相关疫情信息，往往是导致疫情扩散，造成人民群众生命健康和财产安全遭受重大侵害的主要因素，也是社会关注的焦点问题。在突发事件过程中及其后，当事人可能出于了解更为充分的信息，质疑信息公布的准确透明性等不同目的，申请公开疫情处置不同环节的监管信息。例如，要求公开各个地方、不同时段的疫情报告，救治医院及专家意见，相关请示、审批、会议纪要等信息，并针对行政机关的信息公开答复行为提起行政诉讼。此类案件与常规政府信息公开案件也有较大差别，通常存在主动公开和应申请公开，一般政府信息公开与突发公共卫生事件防控信息发布，公益诉讼与主观诉讼的关系问题。

三是公民、法人或其他组织认为有关行政机关认定其妨害疫情防控工作，扰乱社会治安和市场秩序的行政处罚违法，侵犯其合法权益，向人民法院提起行政诉讼的情形。疫情防控期间，对市场、社会秩序的管理与维护是有关行政机关的重要职责，是突发事件处置过程中防止社会经济、治安秩序出现不稳定因素，保障防疫工作顺利进行的重要手段。如市场监管部门对疫情期间部分防疫用品、民生物资等应急必需品的经营者哄抬物价、价格欺诈、制假售假等违法行为的行政处罚，对编造、传播有关突发事件事态发展或者应急处置工作虚假信息者的行政处罚，对拒不配合隔离、管控、检查等疫情防控措施者的行政处罚等。由于疫情防控期间的行政处罚措施具有从严、从快、从重的特征，被处罚人很可能对处罚决定合法性提出质疑，进而提起行政诉讼。

四是其他涉及疫情防控的行政争议。如，认为行政机关疫情防控工作不及时、不到位，存在行政不作为违法，而提起的履责之诉；又如，认为行政机关在疫情防控工作中，泄露涉及个人隐私的有关信息、资料，而提起的行政信息公开诉讼；再如，对涉及疫情防控工作的劳动和社会保障、工伤认定、抚恤金等的行政给付诉讼。

二、涉疫情防控工作行政案件相关法律问题分析

（一）起诉条件

1. 受案范围

通常，判断一个行政行为属于行政诉讼受案范围或具备可诉性的标准在于：行政权的行使对特定个体的权利义务产生法律效力。在突发事件应急管理领域，紧急状态的宣布、防控措施的确定、应急预案的启动虽然一般均由行政机关实施，但其具有更多的政治考量和专业技术因素，不属于行政诉讼司法审查范围。在疫情防控工作中，各级政府和行政机关往往通过作出一系列应对疫情的决定、命令等管理措施实现疫情防控目的，如加强防控工作的通告、通知，确定应急状态，宣布疫区、对疫区实施封锁，疫情报告、通报和公布等，这些决定和命令一般属于对不特定对象具有普遍约束力的抽象行政行为，不属于行政诉讼受案范围。

公民、法人或其他组织认为行政机关及有关部门、机构违法实施具体防控措施及其他相关行政行为，侵犯其合法权益的，则有权提起行政诉讼。《传染病防治法》第十二条就明确规定，卫生行政部门以及其他有关部门、疾病预防控制机构和医疗机构因违法实施行政管理或者预防、控制措施，侵犯单

位和个人合法权益的，有关单位和个人可以依法申请行政复议或者提起诉讼。如公民、法人或其他组织认为强制隔离治疗违法，认为临时征用房屋、交通工具等相关个人财产的行为违法，对认定编造、传播疫情虚假信息行政处罚不服，对认定疫情期间哄抬价格行政处罚不服等提起的诉讼，属于行政诉讼受案范围。

2. 原告资格

根据行政诉讼法的规定，行政行为的相对人以及其他与行政行为有利害关系的公民、法人或其他组织，有权提起诉讼。有权提起诉讼的公民死亡，其近亲属可以提起诉讼。有权提起诉讼的法人或其他组织终止，承受其权利的法人或其他组织可以提起诉讼。在涉疫情防控行政案件中，很多防控措施是行政机关基于公共利益的维护而实施，并不直接涉及个体的权利义务，公民、法人或其他组织可能与被诉行政行为缺乏行政法上的利害关系或不具有请求行政机关履行特定职责的法律基础，从而不具有原告资格。

3. 起诉期限和时机

《突发事件应对法》第十三条规定，因采取突发事件应对措施，诉讼、行政复议、仲裁活动不能正常进行的，适用有关时效中止和程序中止的规定。公民、法人或其他组织确因疫情防控原因耽误起诉期限，属于《行政诉讼法》第四十八条规定的“其他不属于其自身原因耽误起诉期限的”情形，应适用起诉期限扣除和延长的规定。此外，由于突发公共卫生事件应急状态的特殊情况，行政相对人请求救济权一般以事后甚至是防控工作结束后行使为宜。

（二）审理思路

1. 优先适用特别法规定

审理涉疫情防控行政案件，应优先适用特别法规定。突发公共卫生事件严重危害社会公众生命健康安全，紧急状态下，全社会的主要任务是如何采取有效措施来控制和消除危机。由于突发事件具有重大危险性和紧迫性，运用常规的治理手段和措施难以应对危机，因此，相关法律赋予了政府和行政机关特殊的紧急行政权力，从而能够及时地组织、运用各种资源，采取强有力的措施，有效应对紧急状态，确保人民群众生命健康安全。审理涉疫情防控行政案件，应当准确选择适用赋予政府和行政机关紧急行政权力的特别法规范。对此，相关法律具有明确规定，例如，根据《行政强制法》第三条第二款规定，发生公共卫生事件，行政机关采取应急措施或临时措施，依照有关法律、行政法规的规定执行。据此，有关行政机关在疫情防控中采取的应急措施或临时措施应优先适用公共卫生专业防治及应急管理方面的法律规范，如《传染病防治法》《突发事件应对法》《突发公共卫生事件应急条例》等，上述法律规范没有规定的，可以适用《行政强制法》。同样，《传染病防治法》《突发事件应对法》相对于《政府信息公开条例》属于特别法，涉疫情防控政府信息公开应优先适用《传染病防治法》《突发事件应对法》中有关传染病疫情信息预警、公布，突发公共卫生事件事态发展和应急处置工作信息发布的法律规定。

2. 准确运用比例原则和利益衡量的方法

审理涉疫情防控紧急措施行政案件，应准确运用比例原则和利益衡量的方法评价行政紧急权力行使的合法性。比例原则是行政机关依法行政所应遵循的一般原则，其基本要求是：公权机关实现行政管理目标所采取的手段对于相关法益的影响与目标实现的公益维护应当是均衡的。首先，行政机关的决定、行动或措施可以实现行政目的，即妥当性要求；其次，行政机关在可以采取实现行政目的的多种方式中，应当选择对当事人合法权益侵害最小的方式实施，即必要性原则；此外，行政机关的决定、行动或措施的成本和收益应当是均衡的、符合比例的。《突发事件应对法》第十一条规定，有关人民政府及其部门采取的应对突发事件的措施，应当与突发事件可能造成的社会危害的性质、程度和范围相适应；有多种措施可供选择的，应当选择有利于最大程度地保护公民、法人和其他组织权益的措施。在疫情防控工作中，政府和行政机关应对突发事件的紧急行政权力具有高度裁量性、强制性和效率性的特征，这是有效应对危机产生的紧急状态所必须具备的，相应地，民众个体也被要求有更高的容忍或服从义务，但紧急行政权力并非不受法律规制。在紧急状态下，运用常规的行政权运行模式已经不足以实现应对消除危机的行政目标，而紧急行政权力则能够实现行政目的，具备比例原则中的妥当性要求，但仍应选择对当事人合法权益侵害最小的方式实施，使之符合必要性原则。同时，要对运用紧急措施保护的权益与损害的权益之间进行利益衡量，从而决定实施该措施的合法性与适当性。例如，政府为疫情防控而紧急征用单位或个人正在或即将用于疫情防控的不可或缺的物资，就不符合均衡性原则。

3. 正确处理疫情防控政府信息主动公开与申请公开

审理涉疫情防控信息公开案件，应当处理好主动公开与申请公开救济渠道的关系，信息发布准确性与及时性的关系。根据《政府信息公开条例》第二十条规定，突发公共事件的应急预案、预警信息及应对情况属于行政机关应当主动公开的政府信息。“谁制作谁公开，谁保存谁公开”是政府信息公开权限的一般原则，但是在特殊情况下，对一些事关民生、影响重大的政府信息，在公开前要经过上级部门核实后统一对外发布，这种情况主要包括突发公共事件信息、国家重要基础数据的发布等。根据《传染病防治法》《突发事件应对法》的相关规定，国务院卫生行政部门，省、自治区、直辖市人民政府卫生行政部门在各自的权限范围内属于传染病疫情信息公布的义务主体。县级以上地方各级人民政府具有发布预警信息的职责。履行统一领导职责或者组织处置突发事件的人民政府，是发布有关突发事件事态发展和应急处置工作信息的责任主体。因涉疫情防控政府信息一般属于主动公开的政府信息，有统一的发布机关，且要求信息内容具有准确性，故当事人申请公开涉疫情防控工作相关信息，应以主动公布的信息为准，适用《政府信息公开条例》规定的已主动公开信息的答复方式，告知申请人获取该政府信息的方式、途径。对其他尚未完成加工分析，处于过程中、不准确或未经核实的信息，可依据《政府信息公开条例》中豁免公开的相关条款进行答复。当事人认为政府或有关行政机关没有履行主动公开政府信息职责而提起诉讼的，具有公益性质，一般不具有行政诉讼原告主体资格。政府或行政机关未依法履行疫情信息公布职责，应承担相应的行政处分责任或追究刑事责任，但并不是通过行政诉讼途径处理。

4. 慎重对待规范性文件附带审查

《行政诉讼法》第五十三条规定，公民、法人或者其他组织认为行政行为所依据的国务院部门和地方人民政府及其部门制定的规范性文件不合法，在对行政行为提起诉讼时，可以一并请求对该规范性文件进行审查。各级政府和行政机关的疫情防控工作的主要职责之一就是通过制定一系列应对疫情的决定、命令等管理措施实现防控目的。这些决定、命令虽然具有抽象行政行为的性质，不能单独提起行政诉讼，但可以对其相应条款进行附带审查。为了有效应对疫情，根据地区特点统筹制定的应对措施往往是紧急状态下的唯一执法依据，具有政策、专业技术等方面的综合考量，在疫情防控中发挥着不可或缺的重要作用。另外，由于部分规范性文件的制定、发布程序多基于行政效率原则而相应简化，合法性论证不足，可能存在对人民群众的基本权利关照不足等问题。因此，在行政诉讼附带审查中有必要秉持审慎对待的态度，以法律保留原则为底线，对涉疫情防控行政规范性文件相应条款的合法性进行必要的司法审查。

三、司法对策与建议

（一）司法对策

1. 提高政治站位，充分认识疫情防控时期维护大局稳定的重大意义。首都行政审判工作要切实把思想和行动统一到习近平总书记关于疫情防控工作的重要指示精神上来，坚决贯彻落实党中央决策部署和市委、最高人民法院的工作要求，始终将人民群众的生命安全和身体健康放在第一位，坚决把疫情防控作为当前压倒一切的头等大事来抓，用足用好法律规定，依法及时稳妥审理各类涉疫情防控行政案件，为坚决打赢疫情防控阻击战提供有力司法保障。

2. 健全完善行政审判工作机制，保障案件审理效果和安全。一是全市法院行政审判工作在做好疫情防控的同时，充分利用网上开庭、在线谈话、移动办公等方式，方便当事人，确保审判工作有序进行。二是及时稳妥审理涉疫情防控行政案件，切实保障当事人诉讼权利，积极引导行政机关和相对人协调解决行政争议，实质化解矛盾。三是对社会影响大、舆论关注度高的重大敏感案件，要按照依法处置、舆论引导、社会面管控“三同步”要求，做好相关工作。四是审判人员要注重办案安全，提升防范意识。

3. 加强对涉疫情防控行政案件法律问题的调查研究和法治宣传。各院行政审判工作部门可以根据自身案件情况、特点，有针对性地对涉疫情防控信息公开、征收征用、行政处罚、强制措施等新情况、新问题进行专项调研，提升司法能力和水平。同时，认真落实“谁执法谁普法”责任制，结合行政案件审理，选取典型案例深入开展依法防疫的法治宣传教育工作，引导广大人民群众依法支持和配合疫情防控工作，为疫情防控工作的顺利开展营造良好的法治和社会环境。

4. 不断延伸行政审判工作职能，深度融入疫情防控工作大局。一是加强与疫情防控主要政府工作部门的沟通联系，密切关注疫情防控相关领域可能发生的行政争议，进行评估和预判。二是充分了解政府在推进疫情防控工作过程中的法律问题，积极参与相关疫情防控规范性文件的论证工作，主动为党委、政府提出法律建议，努力从源头上化解疫情防控工作的法律风险和行政争议。三是依法支持行政机关对妨害疫情防控工作、哄抬物价、散布谣言等扰乱社会和市场秩序违法行为的从严从重打击。

（二）对政府疫情防控工作的司法建议

通过对涉疫情防控工作过程中可能形成的行政争议及相关法律问题的预判、分析，可以较为清晰地发现政府应对突发公共卫生事件所面临的法律风险点，为进一步提升政府依法防控的能力，确保在法治轨道上统筹推进各项防控工作，提出如下司法建议：

一是坚持党的领导，提高依法防控、依法治理能力。在疫情防控工作中，必须保证党始终发挥总揽全局、协调各方的领导核心作用。决策前组织各方论证，督促公开相关重大决策信息，跟进收集、分析和公开风险信息、决策执行信息，提升决策执行中的公众参与度。明确政府及有关机构在疫情防控工作中的职责和义务，避免落实不到位、救济不畅通。

二是充分利用现有法律法规的规定，依法制定疫情防控政策。立足于用足、用好现有的制度资源，整合规范性文件制定程序，提高政策指导的科学性、可操作性和有效性，及时回应社会关切。同时，确保规范性文件的内容符合法律规定，及时开展合法性论证和社会风险论证，防范法律风险。

三是严格落实法律规定的各类应急防控措施的适用条件，防止紧急行政权的滥用。疫情防控应急措施、临时措施的实施，对妨害防控工作违法行为的查处，均应符合法律规定的适用条件。政府及有关机构应当严格按照比例原则，正确、慎重、适当行使行政裁量权，充分保障行政相对人的合法权益，避免行政措施因明显不当而侵害民众权利。

四是兼顾疫情防控特殊性与执法标准统一的关系，保证法律实施的统一性。一方面，疫情防控具有特殊性、紧急性，法律赋予行政机关对危机形势的判断、应急措施的种类及实施方式等具有高度的裁量空间，否则不足以消除危机，恢复正常的秩序；另一方面，也要注重法律适用的统一，避免执法标准地方差异和冲突，确保依法行使行政权力。

五是建立统一的信息工作机制和平台，确保信息公开的及时、准确。严格按照《传染病防治法》《突发事件应对法》《突发公共卫生事件应急条例》《政府信息公开条例》等法律法规的规定，规范开展疫情信息的报告、通报和公告工作，统一公开渠道，按照法定内容、程序、方式、时限及时准确全面报告疫情信息，同时构建全国性疫情信息发布和查询平台，切实提升信息利用效率，增进防控经验交流。

审理涉疫情防控行政案件若干问题探讨

邱建民　廖希飞

2020 年 1 月 20 日，经国务院批准同意，国家卫健委决定将新型冠状病毒肺炎纳入法定传染病乙类管理，采取甲类传染病防控措施。自 1 月 23 日起，全国绝大多数省份都已启动重大突发公共卫生事件一级响应。其间各地有关行政机关实施了大量应急措施，在确保疫情防控工作高效有序开展的同时，也不可避免地会引发一些行政争议。涉疫情防控行政案件具有不同于一般行政案件的特殊性，如何审理此类案件是摆在法院面前的一项急难险重任务。本文将尝试在这方面作一些粗浅的探讨，以抛砖引玉。

一、涉疫情防控行政行为的合法性审查原则

此次新型冠状病毒肺炎引发的疫情属于突发公共卫生事件，需要采取应急措施予以应对。疫情防控期间属于非常时期，涉疫情防控行政案件具有不同于一般行政案件的特殊性，需要分类区别，对不同的案件采用不同的审查强度。

（一）涉疫情防控行政行为的应急性与合法性

涉疫情防控行政行为具有很强的应急性，或者说应急性是此类行政行为的主要特征，客观情势要求行政机关迅速采取措施对突发公共卫生事件作出应对。涉疫情防控行政行为追求效率的特性，决定了其很难遵循一般程序性规定，而要遵循某些特别程序性规定，但其在实体上仍应当符合法律规定，并符合比例原则[①]，这是较低限度的合法性要求。

---

① 《突发事件应对法》第十一条第一款明确规定应急措施应当符合比例原则："有关人民政府及其部门采取的应对突发事件的措施，应当与突发事件可能造成的社会危害的性质、程度和范围相适应；有多种措施可供选择的，应当选择有利于最大程度地保护公民、法人和其他组织权益的措施。"

（二）涉疫情防控行政案件的审查强度

《最高人民法院关于审理与低温雨雪冰冻灾害有关的行政案件若干问题座谈会纪要》（以下简称《座谈会纪要》）规定："对于履行统一领导职责的人民政府以及公安、工商、物价等机关依照突发事件应对法作出的行政处罚和行政强制措施等行政行为，只要实体合法，不宜仅以行政程序存在瑕疵而判决撤销或者确认违法。"参照上述规定，根据行政行为与疫情防控相关性程度、处置事项紧急性程度、相关程序性规定完备性程度的不同，应当对不同行政行为采用不同的审查强度。

行政机关依照《传染病防治法》《突发事件应对法》《传染病防治法实施办法》《突发公共卫生事件应急条例》等应急管理特别法作出的应急措施，系行政机关基于疫情防控形势和人民群众的利益诉求在法定自由裁量权限内所作出的专业判断，而上述法律、法规未对一些应急措施的实施程序作出具体规定，且应急措施与疫情防控直接、密切相关，需要迅速作出应对，原则上主要或者侧重进行实体合法性审查，重点审查主要证据是否充足、基本事实是否清楚、是否存在超越职权、滥用职权或明显不当情形。但对于超越职权的，可以在经有权机关追认后，不认定其不合法。①

对于应急管理特别法未作规定，行政机关依照《行政处罚法》《治安管理处罚法》《行政强制法》等一般法作出的行政处罚和行政强制措施，与疫情防控密切相关，需要迅速作出应对的，对程序轻微违法可以适当从宽把握。

对于其他行政处罚、行政强制措施和涉疫情政府信息公开、工伤认定等与疫情防控具有间接或者一般关系的其他行政行为，以及疫期内行政机关作出的与疫情防控无关的行政行为，应当采用常态的一般审查强度。

二、涉疫情防控行政诉讼特别问题

涉疫情防控行政案件在行政诉讼中具有一些不同于一般行政案件的特殊问题或者需要特别加以注意的问题，主要集中在受案范围、诉讼资格、诉讼期限、审理方式、法律适用等方面。

---

① 参见林鸿潮、詹承豫：《非常规突发事件应对与应急法的重构》，载《中国行政管理》2009 年第 7 期。该文作者认为，应当尽可能为应急决策的主体、程序和内容等方面留出必要的权变性选择空间，设计越权决策的条件、效力和追认制度。

（一）受案范围

行政机关在辖区内启动突发公共卫生事件应急处理响应以及针对不特定场所或者不特定人作出的应急处置决定、命令，具有针对不特定人的普遍约束力、可以反复适用等抽象行政行为的特征，根据《行政诉讼法》第十三条第二项①、《最高人民法院关于适用〈中华人民共和国行政诉讼法〉的解释》（以下简称《适用解释》）第二条第二款②的规定，不属于行政诉讼受案范围。但是，行政机关根据突发公共卫生事件应急处理响应或者上述应急处置决定、命令对特定场所或者特定人采取的应急措施，是具体行政行为，属于行政诉讼受案范围。

对于行政机关发布的涉疫情通告、通知、通报，一般而言，通告是应急处置决定、命令的载体，属于抽象行政行为，如上文所述，不属于行政诉讼受案范围。通知、通报，一般属于观念通知，对公民、法人或者其他组织权利义务不产生实际影响，根据《适用解释》第一条第二款第十项③的规定，不属于行政诉讼受案范围。但是，在实践中，不能仅凭通告、通知、通报名称而应当根据其内容进行具体的定性判断。

（二）诉讼资格

1. 原告资格。公民因被强制隔离等限制人身自由而不能提起诉讼的，根据《适用解释》第十四条第二款④的规定，其近亲属可以依其口头或者书面委托以该公民的名义提起诉讼。近亲属起诉时无法与其取得联系的，可以先行起诉，并在诉讼中补充提交委托证明。公民因感染新型冠状病毒肺炎死亡的，根据《行政诉讼法》第二十五条第二款⑤的规定，其近亲属可以提起诉讼。

---

① 《行政诉讼法》第十三条规定："人民法院不受理公民、法人或者其他组织对下列事项提起的诉讼：……（二）行政法规、规章或者行政机关制定、发布的具有普遍约束力的决定、命令；……"

② 《适用解释》第二条第二款规定："行政诉讼法第十三条第二项规定的'具有普遍约束力的决定、命令'，是指行政机关针对不特定对象发布的能反复适用的规范性文件。"

③ 《适用解释》第一条第二款规定："下列行为不属于人民法院行政诉讼的受案范围：……（十）对公民、法人或者其他组织权利义务不产生实际影响的行为。"

④ 《适用解释》第十四条第二款规定："公民因被限制人身自由而不能提起诉讼的，其近亲属可以依其口头或者书面委托以该公民的名义提起诉讼。近亲属起诉时无法与被限制人身自由的公民取得联系，近亲属可以先行起诉，并在诉讼中补充提交委托证明。"

⑤ 《行政诉讼法》第二十五条第二款规定："有权提起诉讼的公民死亡，其近亲属可以提起诉讼。"

2. 被告资格。临时成立的疫情防控工作领导小组、指挥部，一般由党的负责人任领导小组组长，政府负责人任指挥部指挥长。领导小组、指挥部虽然在疫情防控工作中发挥了重要作用，但一般不具有独立承担法律责任能力的行政主体资格。一般而言，领导小组做出的行为，不能认定为行政行为，领导小组也不能成为行政诉讼被告。但是，原告不服指挥部以自己的名义作出的行政行为的，根据《适用解释》第二十条①的规定，以成立它的行政机关为被告。

（三）诉讼期限

1. 起诉期限。新冠疫情应当属于《行政诉讼法》第四十八条②规定的不可抗力。同时，根据上述条款及《突发事件应对法》第十三条关于“因采取突发事件应对措施，诉讼、行政复议、仲裁活动不能正常进行的，适用有关时效中止和程序中止的规定”的规定，公民、法人或者其他组织因疫情耽误起诉期限的，被耽误的时间不计算在起诉期限内。疫情起止时间应当以突发公共卫生事件应急处理响应的启动和结束时间为准。

2. 举证期限。疫情防控期间，行政机关一般都正常上班，或者采取弹性工作制。但是，如果被告确因疫情不能提供在作出行政行为时已经收集的证据的，根据《行政诉讼法》第三十六条第一款③和《适用解释》第三十四条④的规定，应当在收到起诉状副本之日起 15 日内以书面方式向法院提出延期提供证据申请法院准许的，被告应当在疫情结束后 15 日内提供证据。被告因疫情无法在收到起诉状副本之日起 15 日内向人民法院提出延期提供证据书面申请，逾期提供证据并向法院书面说明理由并附相关证明材料的，法院也可以组织当事人对该证据进行质证。

3. 中止诉讼。因疫情致使诉讼活动不能正常进行的，根据《突发事件应

---

① 《适用解释》第二十条规定：“行政机关组建并赋予行政管理职能但不具有独立承担法律责任能力的机构，以自己的名义作出行政行为，当事人不服提起诉讼的，应当以组建该机构的行政机关为被告。”

② 《行政诉讼法》第四十八条规定：“公民、法人或者其他组织因不可抗力或者其他不属于其自身的原因耽误起诉期限的，被耽误的时间不计算在起诉期限内。”

③ 《行政诉讼法》第三十六条第一款规定：“被告在作出行政行为时已经收集了证据，但因不可抗力等正当事由不能提供的，经人民法院准许，可以延期提供。”

④ 《适用解释》第三十四条规定：“根据行政诉讼法第三十六条第一款的规定，被告申请延期提供证据的，应当在收到起诉状副本之日起十五日内以书面方式向人民法院提出。人民法院准许延期提供的，被告应当在正当事由消除后十五日内提供证据。逾期提供的，视为被诉行政行为没有相应的证据。”

对法》第十三条①和《适用解释》第八十七条第一款第四项②的规定，法院可以依职权作出中止诉讼的裁定。

4. 审理期限。疫情期间，可以采用网上办公等方式审理案件，力争审限内结案。对于确有特殊情况需要延长的，可以根据《行政诉讼法》第八十一条③、第八十八条④和《适用解释》第一百一十二条⑤的规定办理延长审限。

（四）审理方式

疫情期间，对于无须开庭审理的案件，根据《行政诉讼法》第八十六条⑥和《适用解释》第一百一十一条⑦、第一百一十三条⑧的规定，可以采用书面审理的方式。对于需要开庭审理的案件，经原被告双方同意，无须当面实物核实证据才能确定其真实性的，可以通过移动微法院、互联网法庭、云间法庭、微信等媒介网上开庭的方式进行审理。

（五）法律适用

1. 优先适用特别法。《传染病防治法》《突发事件应对法》《传染病防治法实施办法》《突发公共卫生事件应急条例》等法律法规，是我国突发公共卫生事件应急管理的特别法。然而，目前在实践中，许多行政机关习惯于适

---

① 《突发事件应对法》第十三条规定："因采取突发事件应对措施，诉讼、行政复议、仲裁活动不能正常进行的，适用有关时效中止和程序中止的规定，但法律另有规定的除外。"

② 《适用解释》第八十七条第一款规定："在诉讼过程中，有下列情形之一的，中止诉讼：……（四）一方当事人因不可抗力的事由不能参加诉讼的……"

③ 《行政诉讼法》第八十一条规定："人民法院应当在立案之日起六个月内作出第一审判决。有特殊情况需要延长的，由高级人民法院批准，高级人民法院审理第一审案件需要延长的，由最高人民法院批准。"

④ 《行政诉讼法》第八十八条规定："人民法院审理上诉案件，应当在收到上诉状之日起三个月内作出终审判决。有特殊情况需要延长的，由高级人民法院批准，高级人民法院审理上诉案件需要延长的，由最高人民法院批准。"

⑤ 《适用解释》第一百一十二条规定："人民法院应当自再审申请案件立案之日起六个月内审查，有特殊情况需要延长的，由本院院长批准。"

⑥ 《行政诉讼法》第八十六条规定："人民法院对上诉案件，应当组成合议庭，开庭审理。经过阅卷、调查和询问当事人，对没有提出新的事实、证据或者理由，合议庭认为不需要开庭审理的，也可以不开庭审理。"

⑦ 《适用解释》第一百一十一条规定："当事人申请再审的，应当提交再审申请书等材料。人民法院认为有必要的，可以自收到再审申请书之日起五日内将再审申请书副本发送对方当事人。对方当事人应当自收到再审申请书副本之日起十五日内提交书面意见。人民法院可以要求申请人和对方当事人补充有关材料，询问有关事项。"

⑧ 《适用解释》第一百一十三条规定："人民法院根据审查再审申请案件的需要决定是否询问当事人；新的证据可能推翻原判决、裁定的，人民法院应当询问当事人。"

用《治安管理处罚法》等一般法，而忽视了应急管理特别法。应当注意的是，在疫情防控中，要优先适用特别法的规定。特别法未作规定的，适用一般法的规定。例如，应急管理特别法对违反治安管理行为如何处罚作出规定的，适用该规定。特别法未作具体规定的，适用《治安管理处罚法》的有关规定处罚。

2.《治安管理处罚法》第五十条第一款第一项[①]的理解与适用。目前在实践中，许多公安机关适用该条款对在公共场所拒不佩戴口罩等行为作出处罚。但对该条款里的“紧急状态”却存在不同理解。如果是宪法意义上的紧急状态，根据《宪法》第六十七条第二十一项[②]、第八十九条第十六项[③]的规定，只有全国人大常委会和国务院具有紧急状态决定权，而目前有权主体并未作此决定。但是，在《治安管理处罚法》立法时，之所以规定该条款，是“总结了2003年发生的抗击非典的经验教训，并借鉴了国际上的做法，为了应对严重的自然灾害、突发公共卫生事件、人为重大事故等紧急状态，在2004年3月我国《宪法》对相应的法律条款作了修改，将‘戒严’修改为‘紧急状态’，也就是说紧急状态包括戒严又不限于戒严，适用范围更宽”[④]。可见，立法本意是在宪法意义基础上对紧急状态做了相对宽泛的理解，而目前公认此次疫情要严重于上次非典疫情，国家已经采取了甲类传染病防控措施，并且各地绝大多数已经启动了重大突发公共卫生事件一级响应，在此情况下，笔者认为，可以对《治安管理处罚法》第五十条第一款第一项里的“紧急状态”做实质性的扩大解释。另外，《突发事件应对法》第六十六条规定：“单位或者个人违反本法规定，不服从所在地人民政府及其有关部门发布的决定、命令或者不配合其依法采取的措施，构成违反治安管理行为的，由公安机关依法给予处罚。”该条款显然有所指向，应当与《治安管理处罚法》第五十条第一款第一项配套衔接适用。《治安管理处罚法》有具体规定的，

---

① 《治安管理处罚法》第五十条第一款规定：“有下列行为之一的，处警告或者二百元以下罚款；情节严重的，处五日以上十日以下拘留，可以并处五百元以下罚款：（一）拒不执行人民政府在紧急状态情况下依法发布的决定、命令的；……”

② 《宪法》第六十七条规定：“全国人民代表大会常务委员会行使下列职权：……（二十一）决定全国或者个别省、自治区、直辖市进入紧急状态；……”

③ 《宪法》第八十九条规定：“国务院行使下列职权：……（十六）依照法律规定决定省、自治区、直辖市的范围内部分地区进入紧急状态；……”

④ 全国人民代表大会常务委员会法制工作委员会编：《中华人民共和国治安管理处罚法释义》，法律出版社2005年版，第125—126页。

适用该规定，没有具体规定的，可以将该法第五十条第一款第一项作为兜底性条款予以适用。

3. 择重处罚与从重处罚。同一违反治安管理的行为同时违反《治安管理处罚法》不同条款的规定，或者同时违反《治安管理处罚法》与其他法律的规定，应当择一重处，即适用处罚较重的规定。

要注意《突发公共卫生事件应急条例》第五十一条①、第五十二条②等应急管理特别法与《治安管理处罚法》有关规定的对应衔接适用。应急管理特别法规定对有关违法行为适用《治安管理处罚法》的有关规定处理，可以在法定自由裁量权限内从重处罚。

同时，要注意《最高人民法院、最高人民检察院、公安部、司法部关于依法惩治妨害新型冠状病毒感染肺炎疫情防控违法犯罪的意见》规定的妨害疫情防控的具体行政违法行为与《治安管理处罚法》的条款对应以及将在疫情防控期间实施有关违法行为作为从重情节予以考量的要求。③

三、涉疫情防控行政案件分类处理

涉疫情防控行政案件主要包括行政处罚、行政强制措施、行政征用及补偿、行政赔偿、授益性行政行为等案件。针对不同的案件，应当分类采取不同的处理办法。

---

① 《突发公共卫生事件应急条例》第五十一条规定："在突发事件应急处理工作中，有关单位和个人未依照本条例的规定履行报告职责，隐瞒、缓报或者谎报，阻碍突发事件应急处理工作人员执行职务，拒绝国务院卫生行政主管部门或者其他有关部门指定的专业技术机构进入突发事件现场，或者不配合调查、采样、技术分析和检验的，对有关责任人员依法给予行政处分或者纪律处分；触犯《中华人民共和国治安管理处罚法》，构成违反治安管理行为的，由公安机关依法予以处罚；构成犯罪的，依法追究刑事责任。"

② 《突发公共卫生事件应急条例》第五十二条规定："在突发事件发生期间，散布谣言、哄抬物价、欺骗消费者，扰乱社会秩序、市场秩序的，由公安机关或者工商行政管理部门依法给予行政处罚；构成犯罪的，依法追究刑事责任。"

③ 《最高人民法院、最高人民检察院、公安部、司法部关于依法惩治妨害新型冠状病毒感染肺炎疫情防控违法犯罪的意见》规定："（十）依法严惩妨害疫情防控的违法行为。实施上述（一）至（九）规定的行为，不构成犯罪的，由公安机关根据治安管理处罚法有关虚构事实扰乱公共秩序，扰乱单位秩序、公共场所秩序、寻衅滋事，拒不执行紧急状态下的决定、命令，阻碍执行职务，冲闯警戒带、警戒区，殴打他人，故意伤害，侮辱他人，诈骗，在铁路沿线非法挖掘坑穴、采石取沙，盗窃、损毁路面公共设施，损毁铁路设施设备，故意损毁财物、哄抢公私财物等规定，予以治安管理处罚，或者由有关部门予以其他行政处罚。对于在疫情防控期间实施有关违法犯罪的，要作为从重情节予以考量，依法体现从严的政策要求，有力惩治震慑违法犯罪，维护法律权威，维护社会秩序，维护人民群众生命安全和身体健康。"

（一）行政处罚、行政强制措施案件的处理

目前实践中，行政机关作出的涉疫情防控行政行为主要集中于行政处罚和行政强制措施。但是行政处罚和行政强制措施与疫情防控关联度、处置事项紧急度、法律规定完备度等有所差别，应当对其审查强度作进一步细化。

1. 审查强度。

行政机关依照应急管理特别法作出的行政强制措施，因涉及对疫情危害、扩散风险的判断，且与疫情防控直接、密切相关，需要迅速作出应对。因《行政强制法》第三条第二款明确规定“发生或者即将发生自然灾害、事故灾难、公共卫生事件或者社会安全事件等突发事件，行政机关采取应急措施或者临时措施，依照有关法律、行政法规的规定执行”，但是应急管理特别法一般未具体规定应急行政强制措施的实施程序，原则上只要实体合法，不宜仅以程序问题而认定不合法，但严重违反正当程序的除外。例如，采取应急措施还是应当履行表明身份、听取意见、说明理由、告知权利救济等较低限度的程序义务。

对于行政机关依照应急管理特别法作出的行政处罚，因涉及对疫情防控形势、经济社会形势的判断，且与疫情防控密切相关，原则上只要实体合法，不宜仅以程序轻微违法而判决撤销或者确认违法。事出紧急，确需迅速作出处理，事后及时进行程序补救的，也可以不认定为不合法。

对于应急管理特别法未作规定，行政机关依照《治安管理处罚法》《行政强制法》等一般法作出的行政处罚和行政强制措施，与疫情防控密切相关，需要迅速作出应对的，对程序轻微违法可以适当从宽把握。

对于上述行政处罚和行政强制措施进行审查时，要注意考量行政处罚和行政强制措施是否存在超越职权、滥用职权或者明显不当的情形。对于其中的强制检疫、隔离或者治疗措施，不宜仅以事后诊断结果而予以否定性评价。

2. 若干具体问题的认定处理。

（1）对于拒不配合、阻碍国家机关工作人员依法开展疫情防控工作的，适用《治安管理处罚法》第五十条第一款第二项[①]等有关规定处理。

---

① 《治安管理处罚法》第五十条第一款规定：“有下列行为之一的，处警告或者二百元以下罚款；情节严重的，处五日以上十日以下拘留，可以并处五百元以下罚款：……（二）阻碍国家机关工作人员依法执行职务的；……”

（2）对于拒不执行政府指导价、政府定价以及法定的价格干预措施、紧急措施的，适用《价格法》第三十九条①等有关规定处理。

（3）对于哄抬价格违法行为的认定，参照《市场监管总局关于新型冠状病毒感染肺炎疫情防控期间查处哄抬价格违法行为的指导意见》② 等有关规定处理。

（4）对于价格违法行为从重处罚的，依据《价格违法行为行政处罚规定》第十七条第二款③，并参照《价格违法行为行政处罚实施办法》第七条④

---

① 《价格法》第三十九条规定："经营者不执行政府指导价、政府定价以及法定的价格干预措施、紧急措施的，责令改正，没收违法所得，可以并处违法所得五倍以下的罚款；没有违法所得的，可以处以罚款；情节严重的，责令停业整顿。"

② 《市场监管总局关于新型冠状病毒感染肺炎疫情防控期间查处哄抬价格违法行为的指导意见》："四、经营者有以下情形之一，可以认定构成《价格违法行为行政处罚规定》第六条第（二）项所规定的哄抬价格违法行为。（一）生产防疫用品及防疫用品原材料的经营者，不及时将已生产的产品投放市场，经市场监管部门告诫仍继续囤积的；（二）批发环节经营者，不及时将防疫用品、民生商品流转至消费终端，经市场监管部门告诫仍继续囤积的；（三）零售环节经营者除为保持经营连续性保留必要库存外，不及时将相关商品对外销售，经市场监管部门告诫仍继续囤积的。生产环节、批发环节经营者能够证明其出现本条第（一）项、第（二）项情形，属于按照政府或者政府有关部门要求，为防疫需要进行物资储备或者计划调拨的，不构成哄抬价格违法行为。对于零售领域经营者，市场监管部门已经通过公告、发放提醒告诫书等形式，统一向经营者告诫不得非法囤积的，视为已依法履行告诫程序，可以不再进行告诫，直接认定具有囤积行为的经营者构成哄抬价格违法行为。五、经营者出现下列情形之一，可以认定构成《价格违法行为行政处罚规定》第六条第（三）项所规定的哄抬价格违法行为。（一）在销售防疫用品过程中，强制搭售其他商品，变相提高防疫用品价格的；（二）未提高防疫用品或者民生商品价格，但大幅度提高配送费用或者收取其他费用的；（三）经营者销售同品种商品，超过1月19日前（含当日，下同）最后一次实际交易的进销差价率的；（四）疫情发生前未实际销售，或者1月19日前实际交易情况无法查证的，经营者在购进成本基础上大幅提高价格对外销售，经市场监管部门告诫，仍不立即改正的。经营者有本条第（三）项情形，未造成实际危害后果，经市场监管部门告诫立即改正的，可以依法从轻、减轻或者免予处罚。本条第（四）项'大幅度提高'，由市场监管部门综合考虑经营者的实际经营状况、主观恶性和违法行为社会危害程度等因素，在案件查办过程中结合实际具体认定。"

③ 《价格违法行为行政处罚规定》第十七条第二款规定："经营者有下列情形之一的，应当从重处罚：（一）价格违法行为严重或者社会影响较大的；（二）屡查屡犯的；（三）伪造、涂改或者转移、销毁证据的；（四）转移与价格违法行为有关的资金或者商品的；（五）经营者拒不按照本规定第十六条第一款规定退还消费者或者其他经营者多付价款的；（六）应予从重处罚的其他价格违法行为。"

④ 《价格违法行为行政处罚实施办法》第七条规定："对纳入价格干预措施或紧急措施范围的商品和服务，以及可能波及的相关商品和服务的价格违法行为，应当依据《价格违法行为行政处罚规定》第十五条的规定予以从重处罚，在法定罚款幅度内应当从高适用，行政处罚种类在两个以上的应当从重适用，可以并处的应当并处处罚。"

和《规范价格行政处罚权的若干规定》第八条①、第十二条②、第十三条③以及《市场监管总局关于新型冠状病毒感染肺炎疫情防控期间查处哄抬价格违法行为的指导意见》④ 等有关规定处理。

（5）对于价格违法行为违法所得的认定，参照《价格违法行为行政处罚实施办法》第九条⑤、《市场监管总局关于新型冠状病毒感染肺炎疫情防控期

---

① 《规范价格行政处罚权的若干规定》第八条规定："当事人有下列情形之一的，应当从重处罚：（一）价格违法行为严重或者社会影响较大的；（二）屡查屡犯的；（三）伪造、涂改或者转移、销毁证据的；（四）转移与价格违法行为有关的资金或者商品的；（五）拒不按照规定退还消费者或者其他经营者多付价款的；（六）在共同价格违法行为中起主要作用或者胁迫、诱骗他人实施价格违法行为的；（七）拒绝、阻碍或者以暴力威胁执法人员查处价格违法行为的；（八）经价格主管部门告诫或者责令停止、责令改正违法行为后，继续实施价格违法行为的；（九）对纳入价格干预措施或者紧急措施范围的商品和服务实施价格违法行为的；（十）其他应当依法从重处罚的情形。"

② 《规范价格行政处罚权的若干规定》第十二条规定："对《价格法》、《价格违法行为行政处罚规定》规定一定幅度范围的罚款处罚，价格主管部门应当按照以下标准确定从轻处罚、一般处罚、从重处罚的罚款幅度：（一）《价格法》、《价格违法行为行政处罚规定》规定处违法所得 5 倍数以下罚款的，从轻处罚应当为违法所得的 2 倍或者 1 倍以下，一般处罚应当为违法所得的 3 倍，从重处罚应当为违法所得的 4 倍或者 5 倍；（二）《价格法》规定处一定数额的 1 倍以上 3 倍以下罚款的，从轻处罚应当为一定数额的 1 倍，一般处罚应当为一定数额的 2 倍，从重处罚应当为一定数额的 3 倍；（三）《价格法》、《价格违法行为行政处罚规定》规定处最低数额以上和最高数额以下罚款的，从轻处罚应当低于最高数额的 40% 且不低于最低数额，一般处罚应当为最高数额的 40% 至 60%，从重处罚应当高于最高数额的 60%；（四）《价格法》、《价格违法行为行政处罚规定》规定处最高数额以下罚款的，从轻处罚应当低于最高数额的 40%，一般处罚应当为最高数额的 40% 至 60%，从重处罚应当高于最高数额的 60%。"

③ 《规范价格行政处罚权的若干规定》第十三条规定："价格主管部门作出从重、从轻、减轻处罚决定的，应当在行政处罚决定书中说明理由。"

④ 《市场监管总局关于新型冠状病毒感染肺炎疫情防控期间查处哄抬价格违法行为的指导意见》规定："七、出现下列情形，对于无违法所得或者视为无违法所得的哄抬价格违法行为，市场监管部门应当依据《价格违法行为行政处罚规定》第六条规定的情节较重或者情节严重的罚则进行处罚；经营者违法所得能够明确计算的，应当依法从重处罚。（一）捏造或者散布疫情扩散、防治方面的虚假信息，引发群众恐慌，进而推高价格预期的；（二）同时使用多种手段哄抬价格的；（三）哄抬价格行为持续时间长、影响范围广的；（四）哄抬价格之外还有其他价格违法行为的；（五）疫情防控期间，有两次以上哄抬价格违法行为的；（六）隐匿、毁损相关证据材料或者提供虚假资料的；（七）拒不配合依法开展的价格监督检查的；（八）其他应当被认定为情节较重或者情节严重的情形。"

⑤ 《价格违法行为行政处罚实施办法》第九条规定："经营者有下列情形之一的，可以按没有违法所得论处：（一）无合法销售或收费票据的；（二）隐匿、销毁销售或收费票据的；（三）隐瞒销售或收费票据数量，账簿与票据金额不符导致计算违法所得金额无依据的；（四）多收价款全部退还的；（五）应当按没有违法所得论处的其他情形。"

间查处哄抬价格违法行为的指导意见》[①] 等有关规定处理。

(6) 对于价格违法行为行政处罚程序，参照《价格违法行为行政处罚实施办法》第八条[②]等有关规定处理。

（二）工伤认定、劳动保障监察案件的处理

工伤认定和劳动保障监察案件同时涉及民生和经济发展，应当妥善处理。

1. 工伤认定案件。(1) 特殊人员的工伤认定。在新型冠状病毒肺炎预防和救治工作中，医护及相关工作人员因履行工作职责，感染新型冠状病毒肺炎或者因感染新型冠状病毒肺炎死亡的，参照《人力资源社会保障部、财政部、国家卫生健康委关于因履行工作职责感染新型冠状病毒肺炎的医护及相关工作人员有关保障问题的通知》的规定，应当认定为工伤。疫情期间，用人单位为维护国家利益和公共利益的需要，指派职工从事基本生活必需品和应急救援物资的供应、运输、搬运、发放，参与或者组织救治病人，或者协助公安机关、卫生行政部门、疾病预防控制机构、医疗机构、慈善机构、社区提供疫情防控相关公共服务过程中，职工受到伤害的，应当认定为工伤。临时雇用员工从事以上工作受到伤害的，可以视为工伤，参照《工伤保险条例》的规定进行处理。[③]

(2) 工作时间的认定。疫情期间，工作时间不仅包括上班至下班时间段，还包括用人单位及其部门负责人或者某项具体工作负责人同意和安排的

---

① 《市场监管总局关于新型冠状病毒感染肺炎疫情防控期间查处哄抬价格违法行为的指导意见》规定："六、出现下列情形，对于哄抬价格违法行为，市场监管部门可以按无违法所得论处。(一) 无合法销售或者收费票据的；(二) 隐匿、销毁销售或者收费票据的；(三) 隐瞒销售或收费票据数量、账簿与票据金额不符导致计算违法所得金额无依据的；(四) 实际成交金额过低但违法行为情节恶劣的；(五) 其他违法所得无法准确核定的情形。"

② 《价格违法行为行政处罚实施办法》第八条规定："价格行政执法人员可以适用以下程序，从快制止价格违法行为：(一) 执法人员进行调查或者检查前，可以不向当事人送达《检查通知书》，但要出示执法证件；(二) 在调查或者检查中发现应当给予行政处罚的行为的，可以当场决定立案，立案、询问或检查应当制作笔录；(三) 作出行政处罚决定前，可以不向当事人送达《行政处罚事先告知书》、《行政处罚听证告知书》，而以口头告知的方式履行行政处罚事先告知程序、听证告知程序；(四) 调查终结，价格主管部门负责人应当立即对调查结果进行审查，及时作出行政处罚决定；对情节复杂或者重大违法行为给予较重的行政处罚，可以不召开案件审理委员会会议，而由价格主管部门负责人集体讨论决定。(五) 对依法可以当场作出行政处罚决定的，不当场收缴事后难以执行的，可以当场收缴罚款。"

③ 参照《座谈会纪要》的规定："低温雨雪冰冻灾害期间，用人单位为维护国家利益和公共利益的需要，在恢复交通、通信、供电、供水、排水、供气、道路抢修、保障食品、饮用水、燃料等基本生活必需品的供应、组织营救和救治受害人员等过程中，临时雇用员工受到伤害的，可视为工伤，参照《工伤保险条例》的规定进行处理。"

临时加班工作的时间。

（3）工作场所的认定。疫情期间，凡是与职工的工作职责相关的场所，一般应当认定为工作场所。实行弹性工作制或者网上办公的单位，也可以结合网上工作记录等证据认定职工居住地点为工作场所。

（4）上下班途中的认定。疫情期间，凡是工作地点和居住地点之间的路线没有显失合理且方向正确的，一般应当认定为上下班途中。但是，对于主张在上下班途中感染新型冠状病毒肺炎的，因感染场所难以认定，且不宜对《工伤保险条例》第十四条关于“职工有下列情形之一的，应当认定为工伤：……（六）在上下班途中，受到非本人主要责任的交通事故或者城市轨道交通、客运轮渡、火车事故伤害的；……”的规定进一步类推适用，因此不认定为工伤。

2. 劳动保障监察案件。对于涉及用人单位不支付职工工资等劳动保障监察案件，应当建议或者判决劳动保障行政部门兼顾用人单位和职工的合法权益依法妥善解决。在案件审理中，要注重引导用人单位和职工共担责任、共渡难关，指导劳动保障行政部门努力协调，促进协商，力争实质性化解争议。

（三）行政征用及补偿、行政赔偿案件的处理

1. 行政征用及补偿案件。参照《座谈会纪要》的规定，对于征用补偿问题，应当判决行政机关在使用完毕或者突发事件应急处置工作结束后，及时返还被征用的财产。对于财产被征用或者征用后毁损、灭失以及一经征用即不能再次利用的，判决给予补偿。《传染病防治法》第四十五条①、《突发事件应对法》第十二条②规定了征用及补偿问题，但只规定“应当给予补偿”或“应当依法给予补偿”，未具体规定补偿原则与标准。《座谈会纪要》规定“按照适当与合理的原则”补偿，仍缺乏可操作性。目前，安徽省、云南省、上海市、杭州市等省市制定了专门的应急征用补偿规章或规范性文件，对补

① 《传染病防治法》第四十五条规定：“传染病暴发、流行时，根据传染病疫情控制的需要，国务院有权在全国范围或者跨省、自治区、直辖市范围内，县级以上地方人民政府有权在本行政区域内紧急调集人员或者调用储备物资，临时征用房屋、交通工具以及相关设施、设备。紧急调集人员的，应当按照规定给予合理报酬。临时征用房屋、交通工具以及相关设施、设备的，应当依法给予补偿；能返还的，应当及时返还。”

② 《突发事件应对法》第十二条规定：“有关人民政府及其部门为应对突发事件，可以征用单位和个人的财产。被征用的财产在使用完毕或者突发事件应急处置工作结束后，应当及时返还。财产被征用或者征用后毁损、灭失的，应当给予补偿。”

偿标准的规定主要有三种：（1）综合考虑财产重置成本、综合成新率、净残值和保险赔偿金等因素后确定；[①]（2）市场公允价格；[②]（3）被征用时的市场价格。[③] 其中，第二种补偿标准中的“公允”仍系不确定法律概念，第三种补偿标准中“市场价格”如何确定仍有待进一步具体明确，而第一种补偿标准具有可操作性，且较为公平适当，可以参照适用。

2. 行政赔偿案件。对于行政机关依照应急管理特别法作出的行政处罚和行政强制措施，因实体违法给原告造成实体权益损失的，依法判决行政机关予以赔偿。因程序违法未给原告造成实体权益损失的，依法判决驳回原告的诉讼请求。

（四）授益性行政行为案件的处理

涉疫情防控的授益性行政行为主要包括延期缴纳、扣除、返还、减免税费及救助、抚恤、安置等。对于涉疫情的授益性行政行为，原则上予以支持。对于因受疫情影响而不能按期缴纳税费或者疫情期间进行公益性捐赠的纳税人请求延期缴纳、扣除、返还、减免有关税费的，依照法律、行政法规，并参照有关政策性文件规定的有关税费优惠措施[④]予以支持。对于请求减免暂无优惠措施的税费，如案件众多，涉及面广，可能影响经济社会发展的，可以积极与有关部门沟通协调，建议出台相应政策，统一标准。对于公民、法人或者其他组织要求行政机关履行救助、抚恤、安置等法定职责，符合规定条件的，要及时作出给付判决。

（五）政府信息公开案件的处理

疫情前期，因政府信息公开不及时造成了疫情扩散的局面。对于涉疫情政府信息公开案件，应当严格执行以公开为常态、不公开为例外的原则。对

---

① 参见《江门市突发事件应急征用和补偿办法》第二十八条、《云南省突发事件应急征用与补偿办法》第十五条、《上海市应对突发事件应急征用补偿实施办法》第十一条、《惠州市突发事件应急征用和补偿实施办法（试行）》第十六条等。

② 参见《安徽省突发事件应急财产征用补偿管理办法》第十一条等。

③ 《杭州市应对突发事件应急征用实施办法》第十六条、《太原市应对突发事件应急征用物资、场所办法》第二十三条、《常州市应对突发事件应急征用管理办法》第二十一条、《四平市应对突发事件应急征用实施办法》第十六条等。

④ 例如，《天津市打赢新型冠状病毒感染肺炎疫情防控阻击战　进一步促进经济社会持续健康发展的若干措施》规定了返还失业保险费，延期缴纳税款、社会保险费，减免房产税、城镇土地使用税，扣除企业所得税等税费优惠措施。

于行政机关未依法及时、准确公开涉疫情政府信息的，根据《政府信息公开条例》第四十七条第一款①的规定，可以向其上一级行政机关或者政府信息公开工作主管部门发送司法建议，建议予以督促整改或者通报批评。需要对负有责任的领导人员和直接责任人员追究责任的，根据《政府信息公开条例》第五十三条第一项②的规定，依法向其上一级行政机关提出处理建议。

（六）规范性文件附带审查

疫情期间，大量的应急措施是依据行政机关制定的规范性文件作出的。对于公民、法人或者其他组织一并请求审查的行政机关制定的涉疫情防控规范性文件的，应当依照《适用解释》第一百四十八条③的规定进行审查。应当指出的是，应急管理与行政法治之间存在紧张关系。对涉疫情防控规范性文件实体内容进行审查难度较大，应当慎重进行，要充分考量疫情防控形势的现实需要，审视规范性文件制定的现实必要性和合理性。“将多元主体通过各种途径和方式引入政府的风险规制活动之中，可以合法化（或正当化 legitimize）那些基于科学不确定性的风险规制决定，从而成为解决风险规制与行政法治之间的前述紧张的出路。”④ 也就是说，应急规范性文件应当通过吸收专家、公众参与，去实现决策的民主化、科学化，完成规范性文件自身的正当性论证。因此，对涉疫情防控规范性文件主要侧重进行程序审查，即审查其是否履行了法定批准、公布程序以及必要的专家或公众参与程序。

---

① 《政府信息公开条例》第四十七条第一款规定：“政府信息公开工作主管部门应当加强对政府信息公开工作的日常指导和监督检查，对行政机关未按照要求开展政府信息公开工作的，予以督促整改或者通报批评；需要对负有责任的领导人员和直接责任人员追究责任的，依法向有权机关提出处理建议。”

② 《政府信息公开条例》第五十三条规定：“行政机关违反本条例的规定，有下列情形之一的，由上一级行政机关责令改正；情节严重的，对负有责任的领导人员和直接责任人员依法给予处分；构成犯罪的，依法追究刑事责任：（一）不依法履行政府信息公开职能；……”

③ 《适用解释》第一百四十八条规定：“人民法院对规范性文件进行一并审查时，可以从规范性文件制定机关是否超越权限或者违反法定程序、作出行政行为所依据的条款以及相关条款等方面进行。有下列情形之一的，属于行政诉讼法第六十四条规定的‘规范性文件不合法’：（一）超越制定机关的法定职权或者超越法律、法规、规章的授权范围的；（二）与法律、法规、规章等上位法的规定相抵触的；（三）没有法律、法规、规章依据，违法增加公民、法人和其他组织义务或者减损公民、法人和其他组织合法权益的；（四）未履行法定批准程序、公开发布程序，严重违反制定程序的；（五）其他违反法律、法规以及规章规定的情形。”

④ 金自宁：《风险规制与行政法治》，载《法制与社会发展》2012 年第 4 期。

四、诉源治理和实质性化解争议

涉疫情防控行政案件具有特殊性，审查起来比较棘手，法院对行政机关已经普遍存在的问题进行事后纠正的难度较大。但如果放弃纠正，则行政审判工作失职、失守。因此，对于行政审判工作而言，坚持能动司法，在“木已成舟”之前进行诉源治理和之后实质性化解争议显得非常必要且重要，尤其是在行政机关对重大突发公共卫生事件缺乏应对经验的时候。

（一）诉源治理

在此次疫情防控中，各地已经出现过度执法、暴力执法等苗头性、倾向性问题，这严重侵犯了公民的合法权益。要坚持服务大局，能动司法。对于在案件审理中发现的行政机关普遍存在的突出问题以及虽未形成案件，但已经普遍存在的突出问题或者人民群众普遍反映的突出问题，要积极向有关行政机关提出司法建议，切实帮助其依法进行整改，以不断提高疫情防控法治化水平，预防和减少涉疫情行政争议的发生。

（二）实质性化解争议

对于涉疫情的行政赔偿、补偿和行政机关行使法律、法规规定的自由裁量权的案件，要切实加大调解工作力度，整合制度资源，加强与有关单位、个人的沟通协调，形成调解合力，力争实质性化解争议。当然，调解不成的，要及时依法作出裁判。

（作者单位：天津市高级人民法院）

变化而非弱化：应急行政司法审查理念之转变

殷　勤

【摘要】现代突发公共事件一般具有社会外溢性、社会无差别性、社会情境性和社会整体性等特点，较之于平常行政，对突发公共事件的应急管理也呈现出组织方式的复合性、决策模式的风险性、管理方式的主动性、行为后果的系统性等特点。针对应急行政行为的司法审查，包括行政主体与职权、事实与证据、行政程序、规范性依据、行政决策的正当性等方面，都应当在现行合法性审查框架内适度转变。政府实施应急行政管理会随着信息、条件、环境的不同而千差万别，决策的实效性成为核心考量点，总体上要求行政诉讼保持一种变化而非弱化的审查立场。

【关键词】风险行政　应急管理　合法性审查　审理理念

"紧急状态无法律"与法律保留原则似乎存在着天生的抵牾，奥托·迈耶在定义行政法上的行政时就曾指出："由于紧急规范法在特定情况下打破了现有的法律秩序，它不属于实施细则和警察法规命令，也不属于行政。"[①] 随着行政的任务从秩序行政，到福利行政，再到风险行政，行政应急管理进入视野。应急行政是介于国家紧急状态与平常管理状态的中间形态，如果平常行政职权不足以克服突发事件造成的危害，又没有达到实行宪法上紧急状态的程度，行政应急管理就不可避免。[②] 应急行政管理催生行政应急原则，一方面，《突发事件应对法》的制度利益在于保证政府在信息不完备的情况下迅速、高效地恢复秩序，政府必须被授予广泛的裁量权和政策选择空间；另一方面，为了保障公民在危机中维持生存的权利，以及尊重宪法规定的公民

① ［德］奥托·迈耶：《德国行政法》，刘飞译，商务印书馆2002年版，第12页。

② 于安：《制定突发事件应对法的理论框架》，载《法学杂志》2006年第4期。

基本权利，政府也要受外在的制度性约束。随着突发公共事件的形成和爆发，政府要从平常行政状态转入应急管理状态，而随着突发公共事件进入尾声，政府也要回到平常行政状态，在这一法律状态的转变过程中，行政应急原则动态地在“紧急状态无法律”与法律保留原则两端之间滑动，对应急行政行为的司法审查，应当有别于对平常状态下行政行为的审查。本文结合风险社会中行政应急管理的特点，对应急行政司法审查问题加以研究。

一、风险社会与应急行政

现代社会创造了更多的财富和机会，也存在各种各样的风险，风险生存就是现代人的境况。[①] 风险社会中的风险表现出以人为而不是自然风险为主、兼具积极与消极意义、影响后果超越地理和时间的限制、具有社会外溢性和社会无差别性、难以预测等特点，最主要的特点是深度不确定性和影响的广泛性。[②] 风险往往具有跨越时空的重大影响，产生风险的途径和风险影响的途径均十分复杂且不稳定，对风险的应对超出了个体能力的范围，公众对控制风险和安全保障有着强烈的诉求。

公共部门的决策与资源配置都将预防和控制风险作为首要任务，[③] 但风险的不确定性同时也是应急行政的难点。现代社会问题如环境风险、食品药品风险等，都涉及非专家就无法弄懂的科学技术问题，立法机关通常无法提供详细指令，而以概括授权的方式，将何时采取何种规制措施交由行政机关裁量。风险一旦转化成事件往往难以准确计算后果，这迫使政府及时采取行动，但规制措施本身也可能带来次生危害，政府不得不对是否实施规制进行艰难的政治权衡。因此，应急行政具有典型的裁量行政和政治决定的特点。

我国主要通过制定《突发事件应对法》和单行法律、法规，形成风险规制和应急管理法律体系。《突发事件应对法》第三条在法定情形方面提出了自然灾害、事故灾难、公共卫生事件和社会安全事件四类危险因素，同时规定突发事件是指突然发生，造成或者可能造成严重社会危害。根据这一定义，现代社会的各种大规模风险如技术事故、生物灾难、传染病疫情、经济危机，

---

① ［德］乌尔里希·贝克：《世界风险社会》，吴英资等译，南京大学出版社2004年版，第102页。

② 金自宁：《风险社会中的给付行政与法治》，载《国家行政学院学报》2008年第2期。

③ 刘艳红：《公共空间运用大规模监控的法理逻辑及限度》，载《法学论坛》2020年第2期。

都可以被纳入法定突发事件的范围。同时，《突发事件应对法》第三条将政府应急管理活动延伸至突发事件的预防与应急准备阶段，表明应急行政管理的逻辑起点是风险规制。《传染病防治法》和《突发公共卫生事件应急条例》也将早预防早发现早隔离早治疗作为应对突发传染病疫情的重要处置原则。

二、应急行政与平常行政的区别

应急行政的对象是突发事件，平常行政的对象是平常事件，对应急权的定义以平常职权不足以有效实施管理为标准。

（一）组织方式的复合性

平常行政的组织方式一般以条为主、条块结合，不同的行政管理领域内不同的行政主体，各自行使行政管理职权，虽然特殊情形下也存在职权交叉，但一般泾渭分明，各司其职，是一种分散型、线性型行政管理体系。应急行政需要具备应对复合性、群发性、衍生性和非常规性突发事件的能力，要求迅速整合各方面的资源以及跨部门、跨专业的知识和技术，高效统一地行动，但分散型组织方式难免各自为政、以邻为壑。比如2008年南方发生大雪灾之初就存在铁路、民航、公路、电力等难以统一指挥的问题。① 特殊情形下，应急管理还需要军队介入，协调军队与地方的关系，更强调组织上的统一领导、统一负责。根据《突发事件应对法》第八条规定，国务院根据实际需要设立国家突发事件应急指挥机构，负责突发事件应对工作，必要时可以派出工作组；县级以上地方政府设立由本级政府主要负责人、相关部门负责人、驻当地人民解放军和武装警察部队有关负责人组成的突发事件应急指挥机构，统一领导、协调开展突发事件应对工作。因此，应急行政要求打破平常行政中条块分置的局面，在纵向和横向上都建立起快速互联、统一行动的组织体系。

（二）决策模式的风险性

平常行政的决策模式是撞击—反应式的，法律预设了人们的行为模式和法律后果，行政机关对事实作出认定并决定法律后果。与平常行政关联的法律事实是固定的，既有的证据要么能够加以确证，要么不能加以确证，但行政决定都与事实（存在或者不存在）相关。应急行政强调在应急事实或危机

---

① 林鸿潮：《论我国公共应急体制的再改革及其法律问题》，载《行政法学研究》2010年第2期。

形成之前实施风险管理，但风险需要借助科学技术知识的判断。针对应急行政的决策模式，更多是对风险事实、科学因果关系和社会心理等因素的综合判断。只有在风险已经转换为现实之后，应急行政才由预防准备阶段转入处置救援阶段，才会更多基于既定事实形成决策，但依然存在危机的来源和传播途径、危机处置的多样性后果、可能的次生灾害等风险判断。《突发事件应对法》第五条规定，突发事件应对工作实行预防为主、预防与应急相结合的原则；国家建立重大突发事件风险评估体系，对可能发生的突发事件进行综合性评估，减少重大突发事件的发生，最大限度地减轻重大突发事件的影响。因此，行政机关需要对风险是否进一步升级作出评估并迅速决策，而无论事后看来这一决策是否正确。

（三）管理方式的主动性

平常行政一般预设了一种消极意义上的法治结构。根据近代以来形成的法治理念，国家对法律秩序的维护以保障私权自治、尊重个人自主为前提，政府承担的角色更多是消极和否定性的，最终制订计划、安排彼此关系的是社会个体自身。虽然现代行政法向行政给付领域发展，但政府对社会弱势群体的给付，仍以当事人主动提出申请并符合法律规定的申请条件为前提。应急行政要求国家迅速、积极介入事态的发展，政府的角色更为主动，并且由于危机的不可预知性，法律会赋予行政机关更多便宜处事的权力，以及广义上的行政立法权和行政司法权。[①] 与之相应的法治结构，也从相对消极的形式法治转为更积极的实质法治。虽然国家通过制定法律，将人类与突发事件长期斗争形成的知识升华和方法积累，通过赋予其法的效力指引集体行动，[②] 但面对纷繁复杂的现代社会危机，法律难以以不变应万变，行政机关不得不自我赋权、积极行动。

（四）行为后果的系统性

平常行政的行为后果主要表现为行政机关与行政相对人之间形成、变更或者消灭特定的行政法律关系，法律后果一般来说是单一、确定的。在应急行政中，政府与公民的关系大致包括救助措施、限制措施和义务措施。救助

① 戚建刚：《极端事件的风险恐慌及对行政法制之意蕴》，载《中国法学》2010 年第 2 期。
② 林鸿潮、詹承豫：《非常规突发事件应对与应急法的重构》，载《中国行政管理》2009 年第 7 期。

措施是政府提供公民基本生存条件的应急措施，限制措施是政府限制公民权利的应急措施，义务措施是政府要求公民提供服务和协助的应急措施。救助措施的实施原则是平等受益原则，授益性职权可以普遍使用。限制措施和义务措施主要涉及公民权利的克减，权利克减的最低限度是保障基本人权。[①]应急期间公共安全利益上升到第一位，行政机关享有极大的应急处理权，行政的目的在于确保整个社会系统的安全，应急措施要求具有系统的针对性。应急管理行为除了在行政机关与相对人之间设定具体的行政法律关系以外，更多指向不确定的人和物，如发布和启动应急预案、进行社会动员、封锁交通干线等。同时，特定的行政管制措施还可能产生意想不到的次生危害，影响到更大领域和更多的人。

三、应急行政合法性的两个维度

应急行政是在非常态的情况下建立一种法治秩序，这种非常态手段的运用，虽然不是规定动作，却仍然是在法治框架内的允许动作。

（一）应急行政的合法律性

由于应急行政涉及大量克减公民权利的措施和禁止公民为一定行为的义务指令，原则上行政机关行使行政应急管理，应当具有法律的明确授权。但公共危机从产生到发展往往难以预料，法律无法在事前作出周密的安排。反之，如果行政机关能事前依照法律规定、按部就班实施各项应急处置措施，也就不成其为针对公共危机或突发事件实施的应急管理。法律为了确保具体情形获得具体处理，往往会借助“必要时”等不确定的法律概念，由行政机关自行决定是否有必要实施应急措施。我国法律对应急行为的规范模式，主要为授权性规范加部分强制性和义务性规范，行政机关根据法律授权自我设限，可以发布诸如命令、决定、指示、通知、通告、公告等广义上的行政立法行为。因此，应急行政的合法律性，一方面表现为行政机关的应急管理权应当具有法律授权；另一方面法律授权又较为宽泛，行政机关只要认为有必要，就能在权力的工具箱中自由选择其认为适当的规制措施，应急权也更类似于一种合目的性的权力束。

---

① 于安：《制定突发事件应对法的理论框架》，载《法学杂志》2006 年第 4 期。

（二）应急行政的合比例性

现代行政法面临的核心问题是，如何让国家权力的行使保持在必要限度内。根据比例原则，行政行为应当具有目的适合性，所谋求的公共利益高于私人的特别牺牲，在所有可供选择的行为方式中侵害最小。[①] 比例原则体现了一种层次秩序，意在为公民自由提供无漏洞的保护。在应急行政中，采取及时、有效的措施控制事态发展，尽快恢复正常的社会秩序是当务之急，秩序价值的位阶上升，并被优先考虑。经典意义上的比例原则旨在保护自由、权利等价值，但不能体现秩序恢复的紧迫要求。随着行政管理领域的拓展，比例原则也不断发展，形成更细致的审查标准。比如，可支持性审查标准认为，在核能、环境卫生、食品安全等风险行政领域，行政事务呈现出高度复杂性、情境依赖性和不确定性，往往带有保障公共安全或者国家产业政策调整的考虑，只要行政机关的决定具有合乎理性的可支持性证据支持，就应当尊重其技术专长。[②] 应急行政合比例性的落脚点可能不在于权利，而在于秩序，在秩序安定的前提下保障更大范围内的权利，因此要结合突发事件对公共秩序的破坏程度，审视目的—手段的必要性，而非仅仅根据行政机关是否对权利造成最小侵害，判断行政应急行为的合法性。

四、应急行政司法审查理念的转变

对风险实施预防性管理，一定程度的权力集中，雷厉风行地挽救损失，重建秩序，这些都是应急行政的实际。司法审查属于事后、回溯性的合法性判断，这种判断不能脱离应急行政的实际，而要在现有制度框架内适度调整。

（一）行政主体从单一到复合

在一般的组织性规范中，更为普遍的规定方式是一级政府统一领导，政府部门各司其职，每个部门的具体职责都体现在三定方案中。在应急行政中，为了迅速、有效地控制局面，维护人民生命财产安全，尽快地恢复社会秩序，有必要突破传统的行政权力分工和制衡体制，保证具体负责的行政机关强有力地发出指令。“公共危机，特指一个行政区域内出现的迫在眉睫的特别紧急

---

① 余凌云：《论行政法上的比例原则》，载《法学家》2002 年第 2 期。

② 刘权：《适当性原则的适用困境与出路》，载《政治与法律》2016 年第 7 期。

情况而亟需行政管理者作出重要决断，调动本行政区域一切力量作出共同努力并付出很大成本方能摆脱的困境。”[①] 政府为应对危机对权力组织方式的突破，既包括权力的横向扩展，即一个行政机关同时享有其他行政机关的权力，也包括增设专门的应急处置或指挥机构，集中化行使行政紧急权。[②] 应急行政主体与职权从以条为主、条块结合的单一组织方式，向以块为主、集中统一指挥的复合组织方式的转变，要求司法审查对于职权法定的判断和认定，也相应转变，不宜仅以法无规定或没有组织法上的明确授权认定超越职权。如根据《突发事件应对法》第四十四条、第四十五条，县级以上地方政府具有对公共卫生事件预警和在发布相应级别警报后实施各项应急处置措施的职权，实质是将政府组成部门的行政职权统一由地方政府行使。同时，根据《突发公共卫生事件应急条例》第四条第一款，突发事件发生后，由省级人民政府成立地方突发事件应急处理指挥部，负责领导、指挥本行政区域内突发事件应急处理工作。该指挥部属于行政法规授权成立、统一行使省级行政区域突发公共卫生事件应急行政职权的组织，有独立的行政主体资格，不宜认为系受省级人民政府的委托行使职权。

（二）行政程序从合法到必要

程序是行为的过程，一般认为程序由步骤、方式和时空三个要素构成，审查行政程序是否合法，包括行政行为的阶段性步骤必须依顺序进行、不可颠倒，也不可跳跃；行政行为的内容应当以一定的载体表现出来；以及行政行为以行政机关作出的时间点为界址。[③] 应急行政中，与危机的突发性、严重性、紧迫性相适应，强调行政机关第一时间处置，在危机的初始阶段就采取及时、准确的措施。在公正与效率之间，行政应急主要体现为以效率为主，兼顾公正，体现处置的高效率性，强调适用简易程序和特别程序。如我国台湾地区“行政程序法”第一百零三条第三款规定，情况紧急，如予陈述意见之机会，显然违背公益者，行政机关得不给予陈述意见之机会。日本《行政程序法》第十三条第三款规定，行政厅在作出不利处分的场合，除因紧急而无暇出示理由外，对不利处分的接受者，须出示构成该不利处分根据的理由。

---

① 莫于川：《公共危机管理的行政法治现实课题》，载《法学家》2003 年第 4 期。

② 刘莘：《行政应急性原则的基础理念》，载《法学杂志》2012 年第 9 期。

③ 章剑生：《现代行政法总论》，法律出版社 2019 年版，第 215—216 页。

因此，司法审查不宜仅以平常行政中的步骤、方式、时空等，严格审视行政应急的程序合法性，而应结合具体的紧急事由，审查行政机关是否遵循高效性原则。《突发事件应对法》第七条规定，突发事件发生后，发生地县级人民政府应当立即采取措施控制事态发展，组织开展应急救援和处置工作，并立即向上一级人民政府报告，必要时可以越级上报。这一规定实质承认了行政机关的先期处置权，即对下级机关径行采取的应当报经上级批准的行政措施，在批准机关未否认时就视为追认。[①] 反之在平常状态下，对行政机关逾越上级权限作出的行为，上级机关未予追认的即视为否认。

（三）行政证据从确定到推定

以事实为根据，要求诉讼活动尽量探明客观真实，准确认定案件事实。由于行政权与司法权的基本分工，行政诉讼中，以事实为根据主要体现为由行政机关提交作出行政行为时的证据，法院不能代替行政机关认定案件事实，只能根据行政机关提交的证据、审查行政机关认定的案件事实是否存在、确凿。因此，行政诉讼是法院对行政机关认定事实的第一次判断进行的复查，法院对案件证据和事实不具有无限审查权。应急行政中，不仅应当保持权力分立的基本立场，同时还应当对行政机关提供的证据和认定的事实给予更多尊让。行政管理活动从应急处置救援阶段延伸至对风险的预防阶段，尤其在信息不确定时，对是否存在风险的判断，与其说是证据和对事实的判断问题，毋宁说是对风险以及风险与事件之间是否存在因果链条的科学判断问题，并且往往无法确证。根据证据法原理，客观事实因果关系不明时，应当通过比例因果关系确定法律上的事实，即法律思维从确定性向灵活性转变。[②] 由于对风险及因果关系的判断具有明显的推定性和评价性特点，法院在认定所涉证据和案件事实时，更宜秉持一种从确定到推定的更为灵活的审理理念。

（四）行政规范从高阶到低阶

根据《行政诉讼法》第六十三条规定，人民法院审理行政案件，以法律和行政法规、地方性法规为依据，并参照规章。结合《最高人民法院关于适用〈中华人民共和国行政诉讼法〉的解释》第一百条第二款规定，虽然规章

---

① 林鸿潮：《论我国公共应急体制的再改革及其法律问题》，载《行政法学研究》2010 年第 2 期。

② 吴国喆：《事实因果关系不明侵权中比例因果关系的推定》，载《法学家》2020 年第 2 期。

及以下规范性文件可以在裁判文书中援引，但前提是不与上位法相抵触，特别对涉及克减公民权利或者增加义务的，要受法律优位和法律保留原则的制约。应急行政中，立法机关主要通过作出原则性规定、赋予行政裁量权和授权行政立法，实施法律控制；行政机关则通过颁布命令、决定等更多规范制定行为，具体执行法律。同时，危险因素的多样性和危害后果的蔓延速度增加，也迫使政府采取更广泛但缺少针对性的措施。由于对涉及公民自由的行政强制措施只能由法律规定，因此政府实施强制性应急管制行为，可能存在规范授权不足的问题。对此，一是在事后由立法机关追认，如《传染病防治法》第三条规定的法定传染病类型没有新型冠状病毒肺炎，国家卫健委通过发布公告的方式将其纳入乙类传染病，并采取甲类传染病的预防、控制措施，并由国务院批准；二是在个案审查中通过审视行政机关在当时状况下的选择是否为较优方案，认定是否必要，如行政机关对新冠肺炎患者、病原携带者和疑似病人实施医学隔离及观察，并且突破传染病防治法在隔离范围和种类上的限制，扩大至密切接触者隔离观察、疫情居民区的生活隔离，以及其他场所的强制体检，事后看来均属必要的应急管制措施。

（五）行政决策从法律到政治

经济全球化背景下危险因素导致的社会危害有两个主要特点：一是全局性，高科技技术手段成为危害迅速蔓延的媒介，任何一个地点或者局部地区的突发事件，都可能对社会全局造成严重危害；二是经济性，突发事件所危害的国家与社会安全利益，不仅具有直接的生存意义，而且还具有经济意义。[①] 突发公共事件除了对生命、财产、秩序和制度产生危害外，往往也会对投资环境、经济繁荣产生严重影响，政府对突发公共事件发布迟疑不决的重要原因，往往是出于维护经济繁荣的考虑。这意味着当风险来临时，政府除了要考虑对突发事件本身的应急处置，同时也要考虑对外宣布紧急状态以及采取应急举措，将可能对社会经济秩序产生的次生影响，在两者之间权衡。这种权衡显然超出了日常行政中对行政相对人的利益和公共利益之间的权衡，而是在恢复秩序但经济可能停滞，以及保持常态但可能形成更大的社会公共风险，这两类公共利益之间的权衡。基于不同的政治法律视角，这种权衡可

① 于安：《国家应急制度的现代化：紧急状态立法的背景》，载《法学》2004 年第 8 期。

能都具有合理性。典型的例证是针对新冠肺炎在欧洲的蔓延，英国和意大利采取了完全不同的应对策略，前者采取了多数人看来难以置信的群体免疫政策，后者则采取了看起来更为稳妥的封锁措施。[①] 可见，行政应急决策的正当性与合法性，不能单纯从事后角度考察利益得失，而要以回溯性视角审视行政机关当时做出的权衡，是否具有可支持的证据和科学判断的依据，这也意味着法院对行政机关的判断应当给予更多的尊重。

结 语

法律状态的改变是决定实施行政应急制度的核心因素。突发公共事件一般具有社会外溢性、社会无差别性、社会情境性和社会整体性等特点，[②] 当突发事件来临时，政府要迅速启动应急机制，从日常管理状态进入应急管理状态，而当突发事件造成的危害逐渐减轻和消除时，政府要及时宣布结束应急管理并恢复日常管理。应急管理的法律过程，就是由常态法制进入应急法制，再回归常态法制的过程。

行政诉讼的结构与合法性审查主要针对日常行政而设立，旨在为公众提供一个实效性、无漏洞、促进严格依法行政的公法救济管道，并提供对合法权益的更完整保护。[③] 但是，应急行政与平常行政无论是在组织法上还是行为法上都有着显著差别，呈现出组织方式的复合性、决策模式的风险性、管理方式的主动性、行为后果的系统性等特点，这决定了对应急行政行为的司法审查，不完全等同于对日常行政行为的司法审查，不宜完全采用证据充分、程序正当、职权法定等常规标准。

具体而言，在行政主体与职权认定上，应当承认享有应急行政职权的主体从传统的以条为主、条块结合的单一组织方式，向以块为主、集中统一指挥的复合方式转变，不宜仅以未取得法律的明确授权认定超越职权；在行政程序合法性判断上，应当匹配行政处置的高效率性，允许行政机关适用简易程序和特别程序，适度容忍行政先期处置权；在证据与案件事实的确定上，

---

① 江玮：《专访牛津教授陈铮鸣：英国防疫策略是近乎无情的理性》，载《财经杂志》微信公众号，2020 年 3 月 17 日访问。

② 王旭：《重大传染病疫情危机应对的行政组织法调控》，载《法学》2020 年第 3 期。

③ 成协中：《论我国行政诉讼的客观诉讼定位》，载《当代法学》2020 年第 2 期。

考虑到对风险及事件因果关系的认定往往要借助科学判断，以及事实因果关系不明时的比例因果关系确定，宜秉持从确定性到推定有效性的理念；在规范性依据的参照适用上，行政机关根据授权颁布的命令、决定、通告、公告等规范制定行为，原则上均可以作为评判具体行政管理措施合法性的依据；在行政决策正当性的认识上，不单纯从事后角度看待行政决策的利益得失，对行政机关依据可支持证据和科学判断作出的决策，保持更多的尊重。

总之，应急处置的措施会随着信息、条件、环境的不同而千差万别，决策的实效性成为核心考量点，[①] 司法审查也要跟随这种决策实效性判断作出相应转变。突发事件结束后，即使情况明朗化，事后可以作出更为理性的判断，也不宜对政府在风险深度不确定状态下作出的决策予以严格责难。因此，应采取一种变化而非弱化的合法性审查立场。

（作者单位：江苏省南通经济技术开发区人民法院）

---

① 陈无风：《应急行政的合法性难题及其缓解》，载《浙江学刊》2014 年第 3 期。

关于进一步规范涉疫情防控政府通告的思考

薛 峰　　赵 锋　　肖 克

当前，新型冠状病毒感染的肺炎疫情肆虐，各级政府果断行动，研判疫情形势，采取了一系列的政策措施防治疫情，这些政策措施多以政府通告的形式呈现。通常，政府通过依法发布疫情防控政府通告，可以牢牢把控防控疫情的制高点，在法治的轨道上统筹各项防控工作。此类政府通告并非简单的“广而告之”，许多内容因为法律的赋权而产生强制效力，违反通告内容可能要承担法律后果。例如，《突发事件应对法》第六十六条规定，单位或者个人违反本法规定，不服从所在地人民政府及其有关部门发布的决定、命令或者不配合其依法采取的措施，构成违反治安管理行为的，由公安机关依法给予处罚。实践中，政府通告主体多元、内容庞杂、数量巨大，涉及多种法律关系，若行使不当，将严重影响疫情防控工作及当事人合法权益。因此，有必要对目前疫情防控通告进行梳理，厘清其中的法律问题，确保规范有效及时地发布通告，切实提高依法防控、依法治理能力，为疫情防控工作提供有力的法治保障。

一、疫情防控通告的发布现状

疫情防控通告一般载明了政府关于推进疫情防控工作的各种安排和要求，从目前疫情防控通告发布的现状来看，其具有以下显著特征。

1. 通告主体多元。经过梳理，目前政府通告的发布主体可分为五类：一是国务院及地方各级人民政府。例如，2020 年 1 月 26 日，经国务院批准，国务院办公厅发布《关于延长 2020 年春节假期的通知》（国办发明电〔2020〕1 号），延长春节假期。2020 年 1 月 21 日，湖北省人民政府发布《关于加强新型冠状病毒感染的肺炎防控工作的通告》，决定启动突发公共卫生事件Ⅱ级应急响应。2020年1月24日，北京市人民政府发布《关于进一步明确责任加强新型冠状病毒感染的肺炎预防控制工作的通知》（京政发〔2020〕2号）。二是国务院组成部门及地方人民政府组成部门。例如，2020年1月20日，国家卫生健康委发布2020年第1号公告，将新型冠状病毒感染的肺炎纳入《传染病防治法》规定的乙类传染病，并采取甲类传染病的预防、控制措施。三是临时性机构。例如，2020年1月23日，国务院应对新型冠状病毒感染的肺炎疫情联防联控工作机制发布《关于严格预防通过交通工具传播新型冠状病毒感染的肺炎的通知》（肺炎机制发〔2020〕2号）。2020年1月23日到25日，武汉市新型冠状病毒感染的肺炎疫情防控指挥部先后发布9个通告，涉及交通管制、物资储备、捐赠工作、发热病人分级分类就医等措施。四是党政机关联合。例如，2020年1月28日，中共北京市委办公厅、北京市人民政府办公厅发布《关于进一步做好新型冠状病毒感染肺炎疫情防控工作的通知》。五是自治组织，包括村民委员会、居民委员会及社区等自治组织发布的通告。例如，村委会发布外地返程的租房户禁止入村的通告。

2. 通告行为的性质多元。从通告的内容看，主要存在七种不同性质的行为。一是疫情情况通报，其属于主动公开政府信息的行为。二是内部工作要求通告，其属于内部行政行为，对内发生效力。三是防疫措施类通告，其属于抽象行政行为，对外产生法律效力，可能成为规范性文件附带审查的对象。四是指导建议类通告，其属于行政指导行为，不具有行政强制力，但能够对公众行为产生影响。五是对行政处理决定的通告，其构成行政行为的公示程序。六是解释说明类公告，其对社会关注问题进行解释，属于行政说明行为。七是自治组织的通告，其不属于行政行为，但对当事人的权利产生实际影响，需要相关政府部门及时引导、规范和纠正。

3. 通告数量巨大。政府通告是政府在疫情防控方面的主要手段之一，数量巨大。据不完全统计，中央政府及其组成部门官网发布20余个相关通告，湖北省政府官网发布10余个相关通告，北京市政府官网发布10余个相关通告，武汉市政府官网发布相关通告达到20余个，而地方各级政府的工作部门发布的通告则不胜枚举。为配合政府做好相关的疫情防控工作，各类自治组织发布的通告数量则更为庞大，已经深入到公众生活的各个微小单元，成为政府通告的延伸。

4. 通告地域性强。由于各地受疫情影响程度不一，各地政府发布相关通告在数量、发布频次、措施级别等方面存在较大差异。例如，作为疫情重灾区的武汉市，相关政府通告的频次明显高于其他地区，也采取了“封城”等严格措施。

5. 通告影响广泛。横向看，疫情防治工作涉及众多政府部门法定职责，卫生、公安、财政、交通、住建、教育、民政、应急管理、司法、人力资源、市场监管等多个领域的主管部门均在各自的管辖范围内发布通告，对生产、生活、教学、旅游、对外交流造成重大影响。纵向看，上至国务院及其组成部门，下至街道办、村委会，各层级的行政机关均发布了通告。从横向领域到纵向层级编织了一个巨大的网，将生活的方方面面均纳入其中。

从当前疫情防控政府通告的发布现状及特点来看，政府通告工作尚存在诸多问题，信息多头，鱼龙混杂，互相矛盾的声音此起彼伏，导致人们内心忐忑、无所适从，甚至导致权威话语体系信号受人质疑，各方面沟通理解难度加大，给疫情防控工作徒增不必要的麻烦，这需要我们深入研究其中的法律问题，切实提升依法发布疫情防控通告的能力和水平。

二、发布疫情防控政府通告必须关注的法律问题

政府通告属于官方文件，一经发布，就会在社会上产生广泛影响，因此应当慎重对待，尤其是要认真研究其中涉及的法律问题。只有依法、及时、准确发布疫情防控政府通告，才能依法调动各方力量和资源，做到有力防控疫情，实现社会治理能力和治理体系的现代化。当前，政府发布疫情防控的相关通告必须关注以下法律问题。

1. 关于通告发布的主体。关于疫情防控的政府通告主要涉及《传染病防治法》《突发事件应对法》《突发公共卫生事件应急条例》等法律法规，而上述法律法规对于相关事项的发布主体进行了明确的规定，应当特别加以注意。例如，关于预警，《传染病防治法》第十九条第二款规定，国务院卫生行政部门和省、自治区、直辖市人民政府根据传染病发生、流行趋势的预测，及时发出传染病预警，根据情况予以公布。《突发事件应对法》第四十三条规定，可以预警的自然灾害、事故灾难或者公共卫生事件即将发生或者发生的可能性增大时，县级以上地方各级人民政府应当根据有关法律、行政法规和国务院规定的权限和程序，发布相应级别的警报，决定并宣布有关地区进入

预警期。通过对比可知，两者关于预警发布主体的规定截然不同。对于此次疫情而言，其既属于传染病，也构成突发事件，上述规定均可适用。因此，在发布相关预警时，首先要做到对号入座，避免张冠李戴。

2. 关于通告发布的程序。疫情防控的政府通告发布是一个持续的过程，随着疫情的发展以及防控工作的推进，政府通告中会不断呈现政府采取的政策措施、疫情防控的最新状况以及相关的要求建议等内容。从《传染病防治法》《突发事件应对法》《突发公共卫生事件应急条例》等法律法规的规定来看，政府通告大致经历前期疫情报告、调查核实、专家论证、综合评估、决定启动应急预案、信息发布、备案、后期调整补充等过程，每一个环节均有明确的规定，需要严格执行。同时，需要注意的是程序执行的时效性，及时高效是应急处置的核心要求，此次疫情防控过程中，部分地方政府及相关部门对疫情的处置速度以及相关信息的发布时效饱受批评，这一点值得反思。

3. 关于宣布应急响应级别。确定应急响应级别是采取疫情防控措施的前提，为有关部门采取各类疫情防控措施提供合法的依据。《突发事件应对法》第三条规定，按照社会危害程度、影响范围等因素，突发事件分为特别重大（Ⅰ级）、重大（Ⅱ级）、较大（Ⅲ级）和一般（Ⅳ级）四级。第七条规定，县级人民政府对本行政区域内突发事件的应对工作负责；涉及两个以上行政区域的，由有关行政区域共同的上一级人民政府负责，或者由各有关行政区域的上一级人民政府共同负责。法律、行政法规规定由国务院有关部门对突发事件的应对工作负责的，从其规定；地方人民政府应当积极配合并提供必要的支持。根据上述规定，截至2020年1月29日，全国31个省市自治区通过通告的方式宣布启动重大突发公共卫生事件Ⅰ级响应。例如，2020年1月22日，湖北省人民政府发布《关于加强新型冠状病毒感染的肺炎防控工作的通告》，启动突发公共卫生事件Ⅱ级应急响应。2020年1月24日，湖北省新型冠状病毒感染的肺炎疫情防控指挥部发布《湖北省新型冠状病毒感染的肺炎疫情防控指挥部通告》，启动湖北省重大突发公共卫生事件Ⅰ级响应。需要指出的是，该通告中明确引用的法律依据是《传染病防治法》，但公共卫生事件的分级应急响应是在《突发事件应对法》中予以规定的，且其规定的决定和宣布主体均为县级以上地方人民政府，并非疫情防控指挥部。

4. 关于封闭对外交通措施。封闭对外交通，即“封城”，属于非常严格的临时性防疫措施，在决定主体、程序方面有着严格的要求。《传染病防治法》第四十三条规定，甲类、乙类传染病暴发、流行时，县级以上地方人民政府报经上一级人民政府决定，可以宣布本行政区域部分或者全部为疫区；国务院可以决定并宣布跨省、自治区、直辖市的疫区。省、自治区、直辖市人民政府可以决定对本行政区域内的甲类传染病疫区实施封锁；但是，封锁大、中城市的疫区或者封锁跨省、自治区、直辖市的疫区，以及封锁疫区导致中断干线交通或者封锁国境的，由国务院决定。《突发公共卫生事件应急条例》第三十三条规定，根据突发事件应急处理的需要，突发事件应急处理指挥部有权依法对传染病疫区实行封锁。根据上述规定，2020 年 1 月 23 日，武汉市新型冠状病毒感染的肺炎疫情防控指挥部发布第 1 号通告，暂时关闭离汉通道，采取了“封城”措施。需要指出的是，疫区认定程序是采取“封城”措施的前提条件，对类似武汉市的大城市实施“封城”措施应该由国务院决定。另外，有部分居民委员会、村民委员会、物业组织等自治组织发布“封村”“封小区”公告，擅自设卡拦截、阻断交通，此种自治行为明显属于违法行为。

5. 关于行政指导措施。行政指导是行政机关为达成预防控制疫情的行政目的，向相对人提供信息、宣讲政策、提出建议或者劝告的行为。行政指导措施不具有拘束力和强制力，相对人自愿接受，不属于行政诉讼的受案范围。需要明确的是部分通告以行政指导之名行行政强制之实，不应认定为行政指导。行政机关实施行政指导措施时应该注意指导内容的科学性，避免造成误导。《突发事件应对法》第四十五条规定，发布一级、二级警报，宣布进入预警期后，县级以上地方各级人民政府应当及时向社会发布有关采取特定措施避免或者减轻危害的建议、劝告。例如，2020 年 1 月 30 日，国务院应对新型冠状病毒感染的肺炎疫情联防联控机制发布的《关于印发公共场所新型冠状病毒感染的肺炎卫生防护指南的通知》（肺炎机制发〔2020〕15 号）中的建议性内容就属于行政指导。又如，北京市人民政府办公厅发布《关于进一步支持打好新型冠状病毒感染的肺炎疫情防控阻击战若干措施》规定：“对国内其他地区人员到京 14 日内，应早晚进行体温和健康监测，体温正常的可以上班，鼓励企业实行弹性工作时间、错峰上下班，有条件的可以实行网络办公。各街道办事处、乡镇政府要落实分类管理要求，指导社区采取科学防控办法，避免一刀切。”

6. 关于法律责任。规范、及时、准确发布疫情防控通告是法律法规赋予政府的法定职责。例如，《传染病防治法》第十九条规定，国家建立传染病预警制度。国务院卫生行政部门和省、自治区、直辖市人民政府根据传染病发生、流行趋势的预测，及时发出传染病预警，根据情况予以公布。《突发事件应对法》第十条规定，有关人民政府及其部门作出的应对突发事件的决定、命令，应当及时公布。与此相应，遵循责任政府的要求，违反上述职责亦需承担相应法律责任。例如，《突发事件应对法》第六十三条规定，地方各级人民政府和县级以上各级人民政府有关部门迟报、谎报、瞒报、漏报有关突发事件的信息，或者通报、报送、公布虚假信息，造成后果的，由其上级行政机关或者监察机关责令改正，并根据情节对直接负责的主管人员和其他直接责任人员依法给予处分。同时，对于公众而言，违反政府通告也会承担不利法律责任。例如，《突发事件应对法》第六十六条规定，单位或者个人违反本法规定，不服从所在地人民政府及其有关部门发布的决定、命令或者不配合其依法采取的措施，构成违反治安管理行为的，由公安机关依法给予处罚。

三、完善发布疫情防控政府通告的建议

1. 依法确定通告发布主体。如前所述，政府通告涉及的内容繁杂，且包含不同性质的行政措施，法律依据各有不同，此时应当重视对通告内容的甄别，对号入座，查找相应的法律规定，准确确定合法的通告发布主体。为彰显政府通告的严谨性，建议在政府通告中注明相关的法律条款。例如，关于疫区的认定，应由县级以上地方人民政府报经上一级人民政府决定后予以宣布，并可同时通告依据《传染病防治法》第四十二条之规定拟采取的紧急措施。如需对甲类传染病疫区实施封锁，则应由省、自治区、直辖市人民政府来决定。但是，封锁大、中城市的疫区或者封锁跨省、自治区、直辖市的疫区，以及封锁疫区导致中断干线交通或者封锁国境的，则需由国务院决定。

2. 加强对通告的程序控制。程序，除了具有保障实体公正的功能外，还具有自身独立的程序正义价值。对于应急处置中的政府通告而言，其不仅关乎国家利益，也涉及全体公众的重大利益，显然属于重大行政决策事项，应根据《重大行政决策程序暂行条例》规定，履行公众参与、专家论证、风险评估、合法性审查、集体讨论决定等程序。考虑提高防疫效率的目标，建议

通过突发事件会商机制，将上述程序整合，缩短周期。同时，还需要注意履行相关法律的特殊程序规定，如《突发事件应对法》第十六条规定的备案程序及后续专项工作报告程序。此外，还需要不断完善和推进政府通报的后续衔接，如及时发布疫情防控的最新情况以及后续调整的相关政策和工作措施，也包括对于相关信息的完善、补充以及修正，确保政府通告程序及时有效运转。

3. 确保通告内容合法合理。要特别关注采取强制性措施的合法性，采取隔离治疗、单独隔离治疗、强制隔离治疗、指定场所医学观察等措施，应区分病人、病原携带者、疑似病人、密切接触者，提高措施的针对性。避免将交通卫生检疫措施与封锁交通混同。采取临时征用措施的，应注意使用后及时归还，给予充分合理的补偿。采取其他强制性治疫措施的，应注意法律规定的适用条件。法律规定以外的措施宜采取行政指导的方式，提出建议，同时保证行政指导措施的科学性和可操作性。此外，政府通告中涉及的疫情防控措施应该符合《突发事件应对法》第十一条的规定，与突发事件可能造成的社会危害的性质、程度和范围相适应，有多种措施可供选择的，应当选择有利于最大程度地保护私权益的措施，要及时纠正社会反映强烈或内部主动发现的不具有合理性的措施。

4. 加强对自治组织通告行为的监督指导协调。《突发事件应对法》赋予了突发事件发生地的居委会、村委会和其他组织，进行宣传动员，组织群众开展自救和互救，协助维护社会秩序的权利。对于上述主体采取的抗疫行为，政府应该予以监督并分类处理。一是充分相信群众自治组织的力量，群防群治，对于自治组织的行为给予必要的指导。二是对不合理行为予以及时规范，做好解释说明，并对相关人员进行批评教育。三是对于擅自设卡拦截、断路阻碍交通等违法行为及违反政府决定、命令的行为坚决予以纠正，通过媒体向社会通报，并严格追责。

5. 有效回应社会关切。面对社会质疑，行政机关应及时、坦诚地对通告进行解释说明。发布通告、实施措施的行政机关应该做好解释说明工作，以权威发布回应社会关切，降低舆论风险，维护政府公信力。针对涉及疫情的不实信息、谣言等，及时辟谣，缓解群众的恐慌心理，稳定疫情防控秩序。对社会公众普遍关心或者专业性、技术性较强的重大行政决策，应当说明公众意见、专家论证意见的采纳情况，通过新闻发布会、接受访谈等方式宣传解读。

6. 设立全国性通告发布和查询平台。在疫情防控中应充分发挥信息化优势，加强疫情防控通告信息的流通，确保各级政府、相关部门以及公众能够及时获知疫情防控通告的相关内容。例如，成都市于2月5日上线了四川省首个“新型冠状病毒（2019－nCoV）感染肺炎防控集成信息平台”，集成了政策动态、预防诊疗指南、国内外研究进展、战略决策咨询等重要分类信息，公众能够一键查询多种疫情信息。对此，建议设立一个全国性的疫情防控通告发布和查询集成信息平台，切实提升通告信息的利用效率，增进防控经验交流。

（作者单位：北京市第一中级人民法院）

疫情防控期间工伤认定及其相关行政案件审理若干问题探析

黄 瑶 邱兴琼 叶署铭

【摘要】习近平总书记在中央全面依法治国委员会第三次会议上强调要全面提高依法防控、依法治理能力，为疫情防控提供有力法治保障。疫情之下，如何对感染新冠肺炎的劳动者进行工伤认定，充分保障特殊时期劳动者的工伤权益，是疫情应对中应当重点关注的问题之一。面对疫情防控期间的“工伤之争”，工伤认定部门应当向法律法规等规范性依据寻求线索，在对认定工伤和视同工伤的不同认定标准的解读和把握基础上，结合疫情防控的特殊性，对在防控工作中遭受疾病或事故伤害的医护工作人员及相关防控工作人员、志愿者等，符合《工伤保险条例》相关规定的，依法作出工伤认定。对涉及工伤认定相关行政诉讼案件的司法审查，也需要在疫情防控的大背景下，注意举证责任的分配和工伤认定申请期限的把握，尤其是因隔离等特殊防控措施带来的申请期限具体起算点如何确定等问题的认定。

【关键词】疫情防控 工伤认定 举证责任 申请期限

截至2020年3月12日，全国新型冠状病毒感染的肺炎（以下简称新冠肺炎）累计确诊80793例，累计治愈62793例，累计死亡3169例。总体上，我国本轮疫情流行高峰已经过去，新增病例在持续下降，疫情总体保持在较低水平。[①] 面对新冠肺炎疫情，全国人民均投入到这场严峻的斗争之中，举全国之力，采取最全面、最严格、最彻底的防控举措，为国内及全球其他国

① 参见中华人民共和国国家卫生健康委员会宣传司：《2020年3月12日新闻发布会文字实录》，载中华人民共和国国家卫生健康委员会官网 http://www.nhc.gov.cn/xcs/yqfkdt/202003/9df571ff7f144bc69f63bbb636fe2b2d.shtml，2020年3月13日访问。

家和地区做好疫情防控准备赢得了宝贵时间。[①] 医护及相关工作人员作为防控先锋，其合法权益的保障直接关系到疫情工作是否能顺利开展，也牵动全国人民的心，湖北省仙桃市三伏潭镇卫生院医生刘文雄因“过劳死”引发的疫情防控期间工伤认定问题的讨论和争议也一度引起各界关注。而随着全国各省市解封和“复工潮”的到来，复工后若在工作单位或因工作原因感染新冠肺炎是否属于工伤等各种争议问题也集中出现。本文通过梳理疫情时期工伤认定的相关法律法规、规范性文件以及政策规定，聚焦疫情期间的工伤认定，讨论审理涉新冠肺炎疫情工伤认定行政案件的法律适用问题，以期能对该类案件的审理有所裨益。

一、问题：疫情防控期间的“工伤之争”

事例1：2020年2月13日6时许，湖北省仙桃市三伏潭镇卫生院医生刘文雄在家中死亡，《居民死亡医学证明（推断）书》诊断其死亡原因为“急性心肌梗死”。[②] 同年2月20日，仙桃市人力资源和社会保障局（以下简称仙桃市人社局）作出《不予认定工伤决定》，认为刘文雄“突发疾病死亡，不属于《工伤保险条例》第十四条、第十五条认定工伤或视同工伤的情形，也不符合人社部函〔2020〕11号文件规定新冠肺炎感染情形”，“决定不予认定或视同工伤”。2月27日，三伏潭镇卫生院向仙桃市人民政府申请行政复议。仙桃市人民政府经复议认为，刘文雄参与了防疫工作，虽然死亡时间是13日凌晨，但发病时间是在12日下班后，应综合考虑疫情期间的工作情形，可以认定其死亡属在工作时间、工作岗位上突发疾病经抢救无效死亡的情形，符合《工伤保险条例》第十五条第一款第一项“视同工伤”的情形。[③] 据此，仙桃市人民政府作出复议决定，撤销《不予认定工伤决定》，并责令仙桃市人社局重作。后，仙桃市人社局于3月7日重新作出决定，对刘文雄在防疫

① 参见中华人民共和国国家卫生健康委员会宣传司：《2020年3月12日新闻发布会文字实录》，载中华人民共和国国家卫生健康委员会官网 http：//www. nhc. gov. cn/xcs/yqfkdt/202003/9df571ff7f144bc69f63bbb636fe2b2d. shtml，2020年3月13日访问。

② 参见《湖北医生在家猝死未认定工伤决定被撤销，疫情期间接诊超3000》，载新浪财经官方账号 https：//baijiahao. baidu. com/s？ id = 1660749558492053662&wfr = spider&for = pc，2020年3月13日访问。

③ 参见张维：《湖北医生在家猝死未被认定工伤决定被撤销》，载《法制日报》2020年3月12日，第3版。

备勤过程中突发疾病经抢救无效死亡予以认定（或视同）为工伤。

事例 2：2020 年 2 月 7 日，武汉市中心医院李文亮医生因感染新冠肺炎经全力抢救无效不幸去世，经武汉市中心医院申请，武汉市人社部门作出武人社工险决字〔2020〕第 010001 号《认定工伤决定书》，根据《工伤保险条例》及《人力资源社会保障部、财政部、国家卫生健康委关于因履行工作职责感染新型冠状病毒肺炎的医护及相关工作人员有关保障问题的通知》（人社部函〔2020〕11 号）的规定，认定李文亮作为医护人员在抗击新冠肺炎疫情工作中不幸感染并经抢救无效去世，属于《工伤保险条例》第十四条第一项规定的“在工作时间和工作场所内，因工作原因受到事故伤害的”情形，认定为工伤。①

事例 3：2020 年 1 月，何辉加入武汉市志愿者车队，义务接送医护人员下班，并不断地在各大医院中护送物资。2020 年 1 月 29 日或者 30 日，何辉开始咳嗽、发烧，遂居家自行隔离。同年 2 月 2 日晚 10 时，何辉住进同济医院中法新城院区。同年 2 月 3 日下午 4 时许，何辉因新冠肺炎（感染）、“呼吸系统衰竭”在同济医院中法新城院区离世。②

数据 1：据中国—世卫组织联合考察专家组报告：全国共有 476 家医疗机构 3387 例医务人员感染新冠肺炎病例（2055 例确诊病例，1070 例临床诊断病例和 157 例疑似病例）；90% 以上的医务人员（3062 例）来自湖北，其中殉职 22 人，占死亡病例的 0.8%。③

数据 2：2020 年 2 月 26 日，国务院联防联控机制举行新闻发布会，通报疫情发生的一个多月以来，全国公安民警和辅警有 49 人因公牺牲。同日，湖北省公安厅官方微信公众号“平安湖北”也发文披露：疫情发生以来，截至 2 月 25 日下午 5 时，湖北公安机关已有 293 名民警、111 名辅警确诊感染新

---

① 参见《武汉市人社局为李文亮医生做出工伤认定决定》，载 https：//www. baidu. com/link？url = avekGwP50lpcXF29vNxVev8Hts0EZ5Y7qucVoOE2ZTJzubXF4gnPDZ1o3XcieL2aXYaz-TgTURnzMMiDVWkHSkC68Levj6n72j1xE2wS38Ty&wd = &eqid = 8add5b6e0005f622000000065e6a6df1，2020 年 3 月 12 日访问。

② 参见百度百科：《何辉》，载 https：//baike. baidu. com/item/%E4%BD%95%E8%BE%89/24312766#reference - ［1］ - 24753596 - wrap，2020 年 3 月 13 日访问。

③ 参见《缅怀倒下的 31 位“医护卫士”昭告险企：寻找赠险的那些赔案》，载 https：//www. baidu. com/link？url = n_DuKwkHoxQqEyF0kMRN1irp2gEv7F9 - e_pXl26nTD3mQs-BBKlMSsBVY7sRJUH0V1ChJb1IFNK21RnqGS2vFevJ1k6O5nLDX3rvc7QQsHi&wd = &eqid = d055b1b40005984e-000000065e6a69dd，2020 年 3 月 13 日访问。

冠肺炎，4 名在职民警因感染新冠肺炎身故。目前，88 名民警、23 名辅警被治愈。另有 3 名民警、1 名辅警因公牺牲在抗疫一线。湖北省公安厅统计数据显示，从各警种感染情况来看，治安（派出所）民警感染比例较高，占感染总数的 47.4%，而他们也正是坚守一线人数最多、与病毒距离最近的警察群体。①

数据 3：截至 3 月 8 日，53 位城乡社区工作者因公殉职。②

在事例 1 和事例 2 中，工伤认定行政主管部门经申请均迅速启动了疫情期间的工伤认定程序，值得肯定。但因二事例中医护工作人员死亡的时间、地点和原因差异，工伤认定的实体定性——是否属于工伤或视同工伤则出现了全然不同的样貌，这也是争议之源。尤其是事例 1，刘文雄医生因突发疾病和死亡的时间并非上班时间，突发疾病和死亡地点亦非工作地点，直观看来其死亡不符合工伤认定中工作时间、工作地点和工作原因的“三工”要求，故而出现工伤认定部门作出不予认定工伤或视同工伤的决定。这其实反映的是对“三工”的具体理解和认识，是否应严格局限于本职工作的“三工”范围？有无扩展？扩展范围有多大？疫情防控期间“三工”是否还存在特殊的解释范围？实际上，法律法规对“三工”规定得比较原则，具有较大的解释空间，也具有较强的适用性，也比较容易产生认识分歧。③ 事例 2 虽然看似达成了“三工”的高度契合，然而仍因对“事故”的不同理解而引发争议。从事例 3 及数据中，我们看到了志愿者、医护工作人员、公安民警、社区工作人员的巨大投入和牺牲，但因志愿投身疫情防控而不幸感染新冠肺炎、或者因此遭受事故伤害、或者不幸死亡的志愿者应否认定为工伤或视同工伤有待讨论。与此相同，社区工作人员、公安民警呢？村委会、居委会等群众自治组织的相关工作人员呢？等等。换言之，疫情防控期间工伤认定的对象范围有多大呢？

无论是事例 1、事例 2、事例 3，还是触目惊心的一组组数据无不让人痛

---

① 参见《疫情以来近 50 名民警辅警殉职，七成工作中突发疾病去世》，载 https：//baijiahao. baidu. com/s？ id = 1659853475338142530&wfr = spider&for = pc，2020 年 3 月 13 日访问。

② 参见《全国 53 位社区工作者因公殉职》，载 https：//www. baidu. com/link？ url = EI3 – 11aKxsr2h1vgN6iWA10TNFreM05MjH48Thk1o34xSAB0te _ AOi0av5GdGjwtI5DxiduwqaLIH _ yEk5KAq&wd = &eqid = 9148752b0002a4ea000000065e6a6c42，2020 年 3 月 13 日访问。

③ 马永欣、李涛、杨科雄：《〈关于审理工伤保险行政案件若干问题的规定〉的理解与适用》，载《人民司法》2014 年第 23 期。

心和遗憾，然而，更让人痛心的现实是因信息渠道有限，上述事例与数据仅见于社交媒体或新闻报端的相关通报，在这场严峻的与病毒相抗争的无烟战疫中，还有很多领域的相关工作人员因疫情防控工作不幸感染新冠肺炎，或遭受事故伤害，甚或是因此死亡的事例和数据尚未被系统梳理或者梳理后未能及时通报。在对逝者的缅怀与哀悼之中，我们更需要理性思考，审慎分析和认真研究疫情防控期间相关人员的职业保障和人文关怀问题，而追寻线索，寻求规范依据，依法做好工伤认定则是其中要义之一。

二、线索：疫情防控期间的工伤认定规范梳理

我国的工伤保险制度肇始于1996年8月原劳动部颁布的《企业职工工伤保险试行办法》。[①] 2003年4月27日，国务院颁布《工伤保险条例》，对工伤认定的相关内容作了规定。作为我国第一部工伤保险单项行政法规，《工伤保险条例》提高了工伤保险的立法层次，标志着我国的工伤认定进入了一个崭新的发展阶段，为我国工伤认定制度的健康、有序发展确立了法律框架。《工伤保险条例》将工伤认定对象的范围进一步扩大，以列举的形式对认定工伤、视同工伤、不认定或不视同工伤的情形分别作出了规定。[②] 同年，在抗击非典的特殊时期，原劳动和社会保障部、原人事部、财政部、卫生部联合发布《关于因履行工作职责感染传染性非典型肺炎工作人员有关待遇问题的通知》，要求在非典预防和救治工作中，医护及相关工作人员因履行工作职责感染非典或因感染非典死亡的，可视同工伤，比照工伤保险的有关规定享受有关待遇。

为保障奋战在抗疫一线的医护和相关工作人员的合法权益，人力资源和社会保障部、财政部、国家卫生健康委员会于2020年1月23日共同出台了《关于因履行工作职责感染新型冠状病毒肺炎的医护及相关工作人员有关保障问题的通知》（人社部函〔2020〕11号，以下简称人社部函〔2020〕11号通知），中央应对新型冠状病毒感染肺炎疫情工作领导小组也发布了《关于全面落实疫情防控一线城乡社区工作者关心关爱措施的通知》（国发明电

① 最高法院案例指导工作办公室：《〈孙立兴诉天津新技术产业园区劳动人事局工伤认定行政纠纷案〉的理解与参照——职工为完成工作任务在转换工作场所的必经区域过失导致自身伤亡应当认定为工伤》，载《人民司法》2016年第20期。

② 张丹：《我国工伤认定问题研究》，南京大学2019年硕士学位论文，第3页。

〔2020〕8 号，以下简称国发明电〔2020〕8 号通知）。而部分地区对于特殊时期感染疫病的工伤认定问题，也作了相应的规定，如《广东省工伤保险条例》第十条规定，职工由用人单位指派前往依法宣布为疫区的地方工作而感染疫病的，视同工伤。

根据现行有效的法律、法规、规章以及规章以下规范性文件规定，与传染病防治工作相关的工伤认定规范主要依据梳理如下：

表 1　疫情防控期间有关工伤认定的法律法规、规范性文件梳理

类型	名称	内容
法律	《社会保险法》	第三十六条：“职工因工作原因受到事故伤害或者患职业病，且经工伤认定的，享受工伤保险待遇；其中，经劳动能力鉴定丧失劳动能力的，享受伤残待遇。工伤认定和劳动能力鉴定应当简捷、方便。”
		第三十七条：“职工因下列情形之一导致本人在工作中伤亡的，不认定为工伤：（一）故意犯罪；（二）醉酒或者吸毒；（三）自残或者自杀；（四）法律、行政法规规定的其他情形。”
	《传染病防治法》	第十一条第二款：“对因参与传染病防治工作致病、致残、死亡的人员，按照有关规定给予补助、抚恤。”
		第六十四条：“对从事传染病预防、医疗、科研、教学、现场处理疫情的人员，以及在生产、工作中接触传染病病原体的其他人员，有关单位应当按照国家规定，采取有效的卫生防护措施和医疗保健措施，并给予适当的津贴。”
	《职业病防治法》	第二条：“本法适用于中华人民共和国领域内的职业病防治活动。本法所称职业病，是指企业、事业单位和个体经济组织等用人单位的劳动者在职业活动中，因接触粉尘、放射性物质和其他有毒、有害因素而引起的疾病。职业病的分类和目录由国务院卫生行政部门会同国务院劳动保障行政部门制定、调整并公布。”
行政法规	《工伤保险条例》	第十四条：“职工有下列情形之一的，应当认定为工伤：（一）在工作时间和工作场所内，因工作原因受到事故伤害的；（二）工作时间前后在工作场所内，从事与工作有关的预备性或者收尾性工作受到事故伤害的；（三）在工作时间和工作场所内，因履行工作职责受到暴力等意外伤害的；（四）患职业病的；（五）因工外出期间，由于工作原因受到伤害或者发生事故下落不明的；（六）在上下班途中，受到非本人主要责任的交通事故或者城市轨道交通、客运轮渡、火车事故伤害的；（七）法律、行政法规规定应当认定为工伤的其他情形。”

续表

类型	名称	内容
行政法规	《工伤保险条例》	第十五条："职工有下列情形之一的，视同工伤：（一）在工作时间和工作岗位，突发疾病死亡或者在48小时之内经抢救无效死亡的；（二）在抢险救灾等维护国家利益、公共利益活动中受到伤害的；（三）职工原在军队服役，因战、因公负伤致残，已取得革命伤残军人证，到用人单位后旧伤复发的。职工有前款第（一）项、第（二）项情形的，按照本条例的有关规定享受工伤保险待遇；职工有前款第（三）项情形的，按照本条例的有关规定享受除一次性伤残补助金以外的工伤保险待遇。"
		第十六条："职工符合本条例第十四条、第十五条的规定，但是有下列情形之一的，不得认定为工伤或者视同工伤：（一）故意犯罪的；（二）醉酒或者吸毒的；（三）自残或者自杀的。"
司法解释	《最高人民法院关于审理工伤保险行政案件若干问题的规定》	第四条："社会保险行政部门认定下列情形为工伤的，人民法院应予支持：（一）职工在工作时间和工作场所内受到伤害，用人单位或者社会保险行政部门没有证据证明是非工作原因导致的；（二）职工参加用人单位组织或者受用人单位指派参加其他单位组织的活动受到伤害的；（三）在工作时间内，职工来往于多个与其工作职责相关的工作场所之间的合理区域因工受到伤害的；（四）其他与履行工作职责相关，在工作时间及合理区域内受到伤害的。"
		第五条："社会保险行政部门认定下列情形为'因工外出期间'的，人民法院应予支持：（一）职工受用人单位指派或者因工作需要在工作场所以外从事与工作职责有关的活动期间；（二）职工受用人单位指派外出学习或者开会期间；（三）职工因工作需要的其他外出活动期间。职工因工外出期间从事与工作或者受用人单位指派外出学习、开会无关的个人活动受到伤害，社会保险行政部门不认定为工伤的，人民法院应予支持。"
		第六条："对社会保险行政部门认定下列情形为'上下班途中'的，人民法院应予支持：（一）在合理时间内往返于工作地与住所地、经常居住地、单位宿舍的合理路线的上下班途中；（二）在合理时间内往返于工作地与配偶、父母、子女居住地的合理路线的上下班途中；（三）从事属于日常工作生活所需要的活动，且在合理时间和合理路线的上下班途中；（四）在合理时间内其他合理路线的上下班途中。"

续表

类型	名称	内容
地方性法规	《广东省工伤保险条例》	第十条："职工有下列情形之一的，视同工伤：……（四）由用人单位指派前往依法宣布为疫区的地方工作而感染该疫病的；……"
地方政府规章	《云南省实施〈工伤保险条例〉办法》	第十五条："职工有下列情形之一的，可依据条例第十四条规定，按照工伤处理：……（二）受用人单位指派前往疫区工作而感染该疫病的；……"
	《内蒙古自治区〈工伤保险条例〉实施办法》	第十五条："职工有下列情形之一的，应当认定为工伤：……（五）因工外出期间，由于工作原因受到伤害或者发生事故下落不明的；……受用人单位指派前往疫区工作而感染该疫病的……适用前款第（五）项的规定。"
	《吉林省实施〈工伤保险条例〉办法》	第十三条："除《工伤保险条例》规定的情形外，职工有下列情形之一的，也应当认定为工伤：……（三）受用人单位指派前往疫区工作或公出，并经县级以上医疗机构诊断感染疫病的；……"
规章以下的规范性文件	《劳动和社会保障部、人事部、财政部、卫生部关于因履行工作职责感染传染性非典型肺炎工作人员有关待遇问题的通知》（劳社部发〔2003〕2号）	"在传染性非典型肺炎预防和救治工作中，医护及相关工作人员因履行工作职责，感染传染性非典型肺炎或因感染传染性非典型肺炎死亡的，可视同工伤，比照工伤保险的有关规定享受有关待遇。"
	《人力资源社会保障部、财政部、国家卫生健康委关于因履行工作职责感染新型冠状病毒肺炎的医护及相关工作人员有关保障问题的通知》（人社部函〔2020〕11号）	"在新型冠状病毒肺炎预防和救治工作中，医护及相关工作人员因履行工作职责，感染新型冠状病毒肺炎或因感染新型冠状病毒肺炎死亡的，应认定为工伤，依法享受工伤保险待遇。"

续表

类型	名称	内容
规章以下的规范性文件	《关于全面落实疫情防控一线城乡社区工作者关心关爱措施的通知》(国发明电〔2020〕8号)	“二、切实做好城乡社区工作者职业伤害保障。城乡社区工作者在疫情防控期间发生事故伤害或患病，符合《工伤保险条例》认定情形的，应依法认定为工伤，已经参加工伤保险的，发生的相关费用按照《工伤保险条例》相关规定支付；未参加工伤保险的，由用人单位按照法定标准支付，财政补助单位因此发生的费用，由同级财政予以补助。对于因履行职责感染新冠肺炎或病亡的城乡社区工作者，符合《人力资源社会保障部、财政部、国家卫生健康委关于因履行工作职责感染新型冠状病毒肺炎的医护及相关工作人员有关保障问题的通知》(人社部函〔2020〕11号)规定的，可按规定享受相关待遇。”

三、应对：疫情防控期间工伤认定及相关行政案件的法律适用

面对此次新冠肺炎疫情，人社部函〔2020〕11号通知和国发明电〔2020〕8号通知就工伤认定对象的范围明确为“医护及相关工作人员”“城乡社区工作者”，工伤认定的事由明确为“因履行工作职责，感染新冠肺炎或因新冠肺炎死亡的”“在疫情防控期间发生事故伤害或患病”。这是在疫情防控期间，对新型冠状病毒职业暴露风险高的从事防控和救治的医护及相关防控工作人员的特殊政策，体现了国家对于医护工作者和社区工作人员的关爱，但也容易使人在理解上产生误区，是否只有从事医护和社区工作的劳动者感染新冠肺炎才能认定为工伤。我们认为，《工伤保险条例》的制定，是为了保障因工作遭受事故伤害或者患职业病的职工获得医疗救治和经济补偿，促进工伤预防和职业康复，即根据《工伤保险条例》第一条之规定，只要职工所受伤害是由工作造成的，都应当得到医疗救治和经济补偿，[①] 但是，职业并非认定工伤的标准之一，只要符合认定工伤的法定条件，从事任何职业的劳动者都应该认定为工伤，享受工伤保险待遇。

从法律适用的层面看，可以从认定工伤和视为工伤两方面进行分析。

(一) 认定工伤

《工伤保险条例》第十四条以肯定式列举方式，除第七项兜底外，规定

① 章文英:《患职业病职工退休后死亡的工伤保险待遇》，载《人民司法》2016年第11期。

了六种应当认定为工伤的具体情形，其实质也是认定工伤的标准。

1. 在工作时间和工作场所内，因工作原因受到事故伤害的。

此种情形是最为典型的“三工”完美契合标准，即“工作时间+工作地点+工作原因”认定标准。以李文亮医生为例，武汉市人社局在对李文亮作出的《认定工伤决定书》中，以《工伤保险条例》第十四条第一项规定的“在工作时间和工作场所内，因工作原因受到事故伤害的”作为法律依据。该决定书引发了较大的争议，部分学者和司法工作者指出，第一项中的“事故”一般是指职工在工作过程中发生的人身伤害或急性中毒等事故，如煤矿工人在瓦斯爆炸中所受到的伤害，更偏重于由于机械事故导致的人身伤害，而新冠肺炎本质上是一种疾病，不应当属于事故的类型，因此，该条不能作为此种情形下认定工伤的依据。对此，我们认为，若将“事故”限缩解释为机械事故，无法保障医护工作者的合法权益，同时也违背了人社部函〔2020〕11号通知的精神，因为对于从事疫情防控工作的医护工作者，最大的职业风险就是因履行职责而感染新冠肺炎，若不属于事故伤害，将使其常态下的工伤认定产生法律障碍。同理，其他劳动者因用人单位防护措施不到位或其他事故原因致使其上班期间因工作原因而感染新冠肺炎的，符合第十四条第一项规定的法定条件的，也可以认定为工伤。

另外，对于《工伤保险条例》第十四条第二项“工作时间前后在工作场所内，从事与工作有关的预备性或者收尾性工作受到事故伤害的”的规定，一些学者也意识到，对于该条款的行政认定与司法实践应当更加明确“预备性或收尾性工作”的适用情形与范围。[①] 在疫情防控的背景下，对于该条款的适用，关键也在于对“事故伤害”的理解，根据上述对第十四条第一项的分析，该项同样可以作为认定工伤的法律依据。

2. 因工受到暴力伤害的。

此次新冠肺炎防控期间，我们已经不止一次在新闻媒体中看到伤医报道，例如，武汉市四医院柯某因岳父感染新冠肺炎在医院去世而殴打医生，致使医生职业暴露且身体受伤。[②] 2020年2月6日晚10时许，唐某某酒后未戴口

① 王春容：《预备性或收尾性工作在工伤认定中的适用与建议》，载《法制与社会》2020年第2期。

② 参见《在疫情的暴发期，竟然又是一起伤医事件!》，载搜狐官方网站 https：//m. sohu. com/a/369830511_ 662017，2020年3月13日访问。

罩至江苏省建湖县上冈镇草堰口卫生院探望其住院的父亲。因值班医生周某某提醒其戴口罩，并制止其在正在使用输氧的病房内抽烟，唐某某心生不满，与周某某发生口角，继而殴打周某某头部、面部及颈部，并致周某某衣物损坏。[①] 再如，医院按疫情防控工作程序，要求云某孕检前先进行新冠病毒筛查，云某在等待化验结果的过程中，不满医院工作效率，谩骂医护人员，并在争执中殴打医生苏某，导致苏某出现头疼、呕吐等不适症状，后经诊断为头部外伤、脑震荡、面部软组织挫伤。[②] 除了暴力伤医外，还有因暴力对抗疫情防控而伤害防控民警、社区工作人员等，新冠肺炎确诊患者撕扯医护人员防护服等。我们认为，针对上述以暴力方式伤害医护工作人员及相关疫情防控人员，致使医护工作人员及相关疫情防控人员受到伤害，或者因暴力导致职业暴露而感染新冠肺炎的，符合《工伤保险条例》第十四条第三项规定的认定标准，应当认定属于工伤。

3. 患职业病的。

根据《职业病分类和目录》的规定，目前明确纳入职业病范畴的传染病只有五种：炭疽、森林脑炎、布鲁氏菌病、艾滋病（限于医疗卫生人员及人民警察）和莱姆病。显然，新冠肺炎不属于《职业病分类和目录》中的职业病范畴，罹患新冠肺炎亦不能以《工伤保险条例》第十四条第四项作为认定工伤的法律依据。但职业病一般具有隐匿性、迟发性的特点，举轻以明重，突发性、明显性的疾病伤害，更应该纳入工伤的“伤害”范围。

4. 因工外出期间，由于工作原因受到伤害或者发生事故下落不明的。

疫情期间，受指派前往疫区开展疫情防控工作的医护人员及其他工作人员较多，我们国家组织了 29 个省、区、市和新疆生产建设兵团、军队等调派 330 多支医疗队、41600 多名医护人员驰援，并组织了 19 个省份对口支援。[③] 这些人员，若在工作期间感染新冠肺炎，且符合《工伤保险条例》第十四条第五项的规定，可以认定为工伤。《云南省实施〈工伤保险条例〉办法》《广

---

① 参见《疫情期间暴力伤医，严惩!》，载百度官方网站 https：//baijiahao. baidu. com/s? id = 1660759827698888549&wfr = spider&for = pc，2020 年 3 月 13 日访问。

② 参见《疫情期间孕妇恶性伤医 呼和浩特检察机关提前介入》，载中国新闻网官方网站 http：//www. chinanews. com/sh/2020/02 – 17/9094864. shtml，2020 年 3 月 13 日访问。

③ 参见《习近平在统筹推进新冠肺炎疫情防控和经济社会发展工作部署会议上的讲话》（2020 年 2 月 23 日），人民出版社 2020 年版，第 6 页。

东省工伤保险条例》以及《吉林省实施〈工伤保险条例〉办法》等多部地方性法规也都明确规定了受用人单位指派前往疫区工作而感染该疫病的职工，可依据《工伤保险条例》第十四条的规定，按照工伤处理。

5. 在上下班途中，受到非本人主要责任的交通事故伤害的。

我国关于上下班事故工伤规定的把握主要在于如何认定“上下班途中”、职工因何受到伤害以及职工承担责任情况。[①] 疫情期间，医护人员及其他疫情防控工作人员在上下班途中，不幸受到非本人主要责任的交通事故或者城市轨道交通、客运轮渡、火车事故伤害的，我们认为根据《工伤保险条例》第十四条第六项的规定，可以认定为工伤。值得注意的是，因疫情防控需要，对于某些疫情防控工作人员的工作地点实行流动轮岗，此种情形下对“上下班途中”的理解就需要结合工作地点的安排和变动进行灵活能动性解释。

（二）视同工伤

2003 年发布的《关于因履行工作职责感染传染性非典型肺炎工作人员有关待遇问题的通知》规定，在非典预防和救治工作中，医护及相关工作人员因履行工作职责感染非典或因感染非典死亡的，可视同工伤。与人社部函〔2020〕11 号通知相比，可以明显看出观念的转变，人社部函〔2020〕11 号通知更加倾斜于保护医护人员及相关工作人员的劳动权益。但对于疫情期间非因感染新冠肺炎而死亡的劳动者，仍然可以考虑适用《工伤保险条例》中有关视为工伤的规定。

1. 在工作时间和工作岗位，突发疾病死亡或者在 48 小时之内经抢救无效死亡的。

在区分该条与《工伤保险条例》第十四条的规定时，应该值得注意的是，这里的“突发疾病”是自身身体原因引起的，与履行工作职责无关。若医护及相关工作人员在工作时感染新冠肺炎死亡，排除因私人活动感染，比如参加同学聚会、聚餐等感染的可能性，可以直接认定为工伤。而实践中，很多用人单位实行弹性工作制，倡导员工居家办公，不少员工还被采取了隔离、医学隔离观察甚或强制集中隔离等措施，劳动方式和劳动关系便进入了一种特殊状态，如 2020 年 2 月 28 日，浙江省宁波市公布了首份隔离期工伤

① 杨科雄：《上下班途中工伤认定的法律适用探究》，载《法律适用》2014 年第 11 期。

认定书。某公司员工按照公司安排在隔离区隔离待岗，突然发病，第二天经抢救无效后死亡，当地人社部门认为属于《工伤保险条例》第十五条第一款第一项视同工伤的条件和范围[①]。同时，在重大突发公共卫生事件一级响应的背景下，部分地区要求医护人员或相关工作人员处于24小时待命的备勤状态。亦存在医护人员在防疫备勤过程中，因工作任务重而突发其他疾病死亡的情形，如事例1中的刘文雄医生。从以上案例均可以看出，对于工伤认定应综合考虑抗疫特殊时期的工作情形，不应机械地界定“工作时间”和“工作岗位”。法官应当从有利于职工合法权益保护的立法目的考虑，作出对职工有利的事实推定。[②]

2. 在抢险救灾等维护国家利益、公共利益活动中受到伤害的。

新冠肺炎被国家列入乙类传染病但采取甲类传染病的预防、控制措施，此次疫情属于突发的公共卫生事件，党中央专门成立应对疫情工作领导小组，国务院形成联防联控机制，并派专家组现场指导，从这个角度来看，对于参加联防联控的行为可以认定为抢险救灾。对于参加疫情防控工作的志愿者，如事例3中的何辉如果和相关用人单位存在劳动关系，由于属于在抢险救灾等维护国家利益、公共利益活动中受到伤害的工伤认定情形，则应当以《工伤保险条例》第十五条第一款第二项“在抢险救灾等维护国家利益、公共利益活动中受到伤害的”，视同工伤；如已经退休或者无工作单位的，进行工伤认定将存在法律上的障碍，政府相关部门可以考虑根据《传染病防治法》第十一条第二款“对因参与传染病防治工作致病、致残、死亡的人员，按照有关规定给予补助、抚恤”的规定，比照工伤由财政承担相应的工伤抚恤待遇。

另外，需要引起关注的是此次疫情防控中，参与严峻斗争工作的村委会、居委会等群众性自治组织相关人员，其因疫情防控工作而遭受疾病、事故伤害等是否应当认定为工伤或视同工伤？依据《工伤保险条例》第二条的规定，工伤单位主体适用范围限于境内企业、事业单位、社会团体、民办非企业单位、基金会、律师事务所、会计师事务所等组织和有雇工的个体工商户，工伤保险的对象似乎是非常明确的，[③] 并不包含村委会、居委会等群众性自

---

① 李英锋：《隔离猝死算工伤，劳动保护的“参考答案”》，载《工人日报》2020年3月3日，第5版。

② 郭修江：《在家加班期间突发疾病死亡应当视同工伤》，载《人民司法》2019年第2期。

③ 蔡小雪：《关于工伤保险对象中的几个特殊问题的研究》，载《法律适用》2010年第12期。

治组织。换言之，我们目前尚未制定或出台针对村委会、居委会等群众性自治组织及其工作人员的工伤认定相关规范。村委会、居委会等群众性自治组织工作人员在疫情防控期间的“工伤”问题能否适用或参照《工伤保险条例》及相关规范性文件值得商榷。

四、聚焦：新冠肺炎疫情中工伤认定的特殊考量

（一）合理分配举证责任

根据《工伤保险条例》第十八条以及《工伤认定办法》第七条的规定，职工提出工伤认定申请只需要提交与用人单位存在劳动关系（包括事实劳动关系）的证明材料和医疗诊断证明或者职业病诊断说明书（或者职业病诊断鉴定书）两项材料，并填写《工伤认定申请表》，而受害职工是否承担因工受伤的因果关系证明责任存在较大的争议。我们认为，虽然《工伤认定申请表》的填写内容中包括了事故发生的主要原因以及伤害程度，但不是法律的强制性规定，且规定中同时写明“因特殊原因，无法提供相应的证据材料，应书面说明”，因此，表格不能作为受伤害职工对上述事项承担举证责任的依据。而根据《工伤认定办法》第十七条的规定，用人单位承担否认工伤认定的举证责任。对于职工感染新冠肺炎的情况，无论是用人单位还是职工，都很难证明其中的因果关系，在这种情形下，社会保险行政部门不能因为用人单位举证不能而视为“默认”工伤，而应该根据法定职责对工伤事故进行调查核实，依法作出工伤行政确认的结论①。

（二）工伤认定申请期限的计算问题

根据《工伤保险条例》第十七条第一款关于申请期限的规定，职工发生事故伤害，所在单位应当自事故伤害发生之日起30日内，向社会保险行政部门提出工伤认定申请。如遇特殊情况，经报社会保险行政部门同意，申请时限可以适当延长。为全力保障疫情防控和救治工作的开展，大部分地区都发布了相关政策性文件，开辟工伤认定“绿色通道”。如成都市人力资源和社会保障局发布的《关于因履行工作职责感染新型冠状病毒肺炎医护及相关工作人员有关工伤保险具体问题的通知》中明确延长用人单位申请工伤认定时限。

① 杨曙光：《论工伤行政诉讼的举证责任》，载《法学杂志》2017年第12期。

在新冠肺炎疫情背景下，我们需要讨论的是职工或近亲属因疫情隔离无法申请工伤认定时，申请期限的具体起算点如何确定的问题。目前，对于我国工伤职工或其近亲属、工会组织提出工伤认定的申请期限不适用中止、延长的规定，但根据《最高人民法院关于审理工伤保险行政案件若干问题的规定》第七条的规定，由于不属于职工或者其近亲属自身原因超过工伤认定申请期限的，被耽误的时间不计算在工伤认定申请期限内。有下列情形之一耽误申请时间的，应当认定为不属于职工或者其近亲属自身原因：（1）不可抗力；（2）人身自由受到限制；（3）属于用人单位原因。实践中，疫情隔离包括居家隔离、医学观察、定点集中强制隔离等不同情形，在适用上述规定时，需要进行具体区分，我们认为，只要认定为属于非因自身原因被耽误的时间，可以不计入申请期限，以最大限度保护因工受伤的劳动者。

结　语

在疫情“这场严峻斗争中，各级党组织和广大党员、干部冲锋在前、顽强拼搏，充分发挥了战斗堡垒作用和先锋模范作用。广大医务工作者义无反顾、日夜奋战，展现了救死扶伤、医者仁心的崇高精神。人民解放军指战员闻令而动、敢打硬仗，展现了人民子弟兵忠于党、忠于人民的政治品格。广大人民群众众志成城、守望相助，特别是武汉人民和湖北人民识大体顾大局、自觉配合疫情防控工作，展现了坚忍不拔的顽强斗志。广大公安民警、疾控工作人员、社区工作人员等坚守岗位、日夜值守，广大新闻工作者不畏艰险、深入一线，广大志愿者等真诚奉献、不辞辛劳，为疫情防控作出了重大贡献。卫生健康、发展改革、工信商务、外交外联、交通运输、农业农村、应急管理、财政金融、文化旅游、科技教育、市场监管、社保医保、资源环境、国资林草等部门和纪检监察、组织、宣传、统战、政法等战线各司其职，人大、政协以及各人民团体等主动担责，采取有力措施支持抗击疫情斗争。社会各界和港澳台同胞、海外侨胞纷纷捐款捐物，展现了同舟共济的深厚情怀”。①

在这场疫情防控背景下，对于工伤认定，不仅是因工作受到伤害的劳动者能否获得工伤待遇的前置性程序，也是工伤保险法律制度的重要内容。给

① 参见习近平：《在统筹推进新冠肺炎疫情防控和经济社会发展工作部署会议上的讲话》（2020 年 2 月 23 日），人民出版社 2020 年版，第 3—4 页。

予受伤害职工公平合理的认定，既是工伤保险立法的初衷，也是现代法治社会对劳动者保护的彰显[①]。在此特殊期间，法院行政审判应当积极发挥司法职能，充分保护抗疫一线医护及相关工作人员的劳动权益，在审理涉新冠肺炎疫情工伤认定争议案件时，应当树立依法保护劳动者合法权益和维护用人单位生存发展并重的审判理念，在具体案件审理过程中，充分考虑目前劳动关系、劳动状态的新模式，更好地服务于疫情防控大局[②]，促进劳动关系的稳定，力争实现保企业、保稳定的社会效果。

（作者单位：贵州省高级人民法院）

① 参见王泽山：《突发疾病死亡的工伤认定研究》，新疆大学2019年硕士学位论文摘要部分。

② 参见《南京市中级人民法院关于妥善审理涉新冠肺炎疫情劳动人事争议案件的若干意见》。

新冠肺炎疫情防控命令和措施司法审查问题研究

刘　颖　　蔡雅婷

【摘要】 面对2020年突发的新型冠状病毒感染肺炎疫情，国务院启动了由国家卫生健康委员会牵头，32个部门组成的新型冠状病毒感染的肺炎疫情联防联控工作机制小组。各省份也均成立联防联控指挥部，各级人民政府、职能部门、各级联防联控机制临时机构，在新冠肺炎疫情防控过程中，下达了大量各级各类新冠肺炎疫情防控命令和措施文件。对于这些新冠肺炎防控命令和措施，是否可以提起行政诉讼，人民法院是否可以进行司法审查。笔者通过对此类命令和措施的行为属性、分类进行探讨和分析，提出行政相对人可以对哪些类型的命令和措施依法向人民法院提起行政诉讼，人民法院可以对哪些类型的命令和措施进行司法审查。

【关键词】 新冠肺炎疫情　防控措施文件　司法审查

引　言

2020年1月20日，习近平总书记对新冠肺炎疫情作出重要指示："强调要把人民群众生命安全和身体健康放在第一位，坚决遏制疫情蔓延势头。"[①]李克强总理作出批示："各相关部门和地方要以对人民群众健康高度负责的态度，完善应对方案，全力以赴做好防控工作，落实早发现、早报告、早隔离、

① 《习近平对新型冠状病毒感染的肺炎疫情作出重要指示　强调要把人民群众生命安全和身体健康放在第一位　坚决遏制疫情蔓延势头　李克强作出批示》，载新华网 http：//www. xinhuanet. com/politics/leaders/2020 -01/20/c_ 1125486561. htm，2020年1月20日访问。

早治疗和集中救治措施。”① 2020 年 1 月 21 日，国家卫生健康委员会牵头，与相关部门形成联防联控机制，全力应对新型冠状病毒感染肺炎疫情（以下简称新冠肺炎疫情）。2020 年 1 月 24 日，湖北省新型冠状病毒感染的肺炎疫情防控指挥部下达《湖北省新型冠状病毒感染的肺炎疫情防控指挥部通告》：“根据《湖北省突发公共卫生事件应急预案》，省新型冠状病毒感染的肺炎疫情防控指挥部决定，启动湖北省重大突发公共卫生事件Ⅰ级响应。”2020 年 1 月 25 日，中共中央根据全国防控新冠肺炎疫情的紧迫形势需要，成立了中央应对新型冠状病毒感染肺炎疫情工作领导小组决策指挥机构。各省份均建立联防联控机制，按照属地化管理的原则，启动了应急响应，并形成了城乡疫情防控的网格化管理。2020 年 1 月 26 日至 2 月 27 日期间，国务院、各级政府、职能部门、联防联控指挥部针对新冠肺炎疫情防控陆续发布一些措施文件并实施了防控措施行为。习近平总书记说：“这次疫情发生以来，各级党委和政府在党中央统一领导下，积极开展防控工作，取得初步成效，但也有一些地方和部门面对突如其来的疫情进退失措，出台的一些防控措施朝令夕改，一些地方甚至出现了严重妨碍疫情防控的违法犯罪行为，群众对此不满意。实践告诉我们，疫情防控越是到最吃劲的时候，越是要坚持依法防控，在法治轨道上统筹推进各项防控工作，全面提高依法防控、依法治理能力，保障疫情防控工作顺利开展，维护社会大局稳定。”② 面对新冠肺炎疫情防控新课题，各级党委和政府在党中央统一领导下，下发大量有关新冠肺炎疫情的防控措施文件（以下简称防控命令和措施），并实施了各类行为。若这些防控命令和措施侵害了行政相对人的合法权益，行政相对人能否依据 2017 年修正的《行政诉讼法》和《最高人民法院关于适用〈中华人民共和国行政诉讼法〉的解释》提起行政诉讼，维护自己的合法权益，人民法院是否对此类防控命令和措施进行司法审查，笔者探讨如下。

---

① 《习近平对新型冠状病毒感染的肺炎疫情作出重要指示　强调要把人民群众生命安全和身体健康放在第一位　坚决遏制疫情蔓延势头　李克强作出批示》，载新华网 http：//www. xinhuanet. com/politics/leaders/2020 - 01/20/c_ 1125486561. htm，2020 年 1 月 20 日访问。

② 习近平：《全面提高依法防控依法治理能力　健全国家公共卫生应急管理体系》，载《求是》2020 年第 5 期。

一、新冠肺炎疫情防控命令和措施的属性问题

（一）新冠肺炎疫情属于突发公共卫生事件

2020年1月25日，中国30个省根据《突发事件应对法》第三条①和《突发公共卫生事件应急条例》第二条的规定②启动了重大突发公共卫生事件Ⅰ级响应。因此，此次新冠肺炎疫情从湖北武汉蔓延至全国乃至国外属于“突发事件”中的“突发公共卫生事件”，也是新中国成立以来传播速度最快、感染范围最广、防控难度最大的一次重大突发公共卫生事件。

（二）防控命令和措施属于行政应急行政行为

根据《突发公共卫生事件应急条例》第三条和第四条的规定③，国务院设立全国突发事件应急处理指挥部，省、自治区、直辖市人民政府成立地方突发事件应急处理指挥部，县级以上地方人民政府有关部门，在各自的职责范围内做好突发事件应急处理的有关工作。在新冠肺炎疫情中，为防止疫情的扩大或蔓延，中共中央根据全国防控新冠肺炎疫情的紧迫形势需要，成立了中央应对新型冠状病毒感染肺炎疫情工作领导小组决策指挥机构，各省份均建立联防联控机制，各级政府、职能部门、临时指挥部下达各种防控措施文件，这些防控措施文件，主要针对防止新冠肺炎疫情蔓延至全国乃至国外，其主要作用是对突发新冠肺炎疫情事件实施行政行为。这些防控措施行政行

---

① 《突发事件应对法》第三条规定：“本法所称突发事件，是指突然发生，造成或者可能造成严重社会危害，需要采取应急处置措施予以应对的自然灾害、事故灾难、公共卫生事件和社会安全事件。按照社会危害程度、影响范围等因素，自然灾害、事故灾难、公共卫生事件分为特别重大、重大、较大和一般四级。法律、行政法规或者国务院另有规定的，从其规定。突发事件的分级标准由国务院或者国务院确定的部门制定。”

② 《突发公共卫生事件应急条例》第二条规定：“本条例所称突发公共卫生事件（以下简称突发事件），是指突然发生，造成或者可能造成社会公众健康严重损害的重大传染病疫情、群体性不明原因疾病、重大食物和职业中毒以及其他严重影响公众健康的事件。”

③ 《突发公共卫生事件应急条例》第三条规定：“突发事件发生后，国务院设立全国突发事件应急处理指挥部，由国务院有关部门和军队有关部门组成，国务院主管领导人担任总指挥，负责对全国突发事件应急处理的统一领导、统一指挥。国务院卫生行政主管部门和其他有关部门，在各自的职责范围内做好突发事件应急处理的有关工作。”第四条规定：“突发事件发生后，省、自治区、直辖市人民政府成立地方突发事件应急处理指挥部，省、自治区、直辖市人民政府主要领导人担任总指挥，负责领导、指挥本行政区域内突发事件应急处理工作。县级以上地方人民政府卫生行政主管部门，具体负责组织突发事件的调查、控制和医疗救治工作。县级以上地方人民政府有关部门，在各自的职责范围内做好突发事件应急处理的有关工作。”

为，符合内容和对象的综合性，适用上的临时性和预备性，实施过程中的应急性的特点。[①] 因此，新冠肺炎疫情防控措施文件属于行政应急行政行为。

二、新冠肺炎疫情防控命令和措施是否可诉的问题

（一）新冠肺炎疫情防控命令和措施分类问题

面对大量的防控措施文件，行政相对人如果认为防控措施文件侵犯其合法权益，如何实施行政救济手段？是否可以通过司法途径予以救济，如果可以通过司法途径救济，怎样才能维护自己的合法权益。笔者通过对新冠肺炎疫情发生以来截止到2020年2月27日的统计分析，中央应对新型冠状病毒感染肺炎疫情工作领导小组总计召开12次会议，国务院联防联控机制下达新冠肺炎疫情防控措施文件30个。湖北省新型冠状病毒感染肺炎疫情防控指挥部发布防控措施文件52个，武汉市新冠肺炎疫情防控指挥部发布防控措施文件19个，辽宁省新型冠状病毒感染的肺炎疫情防控指挥部发布防控措施文件7个，大连市联防联控指挥部发布防控措施文件6个等，这些新冠肺炎疫情防控命令和措施，从行政诉讼法的角度来看，也是行政应急行政行为。笔者对其进行了如下分类：

1. 国家行为和其他行为

由于应对新冠肺炎疫情属于突发公共事件，新冠肺炎疫情防控措施涉及政治、经济、文化、科技和社会等众多领域，涉及治安、刑事、卫生、环境、防震、防洪、消防、劳资、民族、宗教、军事、外交、舆论、事故、国家安全等多方面内容。这些领域涉及不同学科的知识，同时，涉及对人的基本权利的侵犯强度不一的应对措施。新冠肺炎疫情防控措施可分为国家行为、军事行为、党组织行为等，从行政职权角度考虑，又可分为国防行为、外交行为、其他行政行为等，本文仅研究行政行为。

2. 单纯行政指导行为和行政指令与行政指导混同的行为

从措施本身角度考虑，新冠肺炎疫情防控措施文件。主要分为两类：一是单纯行政指导行为。例如，2020年2月7日，辽宁省新型冠状病毒感染的

---

① 参见马怀德：《完善应急法制为构建和谐社会奠定制度基础》，载马怀德主编：《应急管理法治化研究》，法律出版社2010年版，第5—6页。

肺炎疫情防控指挥部令（第5号）主要内容：健全开复工企业疫情防控工作体系。复工复产企业要建立主要负责人负总责的疫情防控工作机制，建立返岗职工实时健康档案，设置隔离室，准备消杀用品，购置防护物品。有条件的企业可配备必要的医护人员，做好突发情况应对准备。要合理安排生产计划，减少人员大范围流动，降低疫情输入风险。实行企业复工复产情况日报告制度。疫情防控期间，各市疫情防控指挥部要深入了解企业信息，动态掌握复工复产情况，每日报省疫情防控指挥部，其他重大情况一并上报。附件：《企业复工疫情防控指南（第一版）》。二是行政指令与行政指导混同的行为。例如，2020年1月26日，辽宁省新型冠状病毒感染的肺炎疫情防控指挥部令（第1号）主要内容：一律不得举办大型活动，取消一切群体性宴席、集会等人员集聚型活动；全省旅行社及在线旅游企业暂停经营团队旅游，妥善处理好游客行程调整和退团退费等合理诉求。全省村委会、居委会采取适当方式，每日对常住人口、外来人口和返乡人员的健康状况实行拉网式排查、网格化管理，发现发热、咳嗽的人员迅速登记上报，做好居家和集中隔离医学观察，督促其尽早到医疗机构就诊。严格落实应对新冠肺炎疫情Ⅰ级响应防控措施；实行疫情日报告和零报告制度，遇到紧急情况随时报告，严禁缓报、瞒报、漏报，做到早发现、早报告、早隔离、早治疗。

3. 抽象行政行为和具体行政行为

从传统行政行为角度考虑，新冠肺炎疫情防控命令和措施可以分为抽象行政行为和具体行政行为。根据《突发事件应对法》第十一条、第四十五条和第四十九条的规定①，应对新冠肺炎疫情，可以采取多种措施，这些行政

---

① 《突发事件应对法》第十一条规定："有关人民政府及其部门采取的应对突发事件的措施，应当与突发事件可能造成的社会危害的性质、程度和范围相适应；有多种措施可供选择的，应当选择有利于最大程度地保护公民、法人和其他组织权益的措施。公民、法人和其他组织有义务参与突发事件应对工作。"第四十五条规定："发布一级、二级警报，宣布进入预警期后，县级以上地方各级人民政府除采取本法第四十四条规定的措施外，还应当针对即将发生的突发事件的特点和可能造成的危害，采取下列一项或者多项措施：……（五）及时向社会发布有关采取特定措施避免或者减轻危害的建议、劝告；……（七）关闭或者限制使用易受突发事件危害的场所，控制或者限制容易导致危害扩大的公共场所的活动；（八）法律、法规、规章规定的其他必要的防范性、保护性措施。"第四十九条规定："自然灾害、事故灾难或者公共卫生事件发生后，履行统一领导职责的人民政府可以采取下列一项或者多项应急处置措施：……（二）迅速控制危险源，标明危险区域，封锁危险场所，划定警戒区，实行交通管制以及其他控制措施；……（四）禁止或者限制使用有关设备、设施，关闭或者限制使用有关场所，中止人员密集的活动或者可能导致危害扩大的生产经营活动以及采取其他保护措施……"

措施从法律角度属于《行政强制法》所规定的具体措施。以“封闭小区”行政命令为例分析其属于抽象行政行为还是具体行政行为：政府以“红头文件”形式下发文件，为防止新冠肺炎疫情蔓延，“封闭小区”，实施封闭管理，这里的“封闭小区”命令是针对不特定的小区，属于抽象行政行为。政府以“红头文件”形式下发文件，为防止新冠肺炎疫情蔓延，对发生疫情小区实施“封闭小区”管理措施，这个“红头文件”是针对特定的人和特定的事所作出的行政行为，则属于具体行政行为。区分抽象行政行为与具体行政行为对新冠肺炎疫情防控命令和措施是否可诉，具有一定意义。

（二）新冠肺炎疫情防控命令和措施违法是否可诉问题

在突发事件和紧急状态下，必须赋予行政主体更充分的权力，以保证其有效地应对突发事件和紧急状态。但是，如果新冠肺炎疫情防控命令和措施，不能处理好国家与公民之间在突发事件应对过程中的权利义务关系，仅仅以强化政府应急能力为目的来设计应急管理措施，就可能导致权力的滥用和对人权的践踏。例如，武汉市新冠肺炎疫情防控指挥部于2020年2月24日上午发布通告指出，部分有特殊原因的人员和车辆可以进出城，此通告发布仅3.5个小时后，被宣布无效。新冠肺炎疫情防控措施命令和措施朝令夕改，导致行政相对人无法适从。再如，某市人社局与教委联合发文，在大专院校、中小学、幼儿园推迟开学期间，每户家庭可以有一名职工在家看护未成年子女，视为因政府实施隔离措施或采取其他紧急措施，导致不能提供正常劳动的情形，其间的工资待遇由职工所属企业按出勤情况照发。随后该市又另行发文作了自我否定，涉嫌政府滥用行政权干涉企业自主管理权。又如，个别地方发布“最严出行举措”，包括“每户家庭每两天才能外出采购一次”，“限制居民在户外停留时间不能超过2小时”，“不区分本地和外地情况的不同，对私家车辆、交通运营车辆一概禁止上路”等措施，这些最严措施是否符合法律规定，是否合理？行政应急行为损害行政相对人的权利时，行政相对人可以依法通过行政诉讼实现救济。而哪些行为属于人民法院审查范围，哪些行政行为不属于人民法院审查范围，行政相对人应予以明确。

1. 国家行为不可诉

根据《行政诉讼法》第十三条第一项和《最高人民法院关于适用〈中华

人民共和国行政诉讼法〉的解释》第二条第一款的规定①，国防行为和外交行为等国家行为不可诉。因此，新冠肺炎疫情防控措施中涉及国家行为的文件不可诉。如《国务院应对新型冠状病毒感染的肺炎疫情联防联控机制关于进一步做好农村地区新型冠状病毒感染的肺炎疫情防控工作的通知》，属于国家行为，不能提起行政诉讼。国务院属于国家最高行政权力机关，其实施的行政行为不可诉。

2. 单纯行政指导行为不可诉

根据《行政诉讼法》第二条的规定②，公民、法人或者其他组织认为行政行为侵犯其合法权益，有权向各级人民法院提起行政诉讼。但是，根据《最高人民法院关于适用〈中华人民共和国行政诉讼法〉的解释》第一条的规定③，行政指导行为不属于人民法院的受案范围。因此，若新冠病毒“抗疫”中联防联控机制措施文件属于单纯行政指导行为，则不属于人民法院的受案范围，行政相对人不能提起行政诉讼。如国家卫生健康委办公厅、民政部办公厅、公安部办公厅印发的《新型冠状病毒感染的肺炎患者遗体处置工作指引（试行)》，行政相对人不能对国家卫生健康委、民政部、公安部提起行政诉讼。

3. 抽象行政行为不可诉，诉具体行政行为违法附带抽象行为审查

根据《行政诉讼法》第十三条第二项的规定④，抽象行政行为不可诉，针对新冠肺炎疫情防控的“红头文件”行政措施不能提起行政诉讼。但是，

---

① 《行政诉讼法》第十三条规定：“人民法院不受理公民、法人或者其他组织对下列事项提起的诉讼：(一）国防、外交等国家行为……”《最高人民法院关于适用〈中华人民共和国行政诉讼法〉的解释》第二条第一款规定：“行政诉讼法第十三条第一项规定的‘国家行为’，是指国务院、中央军事委员会、国防部、外交部等根据宪法和法律的授权，以国家的名义实施的有关国防和外交事务的行为，以及经宪法和法律授权的国家机关宣布紧急状态等行为。”

② 《行政诉讼法》第二条规定：“公民、法人或者其他组织认为行政机关和行政机关工作人员的行政行为侵犯其合法权益，有权依照本法向人民法院提起诉讼。前款所称行政行为，包括法律、法规、规章授权的组织作出的行政行为。”

③ 《最高人民法院关于适用〈中华人民共和国行政诉讼法〉的解释》第一条规定：“公民、法人或者其他组织对行政机关及其工作人员的行政行为不服，依法提起诉讼的，属于人民法院行政诉讼的受案范围。下列行为不属于人民法院行政诉讼的受案范围：……（三）行政指导行为……”

④ 《行政诉讼法》第十三条规定：“人民法院不受理公民、法人或者其他组织对下列事项提起的诉讼：……（二）行政法规、规章或者行政机关制定、发布的具有普遍约束力的决定、命令……”

根据《行政诉讼法》第五十三条和第六十四条[①]以及《最高人民法院关于适用〈中华人民共和国行政诉讼法〉的解释》第一百四十五条至第一百五十一条的规定，抽象行政行为附带审查。例如，个别地方新冠肺炎疫情防控命令和措施中的“最严出行举措”等，行政相对人可以依法在提起对具体行政行为诉讼时一并提起对抽象行政行为的审查。再如，2020年2月2日，云南省大理白族自治州大理市卫生健康局发出的《应急处置征用通知书》（大市卫征〔2020〕1－61号）（以下简称《通知书》），虽然以“红头文件”下发，但是该“红头文件”是具体行政行为，可以提起行政诉讼。

4. 对具体行政行为可诉

根据《行政诉讼法》第十二条第一款、第二款、第五款[②]等规定，对于依据新冠肺炎疫情防控命令和措施实施的行政处罚、行政强制措施及征收、征用行为，依法可以提起诉讼。行政机关及工作人员不得以执行行政应急程序为由超越职权和滥用职权。在突发事件导致的公共危机消除后，对行政相对人的合法权益造成特别损害的应予以补偿。如《通知书》对从云南省瑞丽市发往重庆市的9件口罩被“依法实施紧急征用”的行为属于具体行政行为违法。

三、对新冠肺炎疫情防控命令和措施司法审查问题

面对突如其来的新冠肺炎疫情这一重大突发公共卫生事件，疫情防控是对我国治理体系和治理能力的一次大考，其中包括行政诉讼制度的大考。有权力必有监督，没有对权力的监督与对权利的救济，也就没有法治。“对某些政令和措施的出台，设置更高的事中或事后审查程序的要求”[③]，司法审查是

① 《行政诉讼法》第五十三条规定：“公民、法人或者其他组织认为行政行为所依据的国务院部门和地方人民政府及其部门制定的规范性文件不合法，在对行政行为提起诉讼时，可以一并请求对该规范性文件进行审查。前款规定的规范性文件不含规章。”第六十四条规定：“人民法院在审理行政案件中，经审查认为本法第五十三条规定的规范性文件不合法的，不作为认定行政行为合法的依据，并向制定机关提出处理建议。”

② 《行政诉讼法》第十二条规定：“……（一）对行政拘留、暂扣或者吊销许可证和执照、责令停产停业、没收违法所得、没收非法财物、罚款、警告等行政处罚不服的；（二）对限制人身自由或者对财产的查封、扣押、冻结等行政强制措施和行政强制执行不服的；……（五）对征收、征用决定及其补偿决定不服的……”

③ 参见莫于川：《建议在我国行政程序法典中设置紧急程序条款》，载《政治与法律》2003年第6期。

最好的监督。但是，司法机关在审查这类行为的合法性时，应该保持谦虚的态度。只要政府所采取的措施并没有过分侵犯公民权益，对公民一般权利和自由的克减应该是可以理解的。毕竟生命权高于人身权、财产权和政治权等一切权利。

（一）对国家行为和单纯行政指导行为的司法审查

在立案登记制度下，人民法院受理此类案件后，如果识别为国家行为或单纯行政指导行为，应通过简易程序书面审理，直接裁定驳回行政相对人的起诉。

（二）对具体行政行为的司法审查

若防疫措施为具体行政行为，人民法院应对该行为进行如下审查：

1. 行政主体资格审查问题

2020年突发新冠肺炎病毒疫情，国务院形成联防联控机制，各地也采取联防联控机制，均成立了临时指挥部。关于谁具有发布措施行政主体资格的问题，人民法院需要审查。比如，谁有权采取“封闭小区”的行政措施主体资格。根据《突发事件应对法》第七条的规定，① 县级人民政府对本行政区域内突发事件的应对工作负责。因此，针对新冠肺炎疫情防控中“封闭小区”具体措施，县级以上人民政府具备下达“封闭小区”的行政命令措施的主体资格，而临时机构（如指挥部）下达此命令是否有主体资格，值得商榷。

2. 职权审查问题

面对2020年突发新冠肺炎疫情，必须赋予各级各类行政主体更充分的权力，使其有效地应对本次突发事件。但是，权力是否被滥用，行政应急行为的目的是否合理与正当，应进一步考量。如行政应急征用权，根据《宪法》

---

① 《突发事件应对法》第七条规定：“县级人民政府对本行政区域内突发事件的应对工作负责；涉及两个以上行政区域的，由有关行政区域共同的上一级人民政府负责，或者由各有关行政区域的上一级人民政府共同负责。突发事件发生后，发生地县级人民政府应当立即采取措施控制事态发展，组织开展应急救援和处置工作，并立即向上一级人民政府报告，必要时可以越级上报。突发事件发生地县级人民政府不能消除或者不能有效控制突发事件引起的严重社会危害的，应当及时向上级人民政府报告。上级人民政府应当及时采取措施，统一领导应急处置工作。法律、行政法规规定由国务院有关部门对突发事件的应对工作负责的，从其规定；地方人民政府应当积极配合并提供必要的支持。”

第十三条的规定[①]，公民的合法的私有财产不可侵犯，国家根据公共利益的需要，有权依法征用公民的私有财产，同时需要给予补偿。征用个人财产必须考虑利益平衡原则。

3. 内容审查问题

根据《突发事件应对法》第十一条第一款的规定[②]，应急行政行为是否兼顾比例的原则，即行政行为对公民的权利构成侵害是否应控制在必要的幅度内。例如，联合国《公民权利及政治权利国际公约》第四条第一款规定。[③]克减的程度以紧急情势所严格需要者为限，本次新冠肺炎疫情防控很多地方政府疫情设定一级警报，而根据《传染病防治法》第三条的规定[④]，只有鼠疫、霍乱为甲级，并不包括本次新冠肺炎，随后很多地方政府又调低预警等级为三级。众所周知，一级、二级预警与三级、四级预警时政府采用的强制措施是不同的，一级、二级预警行政措施手段比三级、四级预警要宽泛和严厉很多。因此，判断措施文件内容合法性的关键是预警等级和疫情防控措施是否为必要的、适当的；如果有多种措施可供选择，是否选择了有利于最大限度保护公民、法人和其他组织权益的措施。如根据《立法法》第八条第五项的规定[⑤]，对公民政治权利的剥夺是否违反法律保留事项。

---

① 《宪法》第十三条规定："公民的合法的私有财产不受侵犯。国家依照法律规定保护公民的私有财产权和继承权。国家为了公共利益的需要，可以依照法律规定对公民的私有财产实行征收或者征用并给予补偿。"

② 《突发事件应对法》第十一条第一款规定："有关人民政府及其部门采取的应对突发事件的措施，应当与突发事件可能造成的社会危害的性质、程度和范围相适应；有多种措施可供选择的，应当选择有利于最大程度地保护公民、法人和其他组织权益的措施。"

③ 《公民权利及政治权利国际公约》第四条第一款规定："在社会紧急状态威胁到国家的生命并经正式宣布时，本公约缔约国得采取措施克减其在本公约下所承担的义务，但克减的程度以紧急情势所严格需要者为限，此等措施并不得与它根据国际法所负有的其他义务相矛盾，且不得包含纯粹基于种族、肤色、性别、语言、宗教或社会出身的理由的歧视。"

④ 《传染病防治法》第三条规定："本法规定的传染病分为甲类、乙类和丙类。甲类传染病是指：鼠疫、霍乱。乙类传染病是指：传染性非典型肺炎、艾滋病、病毒性肝炎、脊髓灰质炎、人感染高致病性禽流感、麻疹、流行性出血热、狂犬病、流行性乙型脑炎、登革热、炭疽、细菌性和阿米巴性痢疾、肺结核、伤寒和副伤寒、流行性脑脊髓膜炎、百日咳、白喉、新生儿破伤风、猩红热、布鲁氏菌病、淋病、梅毒、钩端螺旋体病、血吸虫病、疟疾。丙类传染病是指：流行性感冒、流行性腮腺炎、风疹、急性出血性结膜炎、麻风病、流行性和地方性斑疹伤寒、黑热病、包虫病、丝虫病，除霍乱、细菌性和阿米巴性痢疾、伤寒和副伤寒以外的感染性腹泻病。国务院卫生行政部门根据传染病暴发、流行情况和危害程度，可以决定增加、减少或者调整乙类、丙类传染病病种并予以公布。"

⑤ 《立法法》第八条规定："下列事项只能制定法律：……（五）对公民政治权利的剥夺、限制人身自由的强制措施和处罚……"

4. 法律适用审查问题

本次新冠肺炎疫情防控措施，主要应适用《突发事件应对法》《传染病防治法》《突发公共卫生事件应急条例》《行政处罚法》《行政强制法》《治安管理处罚法》等法律、法规。采取措施不能违背《宪法》和《立法法》法律保留和法律优先的原则。同时，有的地方制定了政府规章，如《湖南省行政程序规定》第五章第五节名为“行政应急”，共有8条（第122—129条），主要包括适用条件、应急预案、监测预警、应急处置、程序告知等程序义务，停止应急措施、适当性要求、专业支持、专家作用、信息报告和公开、公众参与，财产征用等行政应急行为与制度和程序制度，司法审判也应适用地方政府规章进行审查。

5. 程序审查问题

本次新冠肺炎疫情所导致公共危机，使全国进入紧急状态，历史不遇，执行一般行政程序不能适应本次防控应急状态，为了维护社会秩序和公共利益，从而保障行政相对人的合法权益，行政机关采取了一些非常规的程序。人民法院对程序审理应是宽容的态度，不应因程序违法而判决行政行为违法。但是，程序公正才能导致实体公正，法律规定的基本程序仍应适用，如《行政强制法》第十九条①关于当场实施行政强制措施的程序规定。又如因拒绝戴口罩而强制带离等行政强制措施应遵守相关程序规定。

（三）对抽象行政行为附带审查问题

根据《国务院办公厅关于全面推行行政规范性文件合法性审核机制的指导意见》（国办发〔2018〕115号）和《最高人民法院关于适用〈中华人民共和国行政诉讼法〉的解释》第一百四十八条第二款的规定②，审查一般抽象行政行为的合法性，主要审查制定规范性文件机关是否具有相应职权；制

---

① 《行政强制法》第十九条规定：“情况紧急，需要当场实施行政强制措施的，行政执法人员应当在二十四小时内向行政机关负责人报告，并补办批准手续。行政机关负责人认为不应当采取行政强制措施的，应当立即解除。”

② 《最高人民法院关于适用〈中华人民共和国行政诉讼法〉的解释》第一百四十八条第二款规定：“有下列情形之一的，属于行政诉讼法第六十四条规定的‘规范性文件不合法’：（一）超越制定机关的法定职权或者超越法律、法规、规章的授权范围的；（二）与法律、法规、规章等上位法的规定相抵触的；（三）没有法律、法规、规章依据，违法增加公民、法人和其他组织义务或者减损公民、法人和其他组织合法权益的；（四）未履行法定批准程序、公开发布程序，严重违反制定程序的；（五）其他违反法律、法规以及规章规定的情形。”

定机关是否按照法定程序制定了规范性文件；规范性文件的内容是否和上位法相抵触，是否与同位法相互矛盾。但是，新冠肺炎疫情防控命令和措施不是普通意义下的一般规范性文件，因新冠肺炎疫情的蔓延是始料未及的，在立法中是无法全部预料并作出规定的。而《传染病防治法》仅将鼠疫、霍乱列为甲级传染病，不包括新冠肺炎。因此，国家卫生健康委提请国务院将新冠肺炎纳入《传染病防治法》乙类传染病，实行甲类管理。由于行政应急具有权力优先性，应急处置性、程序特殊性，社会配合性、救济有限性的特点。所以，行政应急行为往往会对常态下的法律、法规规定有所突破。笔者认为，人民法院根据《最高人民法院关于适用〈中华人民共和国行政诉讼法〉的解释》第一百四十九条的规定①，对新冠肺炎疫情防控规范性文件的审查不能同一般情况下的抽象行政行为审查一样，而应不作审查或特别审查。

总之，在法治国家、法治政府、法治社会一体化建设中，针对此次新冠肺炎疫情防控命令和措施，是依法行政的大考，司法审查的事后监督是对依法行政的打分，对国家治理能力和治理体系现代化具有重要意义。

（作者单位：辽宁师范大学　东北财经大学）

① 《最高人民法院关于适用〈中华人民共和国行政诉讼法〉的解释》第一百四十九条规定：“人民法院经审查认为行政行为所依据的规范性文件合法的，应当作为认定行政行为合法的依据；经审查认为规范性文件不合法的，不作为人民法院认定行政行为合法的依据，并在裁判理由中予以阐明。作出生效裁判的人民法院应当向规范性文件的制定机关提出处理建议，并可以抄送制定机关的同级人民政府、上一级行政机关、监察机关以及规范性文件的备案机关。规范性文件不合法的，人民法院可以在裁判生效之日起三个月内，向规范性文件制定机关提出修改或者废止该规范性文件的司法建议。规范性文件由多个部门联合制定的，人民法院可以向该规范性文件的主办机关或者共同上一级行政机关发送司法建议。接收司法建议的行政机关应当在收到司法建议之日起六十日内予以书面答复。情况紧急的，人民法院可以建议制定机关或者其上一级行政机关立即停止执行该规范性文件。”

正当法律程序原则之实践适用探析

——以不当疫情防控事件为切入点

卢　瑜

【摘要】 2020年伊始，新冠肺炎疫情暴发，严重危害人民群众身体健康和生命安全。党中央高度重视疫情依法防控工作。习近平总书记指出，要依法实施疫情防控及应急措施。但在实施疫情防控过程中，个别地方出现简单粗暴防控，引起群众不满，导致舆情炒作现象发生。这说明基层部分防疫执法人员缺乏法治思维，尤其是正当法律程序理念阙如。在行政审判实践中，存在大量行政机关因违反正当法律程序而被人民法院判决败诉的案件。因此，有必要结合行政审判中发现的问题，针对行政机关依法防疫（行政）所应当遵循的正当法律程序进行研究，具体提出行政审判和行政执法适用与遵循正当法律程序的路径，牢固树立法治理念，提高运用法治思维和法治方法治理社会的能力，促进国家治理体系和能力现代化。

【关键词】 依法防疫　依法行政　正当法律程序　法治思维

引　言

2020年春，一场暴发于武汉的新型冠状病毒感染性肺炎疫情来势汹汹，短时间蔓延全国，严重危害人民群众身体健康和生命安全。在以习近平同志为核心的党中央领导下，全国各族人民团结一致，众志成城，共克时艰，坚定信心，坚决打赢这次没有硝烟的疫情防控战。习近平总书记指出，要依法实施疫情防控及应急措施。最近全国疫情得到了较好控制，这无疑得益于各地雷厉风行的严密防控措施。但是，在一些地方基层的防疫过程中，也产生了令人心痛的非法侵犯公民人身和财产权的事，有些甚至令人发指。据媒体曝光，全国各地出现个别基层防控人员采取“扇耳光、捆绑、反铐、游街示众”等恶劣手段，打着防疫旗号为所欲为，引起群众强烈不满。

孟德斯鸠曾说：“一切有权力的人都容易滥用权力，这是万古不易的一条经验。有权力的人们使用权力一直到遇有界限的地方才休止。”在笔者看来，这些采取简单粗暴方式的防疫人员缺乏最基本的法律思维和理念，尤其欠缺正当法律程序观念。我国通过行政诉讼制度确立了审判权与行政权之间的制约关系，赋予了人民法院对违法行政行为法律上的监督权。根据《行政诉讼法》第七十条的规定，人民法院在行政行为违反法定程序的情况下可以判决撤销或部分撤销行政机关的行政行为。下面结合行政审判实际，笔者就正当法律程序原则内涵、意义、功能和价值以及司法适用和行政执法中应当注意的事项进行探析，求教于方家，以期抛砖引玉之效。

一、从真实的案例说起

案例一：“入室砸麻将桌事件”。2020 年 2 月 13 日下午，湖北孝昌县陡山乡疫情防控工作人员巡逻时，发现林河村一村民在 107 国道临街面的家中敞开门打麻将，进行劝阻未果。工作人员巡逻返回时再次劝阻，摔了麻将桌上的茶杯，村民打了工作人员耳光，随后双方发生冲突，造成不好的社会影响。这是 2 月 18 日晚湖北孝昌县人民政府发布的情况说明内容。最初此事件视频曝出后，舆论哗然，纷纷质疑防疫工作人员闯进民宅，不由分说打砸，并连扇村民耳光的粗暴行为。2 月 18 日《新华社每日电讯》一篇《紧绷之下，警惕抗疫中的“情绪对立”苗头》快评，呼吁基层坚持“依法防控”，更要“文明防控”“理性防控”。发生在孝昌县的极端事件，并非个案。微博、微信上陆续曝光一些地方上演的“肉搏战”“擒拿术”，以防疫为名过度防控、侵害群众合法权益的各种违法行为，同样引来群众强烈不满。

这样的防控措施，从依法防控的视角来看是否合法？从舆论一边倒的质疑批评声中可见一斑。暂且不论这样的防控措施是否实体合法，但从正当程序这一基本法治理念来看，缺乏告知、听取陈述、申辩等正当程序，涉嫌严重程序违法。

案例二：2017 年 9 月，某县政府作出某政决〔2017〕11 号《关于某县两湖棚户区改造项目二期部分区域房屋征收的决定》，同时公布了房屋征收补偿方案，决定对某范围内的房屋实施征收。产权人杨某某名下房屋在被征收范围。某县政府房屋征收部门对杨某某被征收房屋进行了调查登记，选定的房地产估价机构对被征收房屋进行了评估。因双方在签约期限内未达成补偿协议，某县政府于2018年10月作出某政决〔2018〕18号《关于房屋征收补偿的决定》。杨某某不服，提起行政诉讼，请求撤销该补偿决定。

一、二审法院经审理认为，根据《国有土地上房屋征收与补偿条例》的规定，房屋征收与补偿应当遵循决策民主、程序正当、结果公开的原则。某县政府在施行二期项目的《征收决定》中未征得二期项目被征收人同意或者授权就直接确定一期项目中选定的评估机构显然有违程序正当原则，且有损害被征收人权益之嫌。因被诉补偿决定违反法定程序，法院生效判决撤销了被诉补偿决定。

二、适用行政法律程序原则案件情况及发现的问题

无论是从因不当疫情防控措施引发舆论哗然的事件来看，还是从因未遵守正当法律程序导致败诉的审判实践来审视，行政机关的行政处理行为均存在严重侵犯行政相对人程序性权利的情形。因此，正当法律程序问题不容小觑，应当引起我们的高度重视。下面结合行政审判实际，分析正当法律程序在实践中的适用情况及发现的问题。

（一）适用行政法律程序原则的实践情况

上述案例二是人民法院适用行政法律程序原则进行判决的典型案例，行政审判过程中这类案件不在少数。据统计，2016—2018年因行政机关不遵循行政法定程序原则而被人民法院判决败诉的案件分别为4236件、4610件和6241件，呈现持续增长态势，几乎占到当年行政机关败诉案件总数的50%，其中在旧城区改造、棚户区改造、集体土地征收领域存在的暴力非法征拆问题较为普遍。行政机关暴力拆除房屋或地上附属物的行为，因未履行任何法律程序而基本都被人民法院判决确认违法。行政法律程序原则在司法实践中得到相当普遍的适用，体现了司法对行政的监督，同时反映出行政机关在遵循行政法律程序方面还存在诸多问题，应当引起行政机关的高度重视。特别是基层行政机关的执法直接面对广大群众，其执法水平和文明程度直接影响广大群众对法律实施的认知和感受，影响法律在人民群众中的权威。国务院

《全面推进依法行政实施纲要》明确要求提高行政机关工作人员依法行政的观念和能力。

（二）通过这类案件分析发现的问题

在司法实践中发现，一些基层行政机关执法理念滞后，按照法定程序实施行政管理的能力和水平不够，主要表现：一是缺乏正当程序意识，在限制或剥夺当事人利益的时候，不听取当事人意见。二是执法程序不规范，随意性现象较为普遍。比如采取强制措施时不表明身份；在缺乏扣押手续的情况下强制扣押物品，不制作扣押物品清单等。三是违反告知程序，如行政机关在采取数额较大罚款处罚前，未依法告知当事人有要求举行听证的权利。四是混淆程序使用条件，实践中，有的行政机关混淆简易程序和一般程序的适用条件，侵犯当事人和公众程序权利。五是适用法律水平低，基层执法人员对法律与政策不会区分，执法中面临法律冲突时也不会正确选择法律，随意适用，引发大量行政案件，基层法院受理的此类行政案件比例较高，影响全民守法意识的养成和法律权威的树立。

另外，一些行政机关出庭不规范、应诉不负责任的现象较为普遍，也体现出行政机关及其工作人员程序意识淡薄或缺乏。实践中，有的行政机关负责人既不出庭，也不向法院出具不能出庭的说明，引起当事人不满；有的不按时到庭，迟到严重，被直接缺席判决。这些做法既损害国家利益，影响政府机关形象，也损害其他利害关系人的合法权益。

三、人民法院适用行政程序原则的内涵、意义和价值

（一）行政程序原则源于自然公正原则，是现代法治的基本原则

法律的正当程序（Due Process of Law），通常又译为“正当法律程序”或“正当程序”，是英美法系的一条重要的法治原则，源于英国古老的自然公正原则，发达于美国宪法规定的正当程序原则。自然公正原则原来是司法程序中的规则，后来被移用到行政程序中。正当程序原则主要包括三个方面：自己不做自己案件的法官；说明理由；听取陈述和申辩。由于我国重实体轻程序的传统，正当程序一直被忽视，但随着行政诉讼的出现和我国法治的发展，正当程序走进了大众视野。1996 年《行政处罚法》首次正式规定了听证程序，尽管其适用范围还很有限，但它实现了行政处罚中调查追诉与裁决职能

的相对分离，采用抗辩式程序甚至把律师请进来强化了当事人的主人地位，彻底的公开性又为满足公众对行政活动的了解权提供了机会。

（二）程序正义与实体正义同等重要，司法应当保护当事人程序和实体权益

行政审判的价值目标是解决行政争议，行政诉讼程序的特殊价值在于诉讼程序产生公正结果保护公民合法权利。“没有程序就没有权利”这个原则在英国是一个古老的法谚，也被称作“程序先于权利”，这个原则在普通法和衡平法中都得到了贯彻实施。英国人认为，权利的存在依赖于程序，程序的错误必然导致权利的丧失。“行政程序法优先于实体法”也是英国行政法的主要特点之一。行政诉讼为我们提供了很多程序保护，当行政机关侵害公民合法权利，公民可以向法院起诉来保障自己的合法权利。正由于诉讼程序本身的特性才能产生公正的结果，所以法律上的权利就应该由法律上的程序来规定和保障。没有程序就没有权利，权利因为程序的设定而存在，由程序推导出权利，没有了程序的保障，法律上设定的权利就成了一纸空文。

（三）适用行政法律程序推动行政机关依法行政意义重大

行政法律程序有利于公民参与行政管理和社会治理；有利于保护行政相对人程序权益，在行政执法过程中行政机关应当努力做到让人民群众在每一个行政执法案件中感受到公平正义；提高行政效率，行政机关以暂时的行政过程之中的低效率换来行政行为结束后执行中的高效率，表现在行政相对人对行政行为的认同并自觉履行上，即让行政相对人的“怒”发泄在行政行为过程中，而不是在行政行为作出之后；监督行政机关依法行使职权，规范行政执法行为，促进行政机关依法行政水平和理念的提升。

四、人民法院应当严格适用正当程序原则，推动法治政府建设

（一）人民法院坚持正当程序原则，倒逼行政程序适用的自觉性

正当程序原则不仅是依法行政的必然要求，更是公正司法的核心价值，也是法治建设的基石。人民法院应当坚持司法公正的底线，贯彻落实正当程序原则，严格依法进行裁判。在法律未明确规定行政执法程序的情况下，人民法院也应当遵循正当法律程序原则和理念，对被诉行政行为进行审查。

首先，人民法院应当坚持审查行政机关在作出行政行为的法律依据，尤其是程序方面的依据。“法无授权不可为”，这是在法治情况下行政机关行使公权力的前提条件和基本要求，人民法院在行政审判过程中应当首先审查被诉行政行为的法律依据。在行政许可、行政处罚、行政强制等行政管理领域，法律对行政行为的程序有明确规定，因此，在行政审判过程中应当严格依照相应法律关于行政程序的规定对被诉行政行为进行合法性审查。

其次，在法律对行政行为程序方面未明确规定的情况下，人民法院应当贯彻正当程序法治理念。在此情况下，人民法院应当基于正当程序原则和理念，审查行政机关作出行政行为时是否告知行政相对人并给予陈述、申辩的权利，若行政机关违反正当程序原则，人民法院应依法撤销被诉行政行为或确认被诉行政行为违法。《行政诉讼法》第七十四条第一款第二项规定，行政行为程序轻微违法，但对原告权利不产生实际影响的，判决确认违法。这充分说明人民法院应当坚持正当程序原则与理念，对行政机关作出行政行为程序方面严格审查，并给予法律上的评价。

最后，人民法院在审理行政案件时，就程序违法问题可以向行政机关发送相应的司法建议，促使行政机关依法行政。在我们重实体轻程序的传统语境下，单纯因程序违法被人民法院判决败诉的行政机关对此会存在一定的不解或不满，需要行政审判发挥延伸功能，通过发送司法建议的方式促使行政机关完善执法程序。

（二）发挥司法能动作用，促进行政机关执法规范化

就司法实践发现的行政机关执法过程中存在的问题，积极与行政机关进行沟通、互动、座谈，促进执法水平提升。疫情防控是当前政府工作的核心任务，从依法防疫的角度，提出如下建议：

第一，高度重视，强化组织领导。依法治国是实现国家治理体系和治理能力现代化的最主要路径。地方各级政府及领导干部必须思想上高度重视，加强组织领导，强化法治意识，不断提高运用法治思维和法治方式深化改革、推动发展、化解矛盾、维护社会稳定的能力，即“善于运用法治方式开展工作，让人民群众在日常生活中都能感受到公平正义”。地方政府成立的疫情防控指挥部应当建立内部法律监督协调组织机构，充分认识到法律方法对实现行政管理目标的重要性。相对于其他管理方法而言，法律方法在时间和效率

上不占优势，但是其能够在最大程度上避免错误，在公平、公正方面占优势地位。领导干部还应当意识到运用法律方法解决社会矛盾的重要性。运用法律方法解决社会矛盾，具有较高的公信力和示范效应，是现代社会有效解决社会矛盾的重要渠道。

第二，加强法律培训，严格规范执法程序，提高疫情防控水平。随着我国依法治国进程的持续推进，人民群众权利意识越来越强，行政机关在执法过程中应当牢固树立正当程序观念。从司法实践来看，执法程序问题是导致行政机关败诉的主要原因之一。因此，行政机关在执法过程中要强化程序违法风险意识，充分保障人民群众的陈述、申辩等程序权利，严格依法办案，避免因违反法定程序而导致行政行为违法。特别是在当前疫情防控、突发公共卫生事件应急管理领域，更应当对参加疫情防控的工作人员进行岗前培训，尤其是基础法律知识培训，让相关工作人员了解、掌握并严格遵守《传染病防治法》《突发事件应对法》《突发公共卫生事件应急条例》及法律法规规定的程序，规范执法行为，文明执法，减少执法过程中和行政行为执行中的阻力和矛盾。

第三，加强舆论宣传引导，树立依法防控典型，弘扬依法行政精神。行政机关作为法治建设的引领者和实践者，更应当率先垂范，模范遵守法律，做到依法行政，规范执法。在疫情防控这样的公共卫生安全事件中，行政机关的各项管控措施更要自觉依照法定程序开展，充分尊重行政相对人程序性权利，做到防控“有理、有据、有节”，实现文明有序高效社会治理。对于行政机关依法采取防控措施的行为进行广泛宣传，树立良好法治风范，一方面有利于强化各级行政机关及工作人员坚持依法防控的意识；另一方面有利于引导群众自觉配合疫情防控工作。

第四，强化约束机制，严肃执法责任。对于在防控过程中出现的种种违反法律规定、侵犯群众合法权益的违法行为，地方政府要及时叫停、纠偏，积极回应群众关切，并对负有直接责任的领导和工作人员进行严肃问责。前文提到的入室打砸麻将桌事件，据报道，2020 年 2 月 18 日晚，湖北孝昌县人民政府在官方门户网站发布情况说明，就这一事件诚恳致歉，责成陡山乡对有关工作人员进行严肃批评教育，乡长两次登门道歉，取得当事村民谅解，并表示“将诚恳接受舆论监督，坚决做到依法防控”。非常时期，一些防控措施即便严一些，紧一些，只要合理合法，群众还是能理解配合的。

结　语

自新型冠状病毒感染肺炎战“疫”打响以来，习近平总书记和党中央高度重视疫情防控工作，多次召开会议安排部署，反复强调依法防控的重要性。习近平总书记指出，疫情防控越是到最吃紧的时候，越是要坚持依法防控，在法治轨道上统筹推进各项防控工作，保障疫情防控工作顺利开展。因此，全国各级政府、行政机关，在采取防控措施时，应当弘扬法治精神，运用法治思维和法治方式，尤其是要坚持正当程序理念，多听听群众意见，在有效防控疫情的同时，多注重满足人民群众合法的、正当的生活、生产需求，这也是落实中央统筹推进疫情防控和经济社会发展工作部署的具体体现，更是治理能力和治理水平现代化的具体体现。在以习近平同志为核心的党中央坚强领导下，我们一定能够让正当法律程序、合法合理等法治理念和精神体现到各项疫情防控措施中，既能打赢这次疫情防控阻击战，又能实现国家治理能力和体现现代化，最终实现决胜全面建成小康社会、决战脱贫攻坚的战略目标任务。

（作者单位：河南省高级人民法院）

案例分析

举报类行政复议决定合法性的审查

——陈某诉江苏省泗阳县人民政府要求履行行政复议职责案

罗 霞

【裁判要旨】

举报人针对行政复议决定不服提起不履责行政诉讼时，应当判断其与被诉行政复议答复行为之间是否具有法律上的利害关系。只有与行政行为具有法律上的利害关系的行政相对人认为行政行为侵犯其合法权益，在法定期限内提起的行政纠纷才能够被人民法院受理。

【案号】

一审：江苏省宿迁市中级人民法院（2015）宿中行初字00121号。
二审：江苏省高级人民法院（2016）苏行终1066号。
再审：最高人民法院（2017）最高法行申6732号。

【案情】

再审申请人（原告、上诉人）：陈某。
被申请人（被告、被上诉人）：江苏省泗阳县人民政府。

2015年7月22日，陈某向泗阳县国土资源局邮寄《查处申请函》，申请该局对江苏天沛建筑工程有限公司非法占地并进行建设的行为依法查处。

2015年8月17日，泗阳县国土资源局作出泗国土罚告〔2015〕第09号《泗阳县国土资源局违法案件查处告知书》，告知陈某已收到其查处申请，对其申请依法查处的“高渡水产商业街违法用地行为”的请求，经调查核实，已对该项目违法用地行为依法立案查处。2015年10月29日，陈某向泗阳县人民政府邮寄《行政复议申请书》，要求确认泗阳县国土资源局不履行查处非法占地建设职责的行政行为违法，并责令该局依法对江苏天沛建筑工程有限公司的非法占地建设行为进行查处。泗阳县人民政府收到该申请后，于2015年11月6日作出〔2015〕泗行复第24号《补正行政复议通知书》，要求陈某在收到该通知之日起十日内补正其与所反映违法行为存在利害关系的有关证明材料，并告知如无正当理由逾期不补正的，视为放弃行政复议申请，补正申请材料所用时间不计入行政复议审理期限。2015年11月8日，陈某向泗阳县人民政府邮寄了《行政复议补正说明》，认为根据《土地管理法》第六条的规定，其行政复议符合受理条件，故不需要再进行补正。泗阳县人民政府于2015年11月14日作出〔2015〕泗行复第24号《行政复议不予受理决定书》，不予受理陈某的行政复议申请。陈某对此不服，向江苏省宿迁市中级人民法院提起诉讼。请求撤销泗阳县人民政府作出的《行政复议不予受理决定书》，并要求其履行行政复议职责。

【审判】

江苏省宿迁市中级人民法院一审认为，陈某向泗阳县政府申请行政复议过程中，并没有提供证据证实其与所举报的“高渡水产商业街”违法占地并进行建设的行为之间具有利害关系，泗阳县国土资源局相关查处行为侵犯了其合法权益。因陈某与申请复议的行政行为之间不具有利害关系，其不具备行政复议申请人资格，其行政复议申请依法不符合受理条件。泗阳县政府作出不予受理行政复议决定结论正确。判决驳回陈某的诉讼请求。

陈某不服，向江苏省高级人民法院提起上诉，请求支持其诉讼请求。

江苏省高级人民法院二审查明的事实与一审一致。二审判决驳回上诉，维持原判。主要理由为，陈某没有向泗阳县政府提交其与所反映违法行为存在利害关系的相关证明材料，泗阳县政府认为其与申请复议的行政行为之间不具有利害关系，不具备行政复议申请人资格，不予受理其申请确认泗阳县国土资源局不履行查处职责的行为违法，并责令泗阳县国土资源局履行法定职责的行政复议决定结论正确，泗阳县政府作出的被诉决定书具有事实和法律依据。

陈某不服向最高法院提起申请再审，请求撤销一、二审判决，支持其诉讼请求。

最高法院经审理驳回再审申请人陈某的再审申请。最高法院认为，陈某作为举报人向泗阳县国土资源局举报江苏天沛建筑工程有限公司经营的“高渡水产商业街”项目存在违法占地并进行建设的行为，申请该局依法查处，其行使的是《土地管理法》规定的检举、控告权利。陈某对该权利的行使不能成为认定其具有行政复议申请人资格的依据。陈某起诉、上诉均认为，根据《土地管理法》第六条的规定，其有权对违反土地管理法律、法规的行为提出检举和控告，国土部门有职责进行受理并作出处理，其不需要进行补正。该主张系对行政复议受理条件的错误认识。陈某申请再审认为泗阳县国土资源局就其举报事项置之不理构成行政不作为，其申请行政复议具有行政复议资格，该认知不符合我国行政复议法的相关规定。泗阳县政府作出不予受理陈某行政复议申请的被诉决定并未违法。

【评析】

本案中，陈某认为泗阳县国土资源局对其举报的事项不作为因而申请行政复议，由于泗阳县政府对其行政复议申请不予受理，故对该不予受理决定提起本案行政诉讼。此类案件属行政复议类行政纠纷，应当依法审查起诉人是否具有行政复议申请人资格，即陈某与所涉违法用地行为是否具有利害关系，是否属于维护其自身权益而行使的权利。

一、原告资格的判断

行政诉讼中需要对提起诉讼的一方是否具有原告资格进行必要的审查，不具有原告资格而裁定驳回起诉的行政诉讼案件数量可观。行政诉讼中，原告资格问题一直是最复杂和最困扰人的难题之一。虽然有观点认为，对于原告资格的狭窄认识是我国行政诉讼的特质，但通过比较法分析不难看出，该问题的存在以及对其判断标准的多样化和反复化，并非我国行政诉讼所独有，可以说这是行政诉讼的特质。美国学者曾认为，“行政法的任何方面都没有有关原告资格方面的法律变化迅速”。[①] 该难题或是因为“人民的权利要充分保护但不能以保护权利为名使得诉讼泛滥成灾”。行政诉讼既要考虑对起诉资格进行限制，防止滥诉，又要防止不被变成阻碍尊重个人权益、解决争议的绊脚石。

原告主体资格问题与司法体制、法治状况和公民意识等因素密切相关，且判断是否具备原告主体资格的标准多重，并呈逐渐扩大和与时俱进态势[②]。尽管“当代立法的趋势是放宽起诉资格的限制，使更多的人对行政机关的行为提起申诉，扩大公民对行政活动的监督和本身理由的维护。这是当代行政民主、公民参与行政活动的一种表现”。[③] 但一般而言，对于起诉资格的审查不能脱离行政诉讼法“利害关系”的判断标准。否则将导致主观诉讼转向客观诉讼、公益诉讼，不符合行政诉讼法以权利保障为主的功能取向，而会有碍于诉讼资源的有效利用与依法行政的有序运行。

二、举报类行政争议的问题

（一）举报与投诉

随着举报成为公众参与行政管理的重要途径，许多公民、法人和其他组织向行政机关举报违法行为，行政机关收到大量举报不予答复、拖延答复或者对答复处理行为不服，导致行政诉讼的数量越来越多。

按照举报人与被举报事项利益关系性质的不同，通常将举报分为为了救济自己的合法权益而提起的自益性的举报或救济性的举报，以及为了公共利益提起的公益性的举报或监督性的举报[④]。后者多被认为是不特定的公民或者组织为了维护社会公共利益，行使宪法和行政法上的监督权，从而对行政管理和社会公共事务提起监督，通过向行政机关提交相关的线索请求行政机关启动审查程序，作出相关的处理决定。

举报权利难以归属到人身或者财产权利之中，严格来说该权利并不属于一种实体性权利，更多的是一种程序性权利。如与权利性举报相对应，义务性举报是只要举报人知道相关事实，就必须向行政机关举报。如《道路交通

---

① ［美］伯纳德·施瓦茨：《行政法》，徐炳译，群众出版社1986年版，第418页。

② 最高人民法院（2017）最高法行申169号行政裁定：刘广明诉张家港市政府行政复议案。

③ 王名扬：《美国行政法》，中国法制出版社1995年版，第618页。

④ 焦玉珍、彭涛：《举报人的行政诉讼原告资格》，国家社会科学基金项目“管制性征收研究”（立项编号：13BFX049）。

安全法》规定，车辆发生交通事故后逃逸的，事故现场目击人员和其他知情人员应当向公安机关交通管理部门或者交通警察举报。举报属实的，公安机关交通管理部门应当给予奖励。

严格来说，投诉是为自身合法权益，被诉行政行为与投诉人有利害关系。举报则多是为他人利益，更多的是行使公民的监督权，而不是维护自身权益。有裁判认为，举报权是公民的民主政治权利，一般情况下，如果没有法律的明确规定，则行政机关对公民举报的处理不属于行政诉讼的受案范围。只有当行政机关对公民的检举权的处理既影响其民主政治权利，同时还影响其人身、财产权利的情形下，才能将这一处理行为纳入行政诉讼的受案范围。① 由于法律上并无明确的具体规定，故难以单纯从投诉与举报的行为表象来认定是否具有原告资格，而是要判断所举报或投诉是否为自身的利益而提起，是否有诉的利益，即利害关系。

（二）举报类行政争议的原告资格

审理举报类的行政争议案件时，法院通常会考虑该举报人是否具有诉权，即是否有诉的利益，从而判断是否属于行政诉讼的受案范围。行政诉讼首先要以救济原告权利为目的，因此有权提起诉讼的原告，一般宜限定为主张保护其主观公权利的当事人。行政诉讼虽有一定的公益性，不能将原告主体资格范围无限扩大，将行政诉讼变为公益诉讼。我国的行政诉讼原告资格主要是基于“权利”受损而享有的，在原告主体资格上，一般仍然限于救济性的举报，起诉人需要提供证据证明该权益受行政实体法律规范保护，并存在为被诉行政行为侵害的可能性。当举报人的举报是为了维护自身的合法利益，则应当享有行政诉讼的原告资格。如最高人民法院指导性案例 77 号所阐述的原则，举报人就其自身合法权益受侵害向行政机关进行举报的，与行政机关的举报处理行为具有法律上的利害关系，具备行政诉讼原告主体资格。②

《行政复议法》第九条第一款规定：“公民、法人或者其他组织认为具体行政行为侵犯其合法权益的，可以自知道该具体行政行为之日起六十日内提出行政复议申请；但是法律规定的申请期限超过六十日的除外。”《行政复议法实施条例》第二十八条规定：“行政复议申请符合下列规定的，应当予以

---

① 参见广东省梅州市中级人民法院（2014）梅中法行终字第 38 号行政裁定书。

② 最高人民法院指导性案例 77 号：罗镕荣诉吉安市物价局物价行政处理案。

受理：……（二）申请人与具体行政行为有利害关系……”可见，只有与行政行为具有法律上利害关系的行政相对人，认为该行政行为侵犯其合法权益，在法定期限内提起行政复议，该行政纠纷才能够被人民法院受理。最高人民法院〔2013〕行他字第14号《关于举报人对行政机关就举报事项作出的处理或者不作为行为不服是否具有行政复议申请人资格问题的答复》规定：“根据《中华人民共和国行政复议法》第九条第一款、《行政复议法实施条例》第二十八条第（二）项规定，举报人为维护自身合法权益而举报相关违法行为人，要求行政机关查处，对行政机关就举报事项作出的处理或者不作为行为不服申请行政复议的，具有行政复议申请人资格。”行政复议申请人资格的重点在于是否为维护自身合法权益而为的举报。本案中，陈某作为行政复议的申请人，应当提交证据证明，其与举报的违法用地行为具有利害关系，泗阳县国土资源局的查处行为侵犯了其合法权益。不仅在泗阳县政府要求陈某补正提交其与所反映违法用地行为存在利害关系的有关证明材料时，陈某没有进行补正，而且在本案诉讼中，陈某也没有提供相关证据证明泗阳县国土资源局的相关查处行为侵害了其合法权益。据此，法院判决驳回了陈某的诉讼请求。

对于举报人作为原告资格的问题，最高人民法院在指导案例77号[①]中明确，以举报是否出于自身合法权益为标准。此外，最高法院在〔2013〕行他字第14号答复中，对举报人就举报事项针对行政机关作出的处理或者不作为行为不服，是否具有行政复议申请人资格问题予以答复。本案在上述审判思路基础上，将举报人与举报答复行为之间是否存在利害关系作为判断重点，进一步明确在不履行法定职责之诉中，以举报人与被诉不履责行为之间是否存在“利害关系”为判断标准，认定行政复议申请人的原告资格。

（三）所涉的履责之诉

行政法规规定对举报事项应当答复而行政机关没有答复，举报人是否当然具有起诉行政机关不履行职责的原告资格。该问题的审查思路以被诉行为的合法性为对象进行审查，对象是举报人与不履行法定职责行为之间是否有

① 法院认为：“本案中，罗镕荣虽然要求吉安市物价局‘依法查处并没收所有电信用户首次办理手机卡被收取的卡费’，但仍是基于认为吉安电信公司收取卡费行为侵害其自身合法权益，向吉安市物价局进行举报，并持有收取费用的发票作为证据。因此，罗镕荣与举报处理行为具有法律上的利害关系，具有行政诉讼原告主体资格，依法可以提起行政诉讼。”

"利害关系"，即不予答复的行为是否侵害举报人的合法权益，由于所审查的被诉行为的不一致，该结论有可能与就举报事项提起行政诉讼的起诉人是否具有原告资格的结论不一致。

起诉人是否符合起诉条件需要法院审查才能确定。这是一个客观的标准，也就是说起诉人的主观认识并非起诉条件的内容，而只是其提起行政诉讼的动机而已。[①] 公民、法人或者其他组织提起行政诉讼，其原告资格中的利害关系应当以"可能性"为标准，只要原告的主张与被诉行政行为存在利害关系的可能即具有利害关系。"侵犯"解释为产生实际影响即可，只要行政行为对起诉人的合法权益产生实际影响即可，对此应当作广义解释。至于是否事实上存在利害关系则不属于原告资格的审查范畴，而是实体审查的范畴。如果要求在原告资格的审查中就必须要有实际的利害关系，则不符合诉讼规律。

针对行政机关对举报不予答复的不作为的行为，有观点认为，行政机关"有申请必回复"，就是在依法履行其职责，这是依法行政的必然要求，这种程序性权利现已逐渐成为督促行政机关依法行政的一支重要力量。行政机关是否必须对举报给予答复以及举报人是否享有该程序性权利要求行政机关给予答复，在履行职责之诉中，应当着重审查实体法上是否有该请求权的规定。针对不同的举报事由，举报人是否有获得行政机关答复的权利，有些法律规章中有明确的规定，如"市场监督管理部门和有关部门不依法履行职责的，任何单位或者个人有权向其上级机关或者监察机关举报。接到举报的机关应当依法作出处理，并将处理结果及时告知举报人"。[②] "公民、法人和其他组织对违反非物质文化遗产法律、法规和本条例的行为，有权向县级以上人民政府文化主管部门举报或者投诉。县级以上人民政府文化主管部门应当依法受理，并将处理结果及时告知举报人或者投诉人。"[③] 对于举报属实的，实体法中还有规定，举报人可享有奖励的权利，如《大气污染防治法》第三十一条规定，"……对实名举报的，应当反馈处理结果等情况，查证属实的，处理结果依法向社会公开，并对举报人给予奖励"。不作为型举报答复行为若关涉

---

① 江必新、梁凤云：《行政诉讼法理论与实务》，法律出版社 2016 年版，第 1055 页。

② 《广告法》（2018 年修正）第五十三条。

③ 《河南省非物质文化遗产保护条例》第十条。

举报人的切身利益，则因其与行政行为之间具有利害关系，行政机关具有法定的答复义务，甚至可以就答复内容提起撤销之诉或者科以义务之诉，但其请求权的基础并非出于举报条款，而是《行政诉讼法》第十二条第一款第六项之规定。

在涉及举报的履责之诉的行政审查中，较之对是否向有管辖权的行政机关提出过申请、所申请行政机关作出的行为是否为具体、特定的行政行为，审查所申请的事项是否具有实体法的请求权的基础更为重要。这是审查行政机关的不作为是否侵害了原告的主观权利的前提。起诉人请求权的基础通常有法定的权利依据，来源于特定的法律、法规，或是基于行政协议等的约定。

对请求权基础的审查与被诉行政行为的合法性审查密切相关。该逻辑在于如果起诉人缺失请求权的基础，不存在法律可保护的权益时，行政机关作出行政行为时自然不需要考虑予以保护。此时即便给予原告资格，也不会对被诉行政行为合法性作出否定性的评价。因此，存在行政法上予以保护的权益，才能构建行政法上的利害关系，从而具备原告主体资格。从这个意义上说，应当将起诉人与被诉行政行为的利害关系理解为直接关系而非间接关系。以是否还有其他救济渠道作为标准，判断起诉人能否获得直接的诉讼利益。实践中，有可能当事人所主张的权益客观存在，其权益有可能遭到被行政行为间接影响，但如果其请求权的基础不属于行政实体法所保护的权益，则应当对其设定权利义务的行政行为直接提起行政诉讼或者通过其他民事救济方式保护。因此，界定该利害关系时，还应当考虑所涉利益并无其他渠道可供救济。该逻辑可见于债权人的原告资格的认定中，《最高人民法院关于适用〈中华人民共和国行政诉讼法〉的解释》第十三条规定，债权人以行政机关对债务人所作的行政行为损害债权实现为由提起行政诉讼的，人民法院应当告知其就民事争议提起民事诉讼，但行政机关作出行政行为时依法应予保护或者应予考虑的除外。之所以排除债权人的原告资格不仅基于债权是特定主体之间的民事法律关系，而且行政诉讼必须基于公法上的权利。更重要的是债权人有更简洁、便宜的民事诉讼或者仲裁等其他救济途径。

法院决定举报人是否具有行政诉讼原告资格，需要结合举报人在行政法规上的权利状态、举报人与被诉行政行为之间的关系以及原告自身的利益。举报事项有的与举报人的利益相关性比较强，如获得奖励的权利、获得答复的权利。有的与举报人的利益相关性弱以及有的与举报人利益没有相关性。

该关联度的强弱取决于是否有法律依据，举报属实获得奖励属于举报人法定的举报利益，而行政机关就举报事项向举报人进行答复的行为，通常认为是对举报人的举报行为的基本尊重，然而举报人就行政机关的答复是否享有行政诉讼的原告资格，需要判断是否对其本身的权利提起的举报以及是否法律法规中对行政机关给予答复具有明确的规定。即如果举报人针对行政机关有明确法律规定的答复行为起诉的话，举报人与该答复之间有利益关系，则举报人应当具备行政诉讼的原告资格。如果法律对举报人的权益有明确的规定，举报人基于法律法规而享有独立于举报事项之外的利益，则举报人无论与被举报事项是否有利益关系都享有原告资格。

综上所述，行政诉讼与行政复议合称为行政争议制度。基于行政诉讼原告资格与行政复议申请人资格的判断评价的一致性，行政诉讼的原告资格与行政复议申请人资格，以举报答复行为是否侵害举报人的合法权益为标准来判断。举报人是否具有行政诉讼原告资格要看其举报的目的是维护自身合法权益，还是维护公共利益。本案中，陈某所举报的违法行为并未侵害其自身合法权益，其之所以举报是“为了维护公共利益”，而不是保护其自身合法权益，因此不具有原告资格。行政机关针对陈某的举报行为是否作出答复以及答复处理均与陈某不存在行政法上的利害关系，对陈某的权利义务不产生实际影响。只有当陈某补交证据证明该不予受理的答复行为侵犯了其合法权益时，陈某才实际上属于行政相对人而非举报人，当为适格的行政复议申请人。

（作者单位：最高人民法院）

限购政策不能作为剥夺被拆迁人房屋补偿方式选择权的依据

——薛某才诉北京市通州区住房和城乡建设委员会拆迁行政裁决案

周凯贺

【裁判要旨】

房屋限购政策调整的对象是商品房市场交易行为。其为购房者设置较为严格的资格条件，目的在于抑制市场投机，与房屋拆迁补偿实现权利平衡的性质不同，不能适用于房屋拆迁安置补偿领域。房屋拆迁管理部门不能以被拆迁人不符合房屋限购政策为由，在拆迁裁决中剥夺被拆迁人的房屋安置选择权。

根据法律规定，拆迁当事人应当在拆迁许可证到期前提出拆迁裁决申请，房屋拆迁管理部门亦应在规定期限内作出拆迁裁决。在拆迁许可证过期后，房屋拆迁管理部门自然不能启动拆迁裁决程序，但拆迁裁决被人民法院生效判决撤销并责令重作的不在此限。

【案号】

一审：北京市通州区人民法院（2016）京 0112 行初 30 号。

二审：北京市第三中级人民法院（2016）京 03 行终 453 号。

再审：北京市高级人民法院（2017）京行申 532 号。

【案情】

申请再审人（原告、上诉人）：薛某才。

被申请人（被告、被上诉人）：北京市通州区住房和城乡建设委员会。

原审第三人：北京潞河房地产开发有限公司。

2007年9月5日，北京潞河房地产开发有限公司（以下简称潞河公司）取得新城南街住宅项目建设的284号拆迁许可证。潞河公司提交的署名日期为2007年9月5日的新城南街拆迁方案及补偿办法中明确房屋拆迁以货币补偿方式安置。后潞河公司经申请取得续1至续15拆迁许可证，延期期限为2008年9月5日至2016年3月4日。

薛某才在北京市通州区后南仓1号的房屋位于此次拆迁范围内，房屋所有权证载明的建筑面积为44.6平方米。潞河公司委托银通安泰公司对涉案房屋进行评估，银通安泰公司先后于2007年9月11日、2013年12月31日作出银通安泰拆估字2007第033号-385北京市房屋拆迁估价结果报告（以下简称385估价报告）和银通安泰拆估字第130057号-008北京市房屋拆迁估价结果报告（以下简称008估价报告）并送达。

因潞河公司与薛某才未就房屋拆迁补偿问题达成协议，潞河公司向北京市通州区住房和城乡建设委员会（以下简称通州住建委）申请房屋拆迁纠纷裁决，通州住建委于2015年6月1日受理该申请。裁决过程中，因薛某才要求对涉案房屋重新入户评估，裁决程序于同年6月11日中止，银通安泰公司受潞河公司委托，于6月15日作出银通安泰拆估字第150075号-002北京市房屋拆迁估价结果报告（以下简称002估价报告），并于8月5日送达至薛某才。裁决程序于10月19日恢复后，在通州住建委组织双方进行调解的过程中，薛某才申请对002估价报告进行专家鉴定，裁决程序于10月21日再次中止，北京房地产估价师和土地估价师协会房屋征收拆迁评估专家委员会（以下简称评估专家委员会）于11月20日出具了专家鉴定意见书，鉴定结果为002估价报告估价技术路线、估价方法、参数和价格影响因素选择合理，报告规范性方面存在的瑕疵不对估价结果产生直接影响，同意维持002估价报告的估价结果，裁决程序于12月16日恢复。

2015年12月21日，通州住建委作出通建裁字〔2015〕第42号《房屋拆迁纠纷行政裁决书》（以下简称被诉裁决书），裁决内容如下：

一、裁决潞河公司对拆除薛某才的房屋采取货币补偿，补偿款共计人民币539870元，其中房屋及附属物等拆迁评估补偿额为人民币215425元，搬迁补助费为人民币669元，各项移机费共计人民币1635元，潞河公司自愿增加补偿款为人民币322141元；

二、裁决潞河公司为薛某才提供用于执行的临时性周转房，地址位于北京市通州区新华大街96、98、100/五栋四单元二楼×××室，周转期内薛某才应按照相关物业标准交纳房租等费用，未交纳的应从拆迁补偿款中扣除；

三、裁决薛某才于本裁决书生效之日起15日内，将位于拆迁范围内即北京市通州区后南仓1号的房屋腾空，交予潞河公司拆除。

薛某才不服，诉至法院，请求：1. 依法判决通州住建委作出的被诉裁决书违法并依法予以撤销；2. 判令通州住建委依法在30日内重新作出房屋拆迁纠纷行政裁决；3. 本案诉讼费用由通州住建委承担。

【审判】

北京市朝阳区人民法院经审理认为，潞河公司取得284号拆迁许可证的时间为2007年9月5日，故本案应适用当时生效的《城市房屋拆迁管理条例》及《北京市城市房屋拆迁管理办法》的规定。《城市房屋拆迁管理条例》第十六条第一款规定，拆迁人与被拆迁人或者拆迁人、被拆迁人与房屋承租人达不成拆迁补偿安置协议的，经当事人申请，由房屋拆迁管理部门裁决。据此，通州住建委作为本地区房屋拆迁管理部门，在拆迁双方未就拆迁补偿安置达成协议时，有权依据潞河公司的申请作出裁决。

根据《城市房屋拆迁管理条例》《北京市城市房屋拆迁管理办法》的规定，房屋拆迁实行货币补偿的，拆迁人应当委托有资质的房地产价格评估机构对被拆迁房屋进行评估，拆迁补偿款的数额应依法根据房地产市场评估价格确定。本案中，通州住建委进行拆迁裁决所依据的002估价报告是具有房地产评估资质的银通安泰公司进行评估后出具的，且该评估报告已经评估专家委员会鉴定，结论为维持原估价结果，故通州住建委将002估价报告作为被诉裁决书的依据，并结合潞河公司自愿增加的补偿款数额确定拆迁补偿款数额，符合相关规定。通州住建委受理潞河公司的拆迁纠纷裁决申请后，履行了送达、调解、审核等义务，给予了拆迁纠纷双方陈述意见、进行申辩的机会，在潞河公司与薛某才仍未达成一致意见的情况下，通州住建委根据查明的事实作出被诉裁决书并无不当，裁决程序亦符合相关规定。

关于本案中三份估价报告的估价期日早于房屋拆迁许可证颁发日期的问题，一审法院认为，《城市房屋拆迁估价指导意见》第十一条规定，拆迁估价时点一般为房屋拆迁许可证颁发之日，涉案估价报告的估价时点为2007年9月2日，284号拆迁许可证的颁发日期为2007年9月5日，银通安泰公司出具关于新城南街旧城改造项目评估报告的评估时点的说明（以下简称评估时点说明）（附：营业执照、房地产估价机构资质证书、评估师资质证明），说明薛某才的房屋及地上物在2007年9月2日与2007年9月5日无任何变化，评估价格无任何差异，评估专家委员会出具的专家鉴定意见书亦认定002估价报告规范性方面存在的瑕疵不对估价结果产生直接影响，故本案估价报告的估价期日虽略早于房屋拆迁许可证颁发日期，但并不影响估价报告的最终结果，通州住建委进行拆迁裁决依据002估价报告并无不当。

关于薛某才主张涉案拆迁项目应适用《关于规范未完成拆迁建设项目转让中拆迁管理的通知》的规定，办理拆迁许可证主体变更的问题，一审法院认为，潞河公司已依法取得新城南街住宅项目的建设项目批准文件、建设用地规划许可证、国有土地使用证等批准文件，通州住建委在对上述文件进行审核后向潞河公司颁发了284号拆迁许可证及续证，在整个拆迁过程中潞河公司作为拆迁人的地位并未发生改变，薛某才主张新城南街住宅项目的建设单位系富力（北京）地产开发有限公司（以下简称富力公司），但这并不能证明新城南街住宅项目存在转让事实，亦不能否认潞河公司的拆迁人身份，故对薛某才的上述主张，一审法院不予支持。综上，依照《行政诉讼法》第六十九条之规定，判决驳回薛某才的诉讼请求。

薛某才不服一审判决，向北京市第三中级人民法院提起上诉，请求撤销一审判决，撤销被诉裁决书。

北京市第三中级人民法院同意一审法院的意见，判决驳回上诉，维持一审判决。

薛某才向北京市高级人民法院提起再审申请称，一、被诉行政行为剥夺了申请人对拆迁补偿方式的选择权，原审判决对此适用法律错误；二、原审判决对“拆迁人”认定错误；三、涉诉行政行为所依据事实情况发生重大变化，该行政行为应被撤销；四、原审判决严重违反法定程序。故请求撤销原审生效判决，撤销通州区住建委被诉裁决书。

通州区住建委答辩称，其依据合法评估机构作出的评估报告，按照法定程序作出裁决，并无不当。薛某才因户口不在本市，不符合北京市限购政策，无法获得相应房屋安置，只能进行货币安置。通州区住建委曾努力作过协调，尽到了责任。故原审判决正确，不应提起再审。

第三人意见同通州区住建委。

北京市高级人民法院经审查认为，原《城市房屋拆迁管理条例》第二十三条规定，拆迁补偿的方式可以实行货币补偿，也可以实行房屋产权调换。除本条例第二十五条第二款、第二十七条第二款规定的外，被拆迁人可以选择拆迁补偿方式。本案中，通州区住建委所作被诉房屋拆迁裁决，仅给予薛某才货币补偿，且补偿金额与房屋实际价值差距较大，侵害了薛某才拆迁补偿方式的选择权和实体利益。综上，本案符合《行政诉讼法》第九十一条第四项规定的情形。依照《行政诉讼法》第九十二条第二款，《最高人民法院关于适用〈中华人民共和国行政诉讼法〉的解释》第一百一十八条的规定，裁定如下：一、指令北京市第三中级人民法院再审。二、再审期间，中止原审判决的执行。

【评析】

本案存在三个法律问题：一是城市房屋拆迁纠纷裁决中仅给予被拆迁人货币补偿是否合法。二是房屋限购政策是否能够成为房屋拆迁管理部门在拆迁裁决中拒绝给予被拆迁人房屋产权调换的理由。三是在涉案拆迁许可证已经过期的情况下，房屋拆迁管理部门是否可以因法院判决而重启裁决程序。

一、被拆迁人的补偿方式选择权应当在拆迁裁决中得到保证

本案被诉拆迁项目启动于 2007 年，应当适用 2001 年实施的《城市房屋拆迁管理条例》。依据该条例第二十三条的规定，拆迁补偿的方式可以实行货币补偿，也可以实行房屋产权调换。除本条例第二十五条第二款、第二十七条第二款规定的外，被拆迁人可以选择拆迁补偿方式。

据此，行政法规明确赋予了被拆迁人对补偿方式的选择权，应当得到审慎、全面和充分的保护。其一，这是一种法定权利，非因法定理由并经过法定程序，不能被限制或剥夺。该选择权的范围包括但不限于货币补偿和房屋产权调换这两种补偿方式，被拆迁人至少可以在上述两种补偿方式中选择一个对自己最有利的方式，除非法律有特殊规定。其二，作为一种选择权，其实现有赖于相对方的配合或者仲裁者的保护。拆迁人有义务提供包括货币补偿与房屋产权调换在内的不同方案供被拆迁人选择，通过协商与被拆迁人达

成合意，否则要承担相应的不利后果。房屋拆迁管理机关作出拆迁裁决，当然要依据职权对拆迁当事人之间的实质争议进行裁量，但该裁量的进行仍需建立在保证被拆迁人补偿方式选择权的基础之上。亦即不同补偿方式下的具体补偿内容、额度可以裁量，但补偿方式不能任意裁量，需要给予被拆迁人选择权足够的尊重。被拆迁人如果未明确放弃某种补偿方式，房屋拆迁管理部门也可以在裁决过程中督促被拆迁人限期行使选择权，或者在拆迁裁决中分别以货币补偿与房屋产权调换两种补偿方式对争议作出处理。被拆迁人仍得在两种方案中综合考量，择一履行。其三，由于拆迁行为的复杂性，有的拆迁项目从启动到结束往往持续多年甚至十余年，而货币补偿采用的评估标准在项目启动之初即已确定，在房价不断高企的背景下，最终选择货币补偿还是房屋产权调换对被拆迁人的实体权利影响巨大，甚至直接影响被拆迁人的居住权利和生存利益。故此种重大权利，须由被拆迁人独立、清楚、完整地处分，否则会造成利益明显失衡。

本案中，涉案拆迁许可证自2007年9月5日取得，经过15次续期，一直延期至2016年3月4日。通州区住建委于2015年11月据以作出被诉拆迁裁决的002号评估报告，估价时点确定为2007年9月2日。拆迁人潞河公司制定的补偿办法中把货币补偿方式确定为唯一的补偿方式，通州区住建委作出被诉拆迁裁决，直接确定给予薛某才以货币补偿，未提供其他补偿方式。该货币补偿虽然依据合法的评估报告作出，但由于其剥夺了薛某才选择房屋产权调换的权利，且其金额与裁决作出之时与相同区域房屋市场价格相比，存在明显的、直观的差距，当事人的居住权与财产权均难以在被诉裁决中得到合理适度的保护，有失公平。综上，被诉拆迁裁决直接剥夺了被拆迁人的补偿方式选择权，并间接地损害了其实体利益，违反了法律规定，原审生效判决未对该裁决的违法性予以确认，并判决驳回当事人诉讼请求，存在适用法律错误的问题，应当启动审判监督程序给予纠正。

二、房屋拆迁补偿不应受城市房屋限购政策的调整

在原审及再审审查过程中，通州区住建委均答辩称，因薛某才本人及其家属户口均在天津，不属于本市户籍，不符合北京市和通州区房屋限购政策，无法给予其房屋产权调换，故最后只能采取货币补偿方式予以补偿。考察北京市及通州区实施的房屋限购政策：2010年4月30日，北京市出台了《北京市人民政府贯彻落实国务院关于坚决遏制部分城市房价过快上涨文件的通知》，规定“严格限制各种名目的炒房和投机性购房。……自本通知发布之日起，暂定同一购房家庭只能在本市新购买一套商品住房”。2011 年 2 月 15 日，北京市政府发布《北京市人民政府办公厅关于贯彻落实国务院办公厅文件精神进一步加强本市房地产市场调控工作的通知》规定，“自本通知发布次日起，对拥有 1 套及以上住房的非本市户籍居民家庭、无法提供本市有效暂住和连续 5 年（含）以上在本市缴纳社会保险或个人所得税缴纳证明的非本市户籍居民家庭，暂停在本市向其售房”。2015 年 8 月 14 日，北京市住房和城乡建设委员会、北京市通州区人民政府联合发布《关于加强通州区商品住房销售管理的通知》规定，“符合现行政策有关规定且符合以下条件之一的家庭，限购 1 套通州区商品住房：……以下家庭，暂停向其出售通州区商品住房：……（二）无法提供近 3 年在通州区连续缴纳社会保险和个人所得税缴纳证明的非本市户籍居民家庭”。

综合分析以上政策规定，房屋限购政策与《城市房屋拆迁管理条例》规定的拆迁补偿存在以下不同：其一，效力来源不同。城市房屋拆迁中的房屋安置补偿来自于《城市房屋拆迁管理条例》的规定，作为国务院制定的行政法规，具有在全国范围内普遍适用的效力，除非有法律的特别规定，不存在选择性适用的空间。房屋限购政策是各级政府在履行房地产行业行政管理职权的过程中，结合本地实际和行业现状，制定的一种阶段性、针对性调整措施。此类行政政策是对法律的一种有益补充，但应当在本行政领域内适用，且在相关法律的框架下运行。其二，调整对象不同。房屋限购政策是在商品房交易领域内，针对新增购房行为实施的一种政策杠杆，通过设置户籍、套数等资格条件，控制商品房买卖市场增长，使市场交易恢复理性状态。因此，其适用领域为商品房市场交易领域，调控对象是新增购房行为。而城市房屋拆迁领域中的房屋安置补偿，系基于法律的规定，由拆迁人占有并拆除被拆迁人的房屋，并因此使被拆迁人获得房屋安置补偿权。这种补偿通过签订拆迁补偿协议或者经房屋拆迁行政管理部门作出行政裁决而实现，并不通过市场交易进行，也并非新购住房行为，不能成为房屋限购政策的调整对象。其三，实施目的不同。房屋限购政策的目标定位很明确，即严格限制各种名目的炒房和投机性购房，遏制房地产市场价格过快增长。而《城市房屋拆迁管理条例》的制定，则是为了维护拆迁当事人的合法权益，促进建设项目的顺利实施。被拆迁人因拆迁补偿获得的房屋，建立在既有房屋被拆除的基础上，并未通过市场交易增加新的需求，不存在炒房和投机性购房的动机与可能性，与房屋限购政策要实现的目标存在根本差异。综上，房屋限购政策作为商品房交易市场的调控手段，不能适用于拆迁补偿领域。同时，结合本案的实际情况，案涉拆迁项目拆迁许可证经过多次续期，在其启动之时，北京市并未实施房屋限购政策，房屋限购是案涉项目自然延展期间新出现的外部情势变化，这种变化在一定程度上为协调解决问题增添了不利因素，但这个因素的造成是多方面的，不可完全归责于被拆迁人，让被拆迁人独立承担后果亦不公平。因此，本案中通州区住建委的答辩意见不能成立，被拆迁人获得拆迁安置的权利，不能因不符合房屋限购政策的规定而丧失。

三、在涉案拆迁许可证已经过期的情况下，行政机关可以因法院判决而重启裁决程序

通州区住建委答辩称，因为案涉拆迁许可证已过期，通州区住建委事实上已无权再就本案拆迁争议作出裁决，请人民法院在审判时考虑此一因素。合议庭在案件讨论过程中，亦形成了两种意见。

一种意见认为，虽然如何审理判决是再审法院在再审程序中的判断权，再审审查程序应当避免提出明确意见，对再审程序造成干扰。但在权衡再审必要性时，亦应综合再审下判的现实可能性加以考虑，以实现好的司法效果与社会效果相统一。从本案的情况看，参照2001年11月1日起施行的《北京市城市房屋拆迁管理办法》第十五条的规定，在区、县国土房管局公告的搬迁期限内，拆迁人与被拆迁人、房屋承租人达不成拆迁补偿安置协议的，自搬迁期限届满之日起至拆迁许可证规定的拆迁期限届满之日前，经当事人申请，由核发房屋拆迁许可证的区、县国土房管局裁决。被拆迁人是核发房屋拆迁许可证的区、县国土房管局的，由同级人民政府裁决。裁决应当自收到申请之日起30日内作出。《北京市城市房屋拆迁裁决程序规定》第三条亦规定，在区、县国土房管局公告的搬迁期限内，拆迁人与被拆迁人或者拆迁人、被拆迁人与房屋承租人达不成拆迁补偿安置协议的，自搬迁期限期满之日起至拆迁许可证规定的拆迁期限届满之日前，拆迁当事人可以向有管辖权的裁决机关申请裁决。因此，拆迁裁决应当在拆迁许可证的有效期内申请，超过该期限，拆迁当事人无法提出请求，原有管辖权的裁决机关亦无权作出拆迁裁决。本案涉案拆迁项目的拆迁许可证已于2016年3月4日过期，如果启动再审，人民法院应当判决撤销被诉拆迁裁决并责令重作，但根据上述规定，在违法的拆迁裁决被撤销后，房屋拆迁管理部门事实上无法重作，涉案房屋处于一种既无法拆迁，又无法补偿的僵局状态，提起再审的目的不能实现，应当重新考虑本案的处理方式。

另一种意见认为，本案实质上提出了一个问题，法律规定在某段时间内或者某种条件下行政机关方得作出某种特定行政行为，该行政行为作出后因违法需要纠正，但时间和条件已不再成就，人民法院可否判决撤销并责令重作？亦即经人民法院责令重作的行为是否不受原行政行为时间和条件之制约。答案应当是不受制约，原因在于：

其一，行政行为被撤销，其效力自被撤销之日起无效，并溯及行政行为作出之日，当事人的地位恢复到行政行为未作出之时的状态。依申请的行政行为，视为行政机关对该申请未作处理。本案中，若通州住建委所作拆迁裁决被撤销，应当视为其对拆迁人潞河公司提出的裁决申请尚未作出处理，而潞河公司提出申请之时尚在拆迁期限届满之前，符合法律规定。

其二，重作行为是对原行政行为违法性的纠正，但对原行政行为违法的情形应作具体分析。若该特定行政行为本身违反的即是法律规定的时间和条件，在判断能否重作时自然要考虑时间和条件的限制。若行政机关在时间和条件成就的情形下作出了原行政行为，但因内容、幅度、程序等其他违法之处对权利人造成了损害，则对违法行为的纠正，亦不能因其后时间和条件的变迁而丧失。本案中，通州住建委作出拆迁裁决时，尚在该项目的拆迁许可证的有效期内，符合作出拆迁裁决的时间和条件，其违法并非因为违犯了法律对时间和条件设置的限制，而是因为其裁决内容不符合法律的相关规定，不能因拆迁许可证过期而放弃对裁决内容错误的纠正。

其三，不存在不受制约的权力，亦不存在不受救济之权利。法律为特定行政行为规定时间和条件，其本意是为了规制行政权力运行，促进行政管理目的实现。司法审查的介入，则是为了保证行政权的行使符合法律规定，并救济受到侵害的权利。如果以存在时间和条件的限制来排斥重作行为的救济，客观上导致某些特定行政行为一经作出即无纠正可能性，显然与法律保护权利和司法审查保证合法性的目的相悖。本案中，通州区住建委于 2015 年 12 月 21 日作出拆迁裁决，拆迁人潞河公司的拆迁许可证于 2016 年 3 月 4 日到期。当事人对拆迁裁决不服，不管是提起行政复议还是行政诉讼，均很难在拆迁许可证到期前就得到救济，如果认为拆迁许可证过期行政机关即不能重作裁决，就会造成事实上拆迁裁决一经作出，即不可更改，有违法律制定的本意和行政权利救济的原理。

其四，再审程序中如果作出确认违法判决，能够规避时间和条件限制的问题，是否可以替代撤销并责令重作判决？相对于判决撤销并责令重作，转而作出确认违法判决，虽然能够规避时间和条件限制的问题，但不能有效保护权利。首先，判决确认违法但不撤销行政行为的适用情形有两个，一是行政行为程序轻微违法，但对原告权利不产生实际影响的。二是行政行为应当撤销，但撤销会给国家利益、社会公共利益造成重大损害的。本案的情况不符合这两种情形。其次，当违法的行政行为还未实际履行，损害尚未发生，或者已经发生但并不严重，及时撤销并重作能够更好地预防和弥补对权利人造成的损害，应当视为最经济和最有效的权利救济方式。若转而确认违法，事实上放任了损害发生或者扩大，迫使权利人通过国家赔偿来寻求救济，明显舍近求远，有违诉讼经济原则。

综上，在特定时间和条件下方能作出的行政行为，在进入司法审查程序后，若非因违反时间和条件的规定而违法，即使时间和条件不再成就，也不因此而丧失救济可能性，人民法院依然可以判决撤销并责令重作。本案中，如果提起再审，再审法院依然可以判决撤销通州住建委所作的拆迁裁决，并责令其重作裁决，对拆迁人潞河公司和被拆迁人薛某才的争议作出实质性处理。提起对本案的再审，不会无法下判，导致问题悬而不决。

合议庭经合议，采用了第二种意见，裁定指令北京市第三中级人民法院再审。

（作者单位：北京市高级人民法院）

被告适格的举证责任及原告多列级别管辖不同被告的处理方式

——陈某琴、周某芳诉温州市人民政府等城建行政强制及行政赔偿案

危辉星　杨世民

【裁判要旨】

一般而言，原告起诉时应提供证据表明被告明确且适格。但房屋强制拆除类案件有其特殊性，被拆除人往往不能明确具体实施强拆的行政主体。被拆除人提起行政诉讼的，不能苛求其起诉时提供充分证据证明参与拆除的行政主体。然而，被拆除人应提供诸如被诉行政主体对其作出过强制拆除通知等文书或其工作人员出现在案涉房屋拆除现场等初步证据，否则，被诉行政主体不能认定为适格被告。

原告将适格被告街道办事处与不适格被告市、县人民政府列为共同被告诉至中级人民法院，人民法院应依法释明向有管辖权的基层人民法院提起行政诉讼；经释明后坚持起诉的，裁定驳回对市、县人民政府的起诉，移送有管辖权的基层人民法院管辖。

【案号】

一审：浙江省温州市中级人民法院（2018）浙03行初375号。

二审：浙江省高级人民法院（2019）浙行终166号。

【案情】

上诉人（原告）：陈某琴、周某芳。

被上诉人（被告）：温州市人民政府（以下简称温州市政府）、温州市鹿城区人民政府（以下简称鹿城区政府）、温州市鹿城区南汇街道办事处（以下简称南汇街道）。

温州市中级人民法院经审理查明：陈某琴、周某芳诉称的房屋坐落于温州市鹿城区南汇街道龙沈村沈宅巷26弄12号东首，未经登记。2017年6月，南汇街道组织人员强制拆除了上述房屋。上述房屋所在地块于2018年4月23日经浙江省人民政府批准征收，温州市政府于同日发布征收土地方案公告。陈某琴、周某芳起诉称：原告二人原有坐落于南汇街道龙沈村沈宅巷26弄12号东首的未登记房屋，占地面积164.26平方米。三被告于2017年6月对上述房屋实施拆除，拆除前未经任何法定程序、未对房屋作出有权认定，明显违法。南汇街道拆除上述房屋缺乏执法主体资格，涉案土地已由温州市政府于2018年作出征收土地公告，且另案裁判中将温州市政府作为被告，故本案应由温州市政府和鹿城区政府作为被告。请求：一、确认三被告拆除沈宅巷26弄12号东首未登记房屋（建筑占地面积164.26平方米）的行为违法；二、责令三被告对原告房屋恢复原状。

【审判】

温州市中级人民法院经审理认为：根据《行政诉讼法》第二十六条的规定，公民、法人或者其他组织直接向人民法院提起诉讼的，作出行政行为的行政机关是被告。第四十九条第三项规定，原告提起诉讼应当有具体的诉讼请求和事实根据，包括其起诉的被告系作出被诉行政行为的行政机关的事实根据。本案中，温州市政府、鹿城区政府均否认参与实施强制拆除行为，在此情况下，陈某琴、周某芳主张温州市政府、鹿城区政府共同实施被诉强制拆除行为，应当提供相应的证据材料。现陈某琴、周某芳未提供证据证明，其仅以另案裁判及涉案土地已经征收为由主张温州市政府、鹿城区政府是本案适格被告，缺乏事实和法律依据。经本院释明，陈某琴、周某芳拒绝变更被告，故根据《最高人民法院关于适用〈中华人民共和国行政诉讼法〉的解释》第六十九条第一款第三项的规定，应予驳回其对温州市政府、鹿城区政府的起诉。

《行政诉讼法》第十八条规定，行政案件由最初作出行政行为的行政机关所在地人民法院管辖，经最高人民法院批准，高级人民法院可以根据审判工作的实际情况，确定若干人民法院跨行政区域管辖行政案件。本案适格被告为南汇街道等具体实施机关，应移送有管辖权的基层人民法院管辖。根据温州市中级人民法院温中法〔2018〕42 号《关于完善温州法院行政诉讼案件管辖机制的规定（试行）》的规定，基层法院管辖的第一审行政诉讼案件实行异地交叉管辖，陈某琴、周某芳可选择鹿城区、瓯海区、永嘉县人民法院管辖。经征询陈某琴、周某芳意见，其坚持不选择。《行政诉讼法》第二十二条规定，人民法院发现受理的案件不属于本院管辖的，应当移送有管辖权的人民法院。据此，本案应依法移送行政行为作出的行政机关所在地人民法院即温州市鹿城区人民法院管辖，但需待前述裁定驳回起诉事项生效后再行移送。

鉴于驳回起诉和移送管辖的案件均适用裁定，故本案一并制作行政裁定书，但根据《最高人民法院关于适用〈中华人民共和国行政诉讼法〉的解释》第一百零一条第二款，当事人仅可以对驳回起诉的裁定上诉。综上，依照《行政诉讼法》第十八条、第二十二条、第二十六条、第四十九条第三项，《最高人民法院关于适用〈中华人民共和国行政诉讼法〉的解释》第六十九条第一款第三项、第一百零一条第一款第二项、第六项的规定，裁定如下：一、驳回陈某琴、周某芳对温州市政府、鹿城区政府的起诉；二、本案移送温州市鹿城区人民法院审理。

陈某琴、周某芳不服该裁定，向浙江省高级人民法院提起上诉。

浙江省高级人民法院经审理认为：《行政诉讼法》第二十六条第一款规定，公民、法人或者其他组织直接向人民法院提起诉讼的，作出行政行为的行政机关是被告。第四十九条规定，“提起诉讼应当符合下列条件：……（二）有明确的被告；（三）有具体的诉讼请求和事实根据……”一般而言，对被诉行政行为进行合法性审查的前提条件包括，原告已提供证据表明被告明确且适格。但房屋强拆案件有其特殊性，被拆除人往往不能明确具体实施强拆的行政主体。案涉房屋被强制拆除，在此情况下不能苛求上诉人起诉时提供充分证据证明参与拆除的行政主体。但上诉人将温州市政府、鹿城区政府列为共同被告，应提供诸如温州市政府、鹿城区政府对其作出过强制拆除通知等文书或其工作人员出现在案涉房屋拆除现场等初步证据，以证明温州市政府、鹿城区政府参与拆除案涉房屋。如上诉人已提供，人民法院可责令温州市政府、鹿城区政府提供相应证据材料有效说明其未参与拆除案涉房屋，否则，可认定其为本案适格被告，但上诉人未提供任何此类证据。温州市政府发布的征收集体土地公告、鹿城区政府办公室发布的《温州市鹿城区征收集体土地涉及房屋补偿实施细则》，均不能证明温州市政府、鹿城区政府参与拆除案涉房屋。上诉人关于温州市政府、鹿城区政府须对征地拆迁管理工作负总责故为本案适格被告的主张，系对法律规定的误解。南汇街道自认案涉房屋系其拆除，温州市政府及鹿城区政府均否认参与拆除行为。在此情况下，上诉人将南汇街道、温州市政府及鹿城区政府列为共同被告，原审法院经审查后认为温州市政府、鹿城区政府不是本案适格被告，并已向上诉人释明变更被告，但上诉人拒绝。原审法院据此驳回上诉人对温州市政府、鹿城区政府的起诉，并无不当。

根据《最高人民法院关于适用〈中华人民共和国行政诉讼法〉的解释》第一百零一条第一款、第二款的规定，人民法院依职权移送管辖的裁定，不属于可以上诉的裁定范围。另，《行政诉讼法》第十八条第一款规定，行政案件由最初作出行政行为的行政机关所在地人民法院管辖。本案适格被告为南汇街道，依法应由南汇街道所在地基层人民法院管辖。按照温州市中级人民法院《关于完善温州法院行政诉讼案件管辖机制的规定（试行）》（温中法〔2018〕42号）的规定，上诉人可选择鹿城区、瓯海区或永嘉县人民法院管辖。但经原审法院征询，上诉人拒不选择。原审法院根据《行政诉讼法》第二十二条规定，将本案移送至温州市鹿城区人民法院管辖，亦无不当。

综上，原审法院认定事实清楚，适用法律正确，程序合法。上诉人关于温州市政府、鹿城区政府为本案适格被告的主张，缺乏事实基础及法律依据，本院不予支持。依照《行政诉讼法》第八十九条第一款第一项之规定，裁定如下：驳回上诉，维持原裁定第一项。

【评析】

一、被告适格举证责任的分配

法谚云：举证之所在，败诉之所在。为促使行政机关依法行政，防止滥用职权，并考虑到当事人举证能力的差异性，贯彻公平原则，《行政诉讼法》第三十四条第一款规定，被告对作出的行政行为负有举证责任，应当提供作出该行政行为的证据和所依据的规范性文件。该规定是否适用于本案，即由温州市政府、鹿城区政府举证证明其未参与拆除上诉人房屋。此举证责任的分配，对温州市政府、鹿城区政府是否为本案适格被告具有决定性意义。我们认为，《行政诉讼法》第三十四条第一款规定的是在行政诉讼审理过程中，行政主体对其行政行为的合法性负有举证责任。被告适格属于行政诉讼受理条件审查范畴，在举证责任的分配上应有别于行政行为的合法性。被告适格包含两个递进层面的含义。第一层是形式上适格，亦即有明确的被告，是指原告所诉被告清楚、具体，可以指认。但明确并不意味着正确，因此被告适格还包含更深一层的含义即实质性适格，也就是说原告所诉被告应当是作出被诉行政行为的行政主体。①

根据《行政诉讼法》第二十六条第一款的规定，作出行政行为的行政机关是被告。根据《行政诉讼法》第四十九条的规定，提起诉讼应当有明确的被告、具体的诉讼请求和事实根据。一般而言，对被诉行政行为进行合法性审查的前提条件包括：原告已提供证据表明被告明确且适格。但房屋强拆案件有其特殊性，被拆除人往往不能明确具体实施强拆的行政主体。案涉房屋被强制拆除，在此情况下不能苛求陈某琴、周某芳起诉时提供充分证据证明参与拆除的行政主体。但陈某琴、周某芳将温州市政府、鹿城区政府列为共同被告，应提供诸如温州市政府、鹿城区政府对其作出过强制拆除通知等文书或其工作人员出现在案涉房屋拆除现场等初步证据，以证明温州市政府、鹿城区政府参与拆除案涉房屋。如陈某琴、周某芳已提供，温州市政府、鹿城区政府即负有说服责任，应提供相应证据材料有效说明其未参与拆除案涉房屋，否则，人民法院可认定其为本案适格被告。但陈某琴、周某芳不能提供任何此类证据，故其将温州市政府、鹿城区政府列为共同被告，缺乏事实基础及法律依据，不应支持。

二、原告多列被告且级别管辖不同的处理方式的选择

2017 年修正的《行政诉讼法》第十五条第一项规定，对国务院部门或者县级以上地方人民政府所作的行政行为提起诉讼的案件，一审由中级人民法院管辖。以县级以上地方人民政府为被告的案件主要集中在土地、林地、矿

---

① 最高人民法院行政审判庭编著：《最高人民法院行政诉讼法司法解释理解与适用（上）》，人民法院出版社 2018 年版，第 153 页。

藏等所有权和使用权争议案件、征收征用土地及其安置补偿案件等，这类案件一般在当地影响较大，案件相对复杂，且易受到当地政府的干预，规定这类案件由中级法院管辖，有助于人民法院排除干扰，公正审判。[①] 然而，伴之出现的原告随意多列被告，将县级以上地方人民政府列为共同被告以提高审级的情况，导致中、高级法院行政诉讼案件剧增，目前已出现基层法院“吃不饱”，中、高级法院“咽不下”的状况。对行政相对人多列被告且级别管辖不同应如何处理这一问题，存在三种审理思路：

1. 继续审理。如浙江省高级人民法院关于“原告或上诉人经传票传唤询问无正当理由拒不到庭可否按撤诉处理”等问题的请示答复［浙高法行信复（2015）11 号］：……三、关于强拆案件中，原告将县政府、乡政府等列为共同被告，但没有提供证据证明县政府实施了拆除行为，如何处理。答：不管县政府有无实施强拆行为，中院受理后均应直接审理，如经审查无证据证明县政府实施了强拆行为的，依法一并作出裁判即可；如先行裁定驳回对县政府的起诉，再移送基层法院另行审理，既存在重复劳动，又增加当事人诉累。

对于中级法院经开庭审理才发现县级以上地方人民政府主体不适格，且原告非缠诉烂诉的，中级法院以判决吸收裁定形式进行裁判较为妥当。在《行政诉讼法》修正之初，为贯彻落实该法关于级别管辖的规定，如此处理无可厚非。但在形势已发生较大变化，原告随意多列共同被告给中、高级法院带来不堪重负案件压力的情况下，不区分情形一概如此处理，则相当于提级审理，不便于法院审理，也不便于当事人诉讼；不利于将矛盾化解在基层，亦会增加中、高级法院的工作负担，客观上可能产生鼓励行政相对人错列被告、多列被告的负面作用，在当前形势下难谓最佳方案。

2. 全案驳回起诉。如浙江省温州市中级人民法院（2016）浙 03 行初 216 号行政裁定，原告将街道办事处及区政府列为被告，经该院释明，原告拒绝变更被告，该院遂以原告以区政府为共同被告提起诉讼不符合法律规定，裁定驳回原告的起诉。

对缠诉烂诉的情况，如原告就同一行政行为不断变更被告，多次提起行政诉讼，如此处理并无不当。但在行政行为确实存在，原告无法准确判断哪些行政主体为适格被告以及原告仅意在提高审级以获得更为公平审判等情形

---

① 信春鹰主编：《中华人民共和国行政诉讼法释义》，法律出版社 2014 年版，第 51 页。

下，例如本案情形，这样处理则较为生硬，也不符合最高人民法院（2017）最高法行申 1337 号行政裁定的审理思路，[①] 不能体现对行政相对人起诉权的合理保护，对行政相对人的保护较不周全。

3. 驳回对不适格被告的起诉，将适格被告移送至有管辖权的基层法院审理。目前各地主要有两种做法，第一，将驳回对不适格被告的起诉与移送有管辖权法院审理作为两项主文内容写在一份裁定中；第二，先作出一份驳回对不适格被告的起诉的裁定，再作一份中止诉讼裁定，待驳回起诉裁定生效后再将案件移送至有管辖权的法院。最高人民法院第三巡回法庭亦倾向于此处理方式。《最高人民法院第三巡回法庭农村集体土地征收补偿行政案件常见问题解答》："……六、如何准确把握被告主体资格，怎样依法区分地方各级人民政府与土地行政主管部门法定职责？……（五）对多列被告、提出多项诉讼请求且级别管辖也不同的起诉的处理。被征收人将街道办事处、乡镇人民政府、土地行政主管部门与市、县人民政府列为共同被告向中级人民法院起诉强拆行为，但未提供相应的证据证明市、县人民政府实施强拆，而街道办事处、乡镇人民政府、土地行政主管部门承认实施强拆的，人民法院经审查有证据证明确非市、县人民政府组织实施强拆的，应当依法释明向有管辖权的基层人民法院提起行政诉讼；经释明后坚持起诉的，裁定驳回对市、县人民政府的起诉，移送有管辖权的基层人民法院管辖。对明显滥用诉权或者为规避级别管辖权，经释明后拒绝变更被告的，可以依据《最高人民法院关于适用〈中华人民共和国行政诉讼法〉的解释》第五十五条第二款规定，退回诉状并记录在册；坚持起诉的，裁定不予立案。"

---

① 最高人民法院（2017）最高法行申 1337 号案概况：阜宁县安居房屋拆迁有限公司受阜宁县城市资产经营公司委托，于 2009 年 12 月组织实施了对刘以贵位于江苏省阜宁县阜城镇崔湾村房屋的拆除。阜宁县城市资产经营公司拆除刘以贵案涉房屋前，未与刘以贵达成拆迁安置补偿协议，也未申请有关部门作出房屋行政裁决。刘以贵以阜宁县人民政府、阜宁县国土资源局、阜宁县住房和城乡建设局为被告提起行政诉讼，江苏省盐城市中级人民法院以刘以贵未举证证明三被告参与房屋拆除为由，裁定驳回起诉；江苏省高级人民法院二审裁定维持。最高人民法院再审认为：……在当地市、县人民政府未对补偿安置主体有特殊规定的情况下，拆除征收范围内合法建筑的行政职权归属于土地行政主管部门。职权之所在，即义务之所在，也即责任之所在。实施强制拆除既是土地行政主管部门必须行使的法定职权，也是其必须履行的法定义务，更是其应尽的责任；在法律没有相应授权性规范的前提下，土地行政主管部门无权将法律已经明确规定的行政强制职权再行赋予其他主体行使。……一、二审法院以刘以贵未能提供证据证明阜宁县政府、阜宁县住建局、阜宁县国土局实施了强制拆除行为因而分别裁定驳回起诉和上诉，属于认定事实不清，适用法律错误。

如此处理，既尊重了《行政诉讼法》关于级别管辖的规定，向原告释明可变更不适格被告，也是对其起诉权的保障，将适格被告移送至有管辖权的法院审理则减少了当事人的诉累，更具合理性。

综合比较上述三种思路后，结合上诉人房屋确被强制拆除的情况，我们选择了第三种思路。

（作者单位：浙江省衢州市中级人民法院　宁波海事法院）

行政机关负责人签名章的“红蓝之争”

——以郑某诉工信部政府信息公开案为视角

李　茜

【摘要】在行政诉讼中，作为被告的行政机关需要向法院提交相应的参诉材料，部分材料需要加盖行政机关负责人的签名章。由于我国目前的法律法规对于此类签名章的样式没有作具体规定，导致在实践中存在很多争议。其中，争议较大的是关于签名章的颜色问题，即签名章是否一定是红色的，蓝色的签名章是否具有法律效力。在司法实践中，曾有原告质疑行政机关出庭代理人的身份，理由就是该代理人出具的授权委托书上行政机关负责人的签名章是蓝色的而非红色。本文从立法法、证据法及法律行为的角度对这一问题加以分析，并对此类问题的解决提出相应的建议。

【关键词】签名章　行政行为

一、问题的提出

随着我国公民法治意识的不断增强，越来越多的普通百姓已经认识到行政诉讼对于维护自身合法权益的重要性。人们对行政诉讼的认识也早已从“走过场”“做样子”转变为认识到“行政诉讼是宪法赋予的维护公民合法权益的有力武器”。这种转变在司法实践中的体现主要有两个方面：一是行政诉讼案件量激增，小到因为几十元的交警罚款，大到房屋登记，只要能提起行政诉讼的，普通百姓都愿意来法院“民告官”，很多地方法院的行政案件受理数量从每年几十件暴涨至每年几千件；二是原告在诉讼过程中的“纠错”意识不断增强，只要行政机关在诉讼过程中的行为有不当之处，往往很难逃脱原告的“火眼金睛”，通常会成为被“纠错”的对象。这种“纠错”现象的增多会促进行政机关进一步提高行政诉讼的应诉水平，对我国行政诉讼制度的不断完善大有裨益。在某法院审理的郑某诉工信部政府信息公开一案中，原告当庭提出对被告代理人身份合法性的质疑，要求核对被告授权委托书原件。经当庭查看，原告提出：因该授权委托书上的行政机关负责人的签名章是蓝色的而非红色，故该授权委托书系伪造，其代理人无权代表被告出庭，其代理行为无效。由于在大多数情况下，行政诉讼的原告关注的只是法院能否纠正被诉行政行为，而并不会在意被告代理人的出庭资格是否合法，法院对被告代理手续的审查也仅仅是形式审查，故本案中原告的质疑给司法实践提出了新的课题：即在行政诉讼中，行政机关出具的法律文件中显示的其负责人的签名章如果不是红色的，其效力如何认定？依据是什么？正确理解这一问题不仅有利于个案中争议的解决，也有助于行政机关在日常工作中规范其诉讼行为，避免因此而产生不必要的诉累。因此，有必要从我国现行法律框架中找到有关行政机关负责人签名章的规定。

二、《党政机关公文格式》（GB/T 9704—2012）的法律性质

签名章，顾名思义就是通过有资质的公章刻制单位将个人签名制作成印章，多用于国家公职人员的公文函件。由于签名章多出现于国家机关公文，故关于签名章的规定最早出现在有关国家机关公文的规范性文件中。2000 年 8 月 24 日，国务院发布了《国家行政机关公文处理办法》，对公文的办理、管理等问题进行了明确规定，其中第九条列举了公文的种类主要有：命令（令）、决定、公告、通告、通知、通报、议案、报告、请示、批复、意见、函、会议纪要。根据该办法，国家质量技术监督局制定了《国家行政机关公文格式》（GB/T 9704—1999）（以下简称《公文格式 1999》），其中第 8.2.6.1 和第 8.2.6.2 节对单一发文印章和联合行文印章作了规定，明确规定印章用红色，但未规定签名章。

2012 年 4 月 16 日，中共中央办公厅、国务院办公厅联合发布了《党政机关公文处理工作条例》，该条例于 2012 年 7 月 1 日起实施，同时《国家行政机关公文处理办法》停止执行。该条例第八条规定，公文的种类主要有：决议、决定、命令（令）、公报、公告、通告、意见、通知、通报、报告、请示、批复、议案、函、纪要。根据该条例，2012 年 6 月 29 日，原国家质量监

督检验检疫总局、国家标准化管理委员会联合发布《党政机关公文格式》国家标准（GB/T 9704—2012）（以下简称《公文格式2012》），并于2012年7月1日实施。《公文格式2012》是对《公文格式1999》的修订，对公文用纸、印刷装订、格式要素、式样等作出了具体规定。在《公文格式2012》第7.3.5.3节“加盖签发人签名章的公文”对签名章的样式及加盖位置均有规定，其中第三款明确规定，“签名章一般用红色”[①]。

由于目前尚无其他法律法规对此问题予以规定，故《公文格式2012》是唯一规制签名章的规范性文件，如果在行政机关出具的非公文类文件中使用签名章，也可以参照适用。那么，《公文格式2012》在我国的法律体系中处于何种地位，其法律效力如何？笔者认为，其法律效力取决于其法律性质，即属于何种法律渊源。由于其属于国家标准，而国家标准是国务院标准化行政主管部门制定的对国家经济、技术和管理发展具有重大意义而且必须在全国范围内统一的标准。国务院标准化行政主管部门作为国务院组成部门，有权制定部门规章和行政规范性文件。因此，判断国家标准的法律性质，主要是判断其属于部门规章还是行政规范性文件。首先，从名称上看，规章的名称一般称规定、办法、实施细则、规则等，而行政规范性文件是指行政机关及被授权组织为实施法律和执行政策，在法定权限内制定的除行政法规和规章以外的决定、命令等普遍性行为规则的总称，[②] 行政规范性文件的名称主要有命令、决定、请示、批复、函、会议纪要等，并且一般会在标题中指出所规范的事项。国家标准的名称一般表现为标准、产品技术要求、规范等，既不符合规章名称的表现形式，也不符合规范性文件名称的表现形式。但国家标准的名称中往往直接体现出所调整的对象，故更接近于规范性文件。其次，从体系结构上看，规章一般采用章、节、条款、项、目等，而行政规范性文件通常没有上述结构，国家标准不具有部门规章的体系结构。最后，从制定程序上看，根据《立法法》和《规章制定程序条例》，部门规章的制定

---

① 《公文格式2012》第7.3.5.3节规定：“加盖签发人签名章的公文：单一机关制发的公文加盖签发人签名章时，在正文（或附件说明）下空二行右空四字加盖签发人签名章，签名章左空二字标注签发人职务，以签名章为准上下居中排布。在签发人签名章下空一行右空四字编排成文日期。联合行文时，应当先编排主办机关签发人职务、签名章，其余机关签发人职务、签名章依次向下编排，与主办机关签发人职务、签名章上下对齐；每行只编排一个机关的签发人职务、签名章；签发人职务应当标注全称。签名章一般用红色。”

② 姜明安主编：《行政法与行政诉讼法》，北京大学出版社2011年版，第176页。

要经历立项、起草、审查、决定、公布几个环节，而行政规范性文件的制定程序较为简单。故从制定程序上看，国家标准属于行政规范性文件而不是部门规章。从以上三点可以看出，国家标准在性质上应接近于行政规范性文件。但由于国家标准可分为强制性国家标准（GB）和推荐性国家标准（GB/T），从法律效力上看，强制性国家标准对行政相对人具有法律拘束力，在法律效力上接近于部门规章。而推荐性国家标准仅仅表明了国家的鼓励、倡导，其对相对人并无法律拘束力，更接近于行政规范性文件。因此，《公文格式2012》属于行政规范性文件。

三、行政机关负责人签名章的法律效力

加盖签名章的目的在很大程度上是行政机关出于工作便利的需要，将其负责人从大量、重复的签字工作中解放出来，签名章在法律效力上应相当于签名。由于我国受传统文化的影响，印章多使用红色印泥，但在国外很多国家，印章多使用蓝色。虽然《公文格式 2012》也规定了“签名章一般用红色”，但鉴于其属于推荐性国家标准（GB/T），没有强制性的法律拘束力，仅仅表明了国家的倡导，且“一般用红色”也表明并没有排除使用其他颜色的可能。因此，蓝色签名章应当具有与红色签名章相同的法律效力。

既然从规范性文件的角度来说，蓝色签名章与红色签名章具有同样的法律效力，那么在个案中，当签名章为蓝色时是否会影响法律行为本身的效力？以前述案件为例，原告因工信部出具的授权委托书上的负责人签名章是蓝色的而主张该授权委托无效，并认为其委托代理人不具有出庭资格。对此应从三个方面加以分析：首先，虽然《公文格式 2012》中有“签名章一般用红色”的规定，但根据《党政机关公文处理工作条例》第八条的规定，公文仅有 15 种类别，而授权委托书显然不在这 15 种公文之列，故行政机关出具的授权委托书不应适用《公文格式 2012》；其次，即使可以适用《公文格式2012》，其也只是规定“一般用红色”，而非明确禁止使用其他颜色，在法律没有明确禁止的情况下，使用蓝色签名章显然也是可以的；最后，从行为的性质来看，行政行为是指“行政机关用以产生行政法上效果的法律行为”①，

① 王名扬：《法国行政法》，北京大学出版社 2016 年版，第 105 页。

或"行政主体运用行政权，实现行政目的的活动"①，而行政机关负责人在授权委托书上加盖签名章的行为显然不会产生行政法上的效果，故明显不属于行政行为。就行政机关的授权委托行为本身而言，其属于一种单方民事法律行为，即只需要委托人一方的意思表示就可以发生法律效力，加盖签名章只是一种附带行为。《民法总则》第一百六十五条规定："委托代理授权采用书面形式的，授权委托书应当载明代理人的姓名或者名称、代理事项、权限和期间，并由被代理人签名或者盖章。"这里的"签名或者盖章"显然是可以选择的，法律并没有要求二者必须同时具备。因此，目前我国法律并没有规定法人的法定代表人必须在授权委托书上签名，只要行政机关的授权委托书上加盖有单位公章，即便没有行政机关负责人的签名也不会影响授权委托的效力。故行政机关负责人签名章的颜色根本不会影响授权委托的有效性。行政机关在其出具的授权委托书上加盖签名章只是符合公文格式的要求，签名章本身并不产生任何法律效果。综上，一般而言，签名章与签名具有相同的法律效力，且签名章的颜色不影响其法律效力。但基于司法实践的多样性，在某些情况下签名章的颜色可能会对其法律效力产生影响。例如，当加盖有签名章的文件被作为书证提交核对原件时②，签名章的颜色可能会对其证明效力产生影响，如果签名章的颜色是黑色的，则容易导致无法区分原件和复印件，此时黑色签名章作为证据的证明效力显然不如其他颜色的签名章。

四、"红蓝之争"的启示

本案原告提出的一个看似难以成立的质疑，却引发了一系列值得学界和实务界关注的问题，这些问题的解决还有待于进一步的探讨。从这个案例也可以看出，经过多年的法治化建设，我国公民的法治意识不断增强。曾几何时，"民告官"还是一个稀罕物，能走进法院的原告也只是坐在原告席上被动地参与庭审，而今行政诉讼的原告已经敢于当庭质疑被告行政机关的出庭人员身份，甚至强烈要求被告的法定代表人出庭应诉，这不能不说是法治化

---

① 姜明安主编：《行政法与行政诉讼法》，北京大学出版社 2011 年版，第 152 页。

② 《最高人民法院关于行政诉讼证据若干问题的规定》第十条规定："根据行政诉讼法第三十一条第一款第（一）项的规定，当事人向人民法院提供书证的，应当符合下列要求：（一）提供书证的原件，原本、正本和副本均属于书证的原件……"

进程中的一大飞跃。从某种意义上说，行政诉讼原告在诉讼中主动性的增强也为行政诉讼制度本身提出了新的挑战。而立法工作者和司法工作者的任务就是要迎接这些挑战，不断完善行政诉讼制度。就本案而言，通过对行政机关负责人签名章法律效力的探讨，我们可以看到目前在立法上对此类问题还存在漏洞，很多问题没有规定，有规定的又不具体，造成实践中存在很多似是而非的情况。以签名章的颜色为例，完全可以采取列举的方法把可以用于签名章的颜色明确列举出来，这样就可以避免实践中就颜色问题产生争议。再以签名章的使用范围来说，可以明确规定使用范围。笔者认为，今后行政机关在签名章的使用上应注意以下几个问题：一是明确签名章的使用范围，在哪些公文上必须使用签名章，哪些公文上可以使用，都应加以明确。在不需要使用的场合，应禁止使用，以免因签名章的不当使用引起纠纷。二是制定统一的签名章格式规范，可以参照《公文格式 2012》制定更为具体的规定，包括签名章的颜色、尺寸、加盖位置等，最好能明确规定何种文件使用什么颜色的签名章，同时也应明确禁止使用何种颜色的签名章，尽量减少可能因签名章的形式问题而产生的争议。三是做好签名章的管理和归档，在当事人因对签名章的真实性提出质疑而需要进行鉴定时，配合法院做好鉴定工作。就法院来说，今后在司法实践中遇到类似问题可以及时向行政机关发出司法建议，这样就可以及时指出行政机关在应诉工作中存在的不足，促使行政机关提高应诉水平。四是加强府院联动，保持经常性的沟通渠道，针对司法实践中可能遇到的问题做到防患于未然，这也是解决所有问题最有效的方法。

（作者单位：北京市第一中级人民法院）

调查研究

行政裁定驳回起诉案件法律适用标准问题研究

李雪春　高宏亮

【摘要】人民法院信息化建设向纵深领域发展，2017 年 4 月最高人民法院制发的《最高人民法院关于加快建设智慧法院的意见》提出了运用大数据和人工智能技术，按需提供精准智能服务等具体工作要求，进一步探索信息化建设与具体审判部门业务的深度对接与融合的必要性和紧迫性。笔者在借助最高法院司法统计分析数据的基础上，对驳回起诉类案件裁判文书展开数据化分析，发现驳回起诉案件存在三方面特点：一是驳回起诉案件呈现“三高”态势；二是案由分布范围广且相对集中；三是案件审理周期逐年延长。针对上述问题提出完善驳回起诉案件信息化应用的四点建议：一是构建起诉要件审查标准体系；二是打造独立的行政诉讼审前程序；三是探索大数据下的类案检索机制；四是引入信息化手段实现裁判文书自动生成。

【关键词】智慧法院　大数据　驳回起诉　法律适用标准

一、行政裁定驳回起诉案件的数据观察

随着立案登记制的推行，法院在立案阶段对于行政案件起诉条件的审查变得宽松。大量的行政案件进入法院后，在进一步的审查中可能因不满足法定的起诉条件而被法院作出拒绝性裁判。由于原告的诉求尚未进入实体审理，原告对于案件的实体处理结果充满期待，法院对于驳回起诉裁判把握不当，

当事人将面临救济之门被再次关闭的风险。同时，在立案登记制实施过程中，不可避免地使得一些本不需要通过行政诉讼解决或者行政诉讼无法解决的争议进入了法院审查的视野。如何更好地把握起诉条件的审查，既保护当事人的诉权，又防止因大量无效诉讼占用司法资源干扰法院审判，成为目前法院面临的迫切需要解决的问题。

（一）裁定驳回起诉案件呈现“三高”态势

1. 裁定驳回起诉结案数量持续走高。近五年来，裁定驳回起诉案件结案数量持续增长。2013 年全国行政审判一审结案 120675 件，其中裁定驳回起诉 8639 件。2014 年一审结案 130964 件，其中裁定驳回起诉 12353 件，同比增长 42.99%，高于同期行政一审结案增长率。2015 年一审结案 198772 件，同比增长 51.78%，其中裁定驳回起诉 36172 件，同比增长 192.82%，是同期行政一审平均结案增长率的 3.7 倍。2016 年一审结案 194442 件，其中裁定驳回起诉 44723 件，一审裁定驳回起诉率为 23.00%，2017 年全国行政审判一审结案 229112 件，同比增长 17.83%，其中一审裁定驳回起诉 53512 件，同比增长 19.65%。从图 1 可以看出，裁定驳回起诉案件随着行政一审结案数量急剧上涨，特别是在 2015 年，案件增长数量达到顶峰，之后案件增长势头变缓，渐趋平稳。

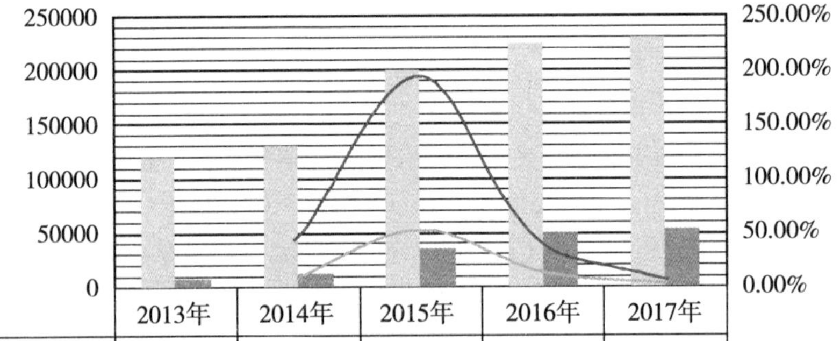

	2013年	2014年	2015年	2016年	2017年
一审结案	120675	130964	198772	194442	229112
裁定驳回起诉结案	8639	12353	36172	44723	53512
一审结案增长率		8.53%	51.78%	13.21%	1.82%
裁定驳回起诉结案增长率		42.99%	192.82%	23.00%	6.20%

图 1　2013—2017 年全国法院一审裁驳案件数量对比

2. 裁定驳回起诉结案比例逐年增长。从图 2 可以看出，从 2013 年至 2017 年的五年间，裁定驳回起诉案件结案比例不断提高。2013 年全国审结的一审裁定驳回起诉案件仅占当年一审结案的 7.16%，2014 年裁定驳回起诉案件占比上升至 9.43%，到 2015 年达到了 18.20%，同比增加近一倍，2016 年裁定驳回起诉案件占比继续上升，达到 22.39%，2017 年全国一审裁定驳回起诉率为 23.36%，同比上涨 0.36%。2017 年一审裁定驳回起诉率最高的法院省份为辽宁，裁定驳回起诉率达到 39.22%，其次为天津，裁定驳回起诉率为 29.90%。裁定驳回起诉率的增长，反映出法院在行政诉讼案件的审理中更加侧重对于起诉条件的实质性审查。

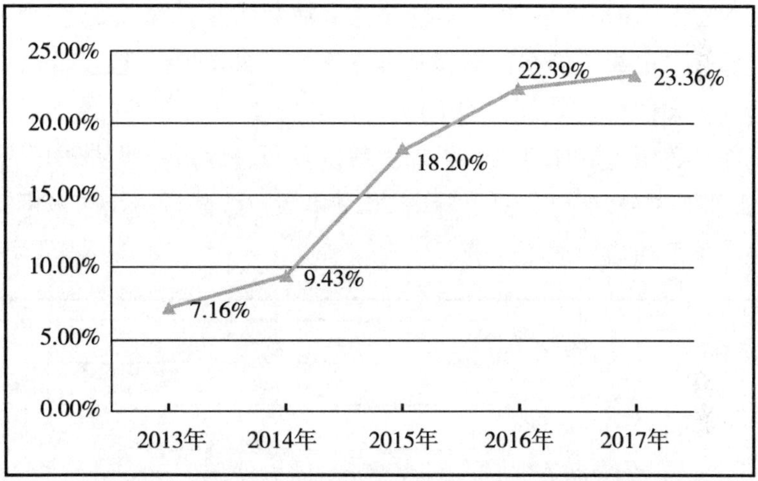

图 2　2013—2017 年全国法院一审裁定驳回起诉率变化情况

3. 裁定驳回起诉错误率明显升高。观察近年全国行政二审结案情况，因原审法院对于裁定驳回起诉的适用条件及相关法律适用把握不当而被二审法院纠正的案件逐年增多。2016 年全国行政一审裁定驳回起诉案件被二审指令审理 1816 件，二审撤销原判并裁定驳回起诉 2414 件，两类案件数量占二审纠正一审案件（包含改判、发回重审、撤销原判并移送其他法院管辖等）总数的 44.29%。2017 年全国行政一审裁定驳回起诉案件被二审指令审理 2401 件，同比上升 32.21%，二审撤销原判并裁定驳回起诉 4325 件，同比上升 79.16%，上述两类二审案件占二审纠正一审案件总数的 65.08%，同比上升 20.79%。2017 年二审裁定驳回起诉纠错率最高的法院省份为广东，达到86.29%，该年广东省法院有2698件案件被二审法院撤销并裁定驳回起诉。

表1　2016—2017年全国法院二审裁判纠正一审情况

年度	改判	发回重审	撤销原判驳回起诉	撤销原判指令审理	总计
2016	4002	2691	2414	1816	10923
2017	5482	2910	4325	2401	15118
变化	↑36.98%	↑8.14%	↑79.16%	↑32.21%	↑38.40%

从天津法院2013年至2017年行政二审裁判情况看（图3），因一审驳回起诉错误而被二审纠正的案件数量逐年上升，二审指令审理以及撤销原判裁定驳回起诉的案件总数从2013年的4件上升至2017年的37件，且在二审纠正一审案件总数所占的比重日益增加。裁定驳回起诉错误率从2013年的20%增长至2017年的47.44%，这意味着2017年天津法院近一半的一审错误案件都涉及起诉条件的法律适用问题。

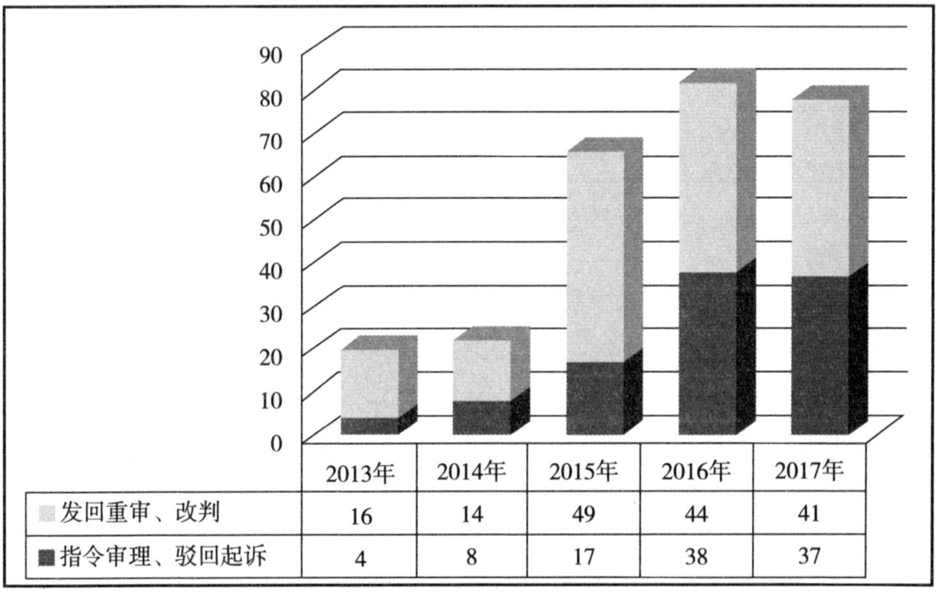

图3　2013—2017年天津法院二审裁判纠正一审情况

（二）案由分布范围广且相对集中

从涉及行政管理领域看，近年来全国行政一审裁定驳回起诉案件广泛分布在60余类行政管理领域，主要集中于城建、资源、公安等领域。通过2017年与2016年的司法统计数据比较，裁定驳回起诉案件的案由在行政管理领域的分布并无明显变化。裁定驳回起诉数量最多的五类行政管理领域为：城建类案件、资源类案件、公安类案件、乡政府类案件、劳动和社会保障类案件。作为独立的司法统计项目的“其他”类案件，一般属于无法归入司法统计现有行政管理领域的新类型的行政案件，近年所占比重较高，2016年占比为50.24%，2017年其他类案件比例有所下降，但仍接近50%。

表2　2016—2017年全国一审裁驳案件主要行政管理领域

行政管理领域	2016年	2017年	变化
城建	17.28%	18.50%	↑1.22%
资源	12.39%	14.11%	↑1.72%
公安	6.35%	5.71%	↓0.64%
乡政府	3.54%	4.16%	↑0.62%
劳动和社会保障	2.57%	2.69%	↑0.12%
其他	50.25%	48.54%	↓1.71%

在2017年审结的城建类驳回起诉案件中，涉及拆迁案件4499件，占45.44%，规划案件1196件，占12.08%，房屋登记案件1895件，占19.14%；在资源类案件中，涉及土地案件6373件，占84.38%。以上案件与房屋、土地等不动产相关联，也是一般行政诉讼案件中经常涉及的具体行政管理领域。从2017年天津行政一审驳回起诉案件的法定事由分布来看，因起诉超过法定起诉期限而被驳回起诉的案件数量最多，为227件，占全年驳回起诉案件总数的23.19%；不属于行政诉讼受案范围的134件，占13.69%；对原告合法权益明显不产生实际影响的121件，占12.36%；不具有原告主体资格的129件，占13.18%；其他不符合法定起诉条件的104件，占10.62%，以上案件数量均超过100件。在2017年的裁定驳回起诉案件中，有两类案件

数量为0，一类是未按照法律规定由法定代理人、指定代理人、代表人代为行政诉讼的，另一类是未按照法律、法规规定先向行政机关申请行政复议的。除上述两类案件外，其他驳回起诉的法定事由均有涉及。

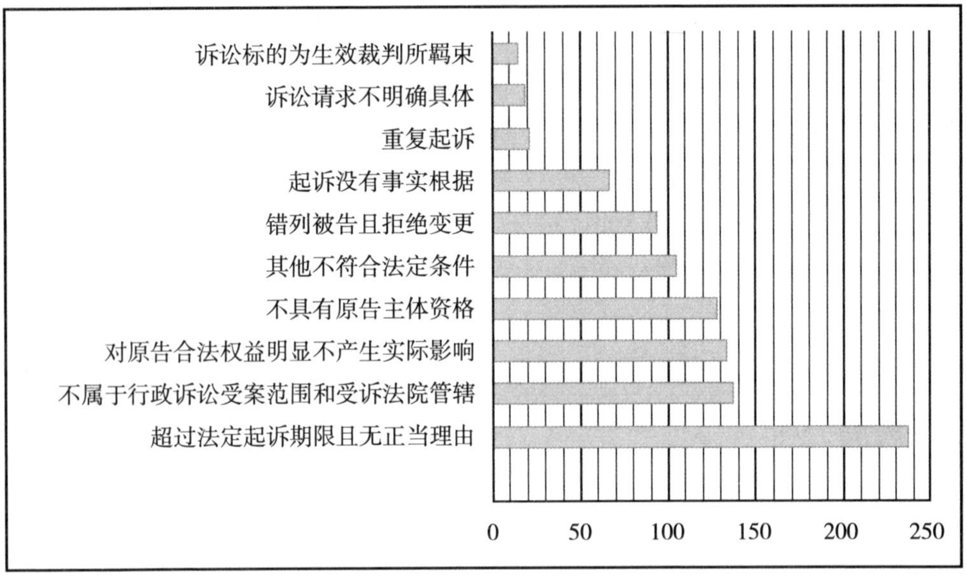

图4 2017年天津行政一审裁定驳回起诉案件主要法定事由

（三）案件审理周期逐年延长

近五年来天津法院行政一审裁定驳回起诉案件的平均审理天数均高于60天，且历年驳回起诉案件审理天数都远高于同年一审结案平均审理天数。虽然司法解释规定了法院可以不经开庭径行裁定驳回起诉，但这种程序简化仍未遏制驳回起诉类案件审理周期增长的势头。例如，在天津法院2016年裁定驳回起诉的案件中，经开庭审理的案件数为208件，仅占该年驳回起诉案件总数的20%，虽然开庭率在低位徘徊，然而该年驳回起诉案件95.9天的平均审理天数仍创下了近五年来的历史新高。

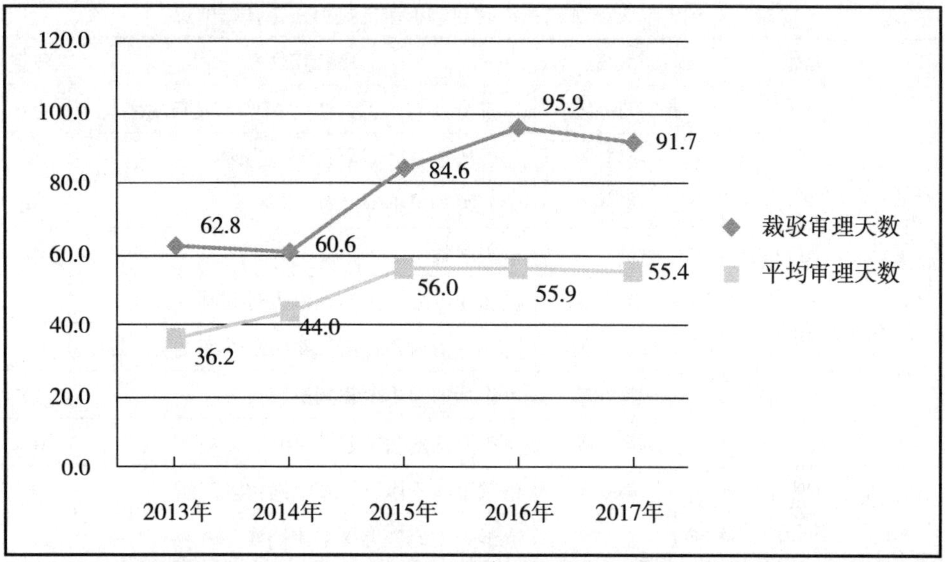

图 5 2013—2017 年天津法院驳回起诉案件审理天数对比

二、驳回起诉案件的法律适用标准分析

相对于行政判决类文书而言，驳回起诉类行政裁定的文书结构相对简单，案件争议焦点主要围绕原告的起诉是否符合法定起诉条件展开，法院的裁判理由集中在法定起诉条件的认定和法律依据的适用层面。通过对裁判文书的文本进行分析解构，可将驳回起诉的各类信息要素进行提取，分类归纳各类驳回起诉案件在法律适用中存在的具体问题。

以 2017 年天津法院一审驳回起诉的 979 份行政裁定为样本，通过文本分析工具将驳回起诉裁定的法律依据进行筛选和提取，可以借此观察驳回起诉裁定的适用法律情况。

表 3 2017 年天津法院一审驳回起诉裁定援引法律依据情况

条款	项	法定事由	数量
《最高人民法院关于适用〈中华人民共和国行政诉讼法〉若干问题的解释》（法释〔2015〕9 号，以下简称《适用解释》）第三条第一款	第一项	不符合《行政诉讼法》第四十九条规定	406
	第二项	超过法定起诉期限且无正当理由	227
	第三项	错列被告且拒绝变更	101
	第六项	重复起诉	22
	第七项	撤回起诉后无正当理由再行起诉	7
	第八项	行政行为对其合法权益明显不产生实际影响	121
	第九项	诉讼标的为生效裁判所羁束	15
	第十项	不符合其他法定起诉条件	103
《最高人民法院关于执行〈中华人民共和国行政诉讼法〉若干问题的解释》（法释〔2000〕8 号，以下简称《执行解释》）第四十四条第一款	第一项	请求事项不属于行政审判权限范围	1
	第二项	起诉人无原告诉讼主体资格	2
	第六项	起诉超过法定期限且无正当理由	1
	第八项	起诉人重复起诉	1
	第十一项	起诉不具备其他法定要件	1
其他			92

（一）《行政诉讼法》第四十九条与其他条款的适用关系

2017 年驳回起诉裁定样本中共有 406 份裁定引用《适用解释》第三条第一款第一项驳回原告起诉，占裁定总数的 41.47%。其适用条件为原告不符合《行政诉讼法》第四十九条的情形。《行政诉讼法》第四十九条是关于起诉条件的一般规定条款，与《执行解释》第四十四条和《适用解释》第三条的其他起诉条件相比较，第四十九条的内容应当更容易识别，侧重于强调起诉时的初步审查，当案件具体情形复杂或者相关事实争议较大，导致《行政诉讼法》第四十九条的起诉条件无法在立案阶段确定时，可以先予立案，在行政审判的审理过程中进一步查明。

表4 2017 年天津法院一审认定不符合《行政诉讼法》第四十九条具体情况

项	法定事由	数量
第一项	不具有原告主体资格	129
第二项	被告不明确	2
第三项	诉讼请求不明确具体	20
	没有事实根据	119
第四项	不属于人民法院受案范围	134
	不属于受诉人民法院管辖	2

上述条款在理解与适用过程中出现了比较有争议的问题：如果在立案阶段发现起诉虽然符合《行政诉讼法》第四十九条规定的四项起诉条件，但不满足司法解释中规定的其他要件，比如超过法定起诉期限、错列被告或者重复起诉的，是否能够直接裁定不予立案，而不必在立案后驳回起诉？在实践中有两种不同观点。第一种观点认为，在立案审查阶段，只能对《行政诉讼法》第四十九条规定起诉条件进行判断，不能援引《适用解释》第三条的规定不予立案。持这种观点的理由是，在立案登记制度实施以后，法院在立案审查阶段应当侧重对于起诉人诉权的保护，立案条件的审查只能进行形式审查，特别是《适用解释》第三条第一款的裁判方式与《执行解释》第四十四条第一款有明显区别，去掉了关于“应当裁定不予立案”的表述，立案部门不能再援引上述规定作出不予立案裁定①。第二种观点认为，在立案阶段如果能够查明起诉不符合任意一项法定要件，即可裁定不予立案。持这种观点的理由是，立案登记制的实施并不意味着起诉条件审查的废弃，在保障当事人诉权的前提条件下，法院仍应对全部起诉条件坚持适度审查，对于能够在立案审查中发现的较为明显不符合起诉条件的，在向当事人做好释明工作后，依法裁定不予立案。我们赞成第二种观点。随着新行政诉讼法和立案登记制同步实施，法院立案渠道全面畅通，但滥诉现象也伴之而生，一些明显不属于法院受案范围或者反复的、肆意的琐碎诉讼不加鉴别地进入审理阶段。因此，有必要根据立案登记制的实质要求对起诉条件的认定进行整体把握。

---

① 参见江必新、梁凤云：《最高人民法院新行政诉讼法司法解释理解与适用》，中国法制出版社 2015 年版，第 38 页。

（二）关于原告主体资格的判断标准

现行《行政诉讼法》第二十五条第一款规定："行政行为的相对人以及其他与行政行为有利害关系的公民、法人或者其他组织，有权提起诉讼。"该条款是对原法第二十四条第一款和第四十一条有关原告资格内容表述[①]的修改。原法上述条款曾确立了带有一定"主观化"色彩的原告资格判定标准，即"认为"自己的合法权益受到侵犯。然而，这种主观标准导致法院对于原告资格的无法判定。现行《行政诉讼法》沿用了《执行解释》所确立的"法律上的利害关系"判定标准，使原告资格认定的标准进一步"客观化"[②]。通过对 2017 年天津法院因不具备原告主体资格驳回起诉的裁定样本进行分析，相关判例大致从下三方面判断原告是否存在法律上的利害关系：

其一，是否存在公法保护意义上的权益。行政机关作出被诉行政行为时所适用的行政实体法律规范是否要求行政机关考虑、尊重和保护原告诉请保护的权利和利益。例如，在一起涉及房屋被征收人起诉发展改革部门作出的投资项目审批、核准行为的案件[③]中，法院认为发展改革部门对政府投资项目的审批和对企业投资项目的核准，主要是从拟建项目是否维护经济安全、合理开发利用资源、保护生态环境、优化重大布局、保障公共利益、防止出现垄断等方面进行审查，并不涉及项目的征地拆迁、安置补偿等与相对人具体权利义务相关的内容。

其二，是否为专属于原告自身的主观权益。在一般情况下，原告主张的必须是自身的权利和利益，主张他人权益、集体权益或公众权益的，都因属于反射利益，不享有诉权[④]。在驳回起诉裁定样本中，有 57 份裁判文书因原告主张的权益并非本人专有而否认利害关系的存在。例如，在一起小区业主以个人名义请求撤销业主大会备案的案件中[⑤]，法院认为，具有向相关部门申请业主委员会备案的适格主体应为业主委员会而非业主个人，选举业主委

---

① 2014 年修正前的《行政诉讼法》第四十一条规定："提起诉讼应当符合下列条件：（一）原告是认为具体行政行为侵犯其合法权益的公民、法人或者其他组织……"

② 参见信春鹰主编：《中华人民共和国行政诉讼法释义》，法律出版社 2014 年版，第 69 页。

③ 参见天津市和平区人民法院（2017）津 0101 行初 111 号行政裁定书。

④ 参见［德］弗里德赫尔穆·胡芬：《行政诉讼法（第五版）》，莫光华译，刘飞校，法律出版社 2003 年版，第 251 页。

⑤ 参见天津市河东区人民法院（2017）津 0102 行初 77 号行政裁定书。

员会也是全体业主行使的自治权。业主的合法权益可以通过业主大会及业主委员会实现，业主个人不具备直接对外行使业主委员会的权利。

其三，是否产生权益受侵害的可能性。以“认为权利受到侵害”判断原告资格带有一定的主观性，如果仅坚持“认为”标准，那么由于所有的原告都不会“否认”自己的权利没有受到损害，原告资格将自动获得承认，利害关系的判定标准将有可能会被虚化和弱化。因此，原告在认为合法权益受到侵害的同时，应当至少提供证据证明其合法权益有受到侵害的“可能”，但原告承担的仅是一种初步证明责任，只要有证据表明原告“认为”的权益受到侵害存在可能性即可承认原告主体资格，至于权益是否实际受到损害则应在进入实体审查阶段进行判断。

（三）关于“明显不产生实际影响”的判定标准

《适用解释》第三条第一款第八项是关于“行政行为对其合法权益明显不产生实际影响的”适用条件，该项将《执行解释》第一条第二款第六项规定的“权利义务不产生实际影响”条款进行了改造，将“权利义务”调整为“合法权益”，与修改后的《行政诉讼法》第二条相呼应。另外增加了“明显”二字，从而将“实际影响”要件从受案范围的起诉条件中脱离出来，直接作为与《行政诉讼法》第四十九条并列的起诉条件独立进行适用，这种调整变化在实践中也给审判人员带来困惑。一方面，“不产生实际影响”与“不存在利害关系”“不可诉”的含义表达非常接近，容易导致法院在选择适用《适用解释》第三条第一款第一项（包含原告资格利害关系条款、受案范围条款）与第八项时出现混淆。根据最高人民法院行政审判庭的观点，该项内容主要适用于判断是否具有利害关系较为复杂的情形，有时需借助必要的实体审查，通常在审理阶段作出裁定。① 另一方面，实践中如何界定“明显”也具有一定的困难，大多需要法官结合生活经验和常识，并参考现有的典型类案裁判作出判断。一般认为，只有在“明显”不产生实际影响，能够清晰地做出判断行政争议的解决对起诉人合法权益没有实际意义时，法院才裁定驳回起诉。②

---

① 参见江必新主编，最高人民法院行政审判庭编著：《中华人民共和国行政诉讼法及司法解释条文理解与适用》，人民法院出版社 2015 年版，第 328 页。

② 参见江必新主编，最高人民法院行政审判庭编著：《中华人民共和国行政诉讼法及司法解释条文理解与适用》，人民法院出版社 2015 年版，第 332 页。

三、完善驳回起诉案件法律适用的几点建议

（一）构建起诉要件审查标准体系

观察域外经验，德国对于行政诉讼案件的审理建立起了一套完备的审查模式。德国将法定起诉条件的审查称为诉的适法性审查，亦可称为诉的实质裁判要件[①]。诉的适法性审查与诉的理由具备性审查共同构成行政诉讼的基本审查模式。当诉的实质要件不满足时，法院不会进入实体审理阶段，只有原告的起诉满足具体的诉讼要件，原告才得以进一步获得实质意义上的裁判。日本将诉讼程序划分为诉讼要件和本案审理两个不同阶段，对于诉讼要件又进行了主观性诉讼要件和客观性诉讼要件的划分，例如在撤销诉讼中，将诉的对象（处分性）、原告资格（法律上的利益）、诉的客观利益（狭义的诉的利益[②]）归入主观性诉讼要件，体现原告的主观意识；将被告资格、管辖、起诉期间等与原告主观意识无关的要件归为客观性诉讼要件；将当事人的诉讼能力、诉状等一般诉讼要件归为其他要件。通过诉讼要件的划分，法院可以方便地对于原告的起诉进行有针对性的事前审查，确保合法的诉讼进入本案审理阶段，防止出现滥诉的情形。我国台湾地区学者进一步将狭义的诉的利益（权利保护必要性）划分为六种情形：无效率的权利保护、无用的权利保护、权利滥用之禁止、不适时的权利保护、诉讼程序上的权利失效和诉讼权利之抛弃[③]。权利保护必要性的划分，有助于帮助审判人员结合具体案件情况将缺乏诉的利益的案件进行有效排除。

如果将诉讼要件理论与我国目前的法定起诉条件的法律适用进行融合，可以建立如下要件审查标准体系：

---

① 参见［德］弗里德赫尔穆·胡芬：《行政诉讼法（第五版）》，莫光华译，刘飞校，法律出版社2003年版，第136页。

② 在日本，诉的利益有广义和狭义之分，广义的诉的利益包含权利保护的资格、原告资格和权利保护的利益，狭义的诉的利益就是权利保护的利益。参见江利红：《日本行政诉讼法》，知识产权出版社2008年版，第207页。

③ 参见陈清秀：《行政诉讼法》，法律出版社2016年版，第281—285页。

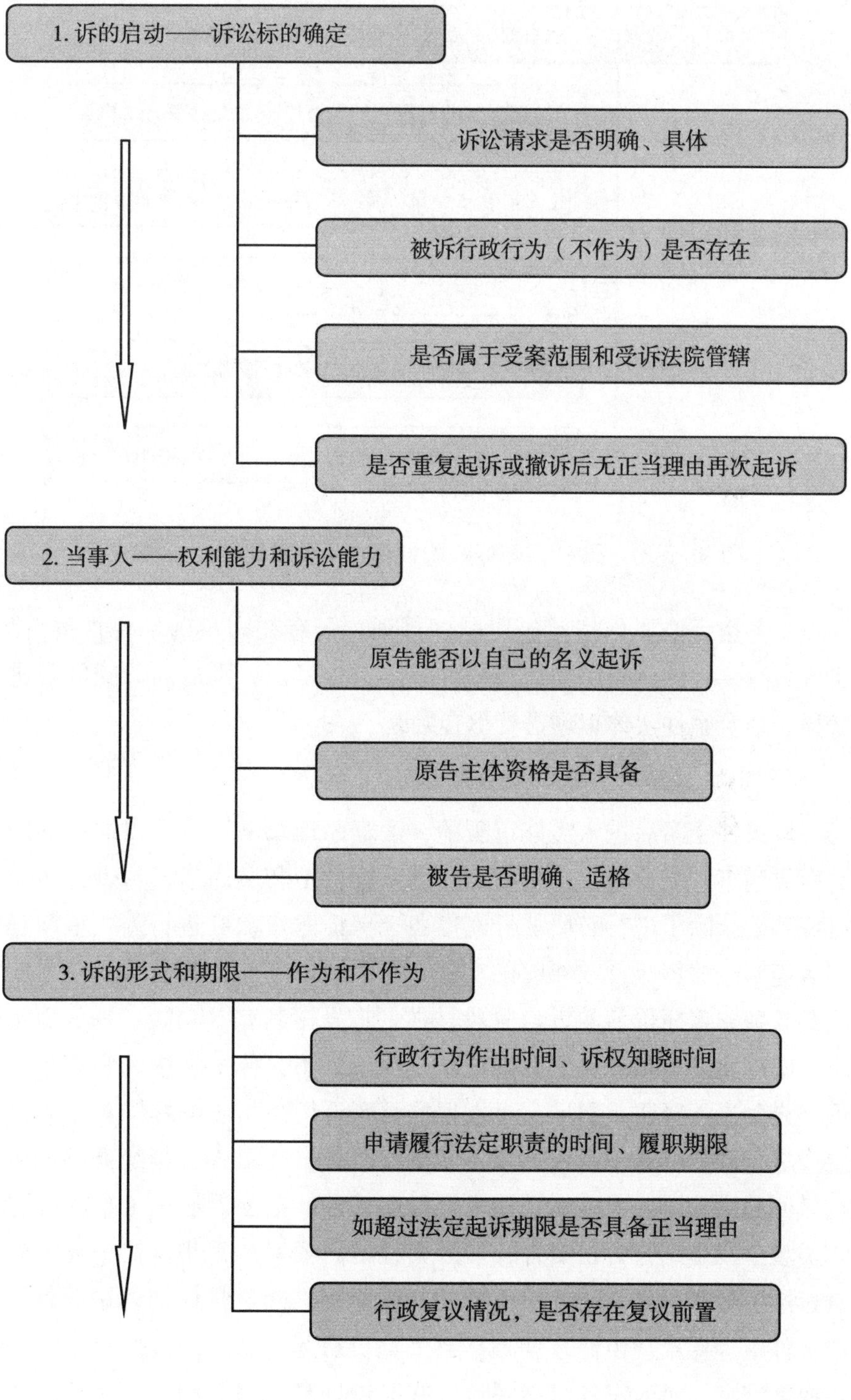
1. 诉的启动——诉讼标的确定
诉讼请求是否明确、具体
被诉行政行为（不作为）是否存在
是否属于受案范围和受诉法院管辖
是否重复起诉或撤诉后无正当理由再次起诉
2. 当事人——权利能力和诉讼能力
原告能否以自己的名义起诉
原告主体资格是否具备
被告是否明确、适格
3. 诉的形式和期限——作为和不作为
行政行为作出时间、诉权知晓时间
申请履行法定职责的时间、履职期限
如超过法定起诉期限是否具备正当理由
行政复议情况，是否存在复议前置

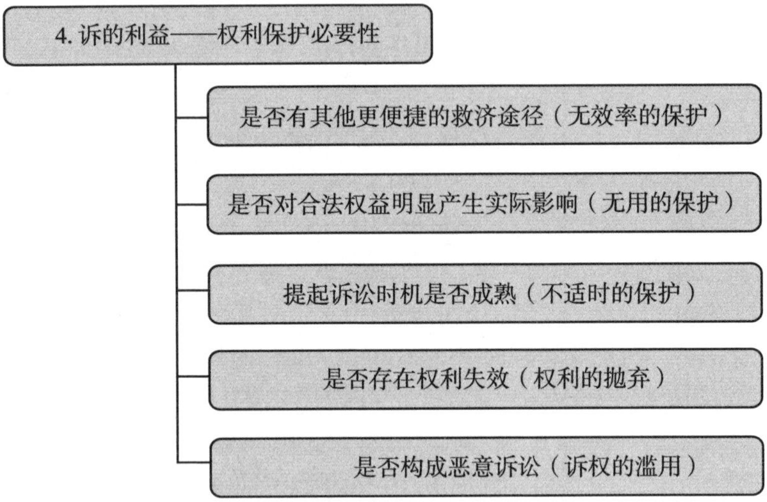

图6 行政诉讼要件审查标准结构图示

以上各类诉讼要件按照先后顺序排列，只有在满足前一要件的情形下，才进入后续要件的审查，如相应要件不能审查确定，则成为待查问题进入实体阶段，结合案件实体审理进行综合判断。

（二）打造独立的行政诉讼审前程序

行政案件立案后进入实体审理前，法官助理及书记员可以通过询问当事人、引导当事人充分进行证据交换，剔除案件不相关因素，为进一步查明事实打好基础。除了进行必要的开庭准备，保证庭审顺利进行外，审前程序还应当承担起过滤解决行政纠纷的功能。可以从以下几方面着手，使审前程序成为具有独立程序价值的诉讼阶段，进一步发挥其有效功能：一是固定诉讼请求、明确案件类型。对于诉讼请求不明确、不具体，无法确定审理对象的情形，充分进行释明，引导当事人根据行政诉讼法司法解释中对于诉讼请求的要求进行调整，对于诉讼请求不明确不具体，当事人又拒绝调整的，及时作出驳回起诉裁定。对于诉讼请求已经明确的，根据诉讼请求事项确定案件审理类型。二是结合诉讼要件，做好案件信息要素的采集。在一般诉讼要件审查标准引导下，进一步针对不同的案件类型，确定具体的诉讼要件，明确各类案件审理要素。由法官助理指导书记员从起诉状、证据材料中收集案件审理要素信息，录入案件审理系统。同时做好案件信息归类，为日后的信息提取和分析提供数据基础。三是区分案件特征，做好案件繁简分流。经过庭前审查，根据不同案件的特点和复杂疑难程度，按照简易程序和普通程序的要求及时将案件归入不同的审理程序，最大限度提升案件审查和审理效率。

（三）探索大数据下的类案检索机制

目前全国法院裁判文书公开工作为推进类案裁判尺度统一提供了丰富的资源，大量的裁判观点隐匿于全国的裁判文书中尚待挖掘和整理，这也为在诉讼要件类型化研究中引入大数据分析提供了有力的契机，我们可以借助信息化手段将海量裁判文书中的观点进行提取，对照不同类型的诉讼要件认定标准进行归类，逐步提高起诉条件审查尺度的统一性。目前课题组对于最高人民法院近两年以来的行政裁判文书进行文本信息挖掘，将起诉条件相关裁判观点进行了汇总，建立了可进行自动筛选的数据库，便于审判人员进行分类查询检索。

驳回起诉裁定的法律适用主要围绕当事人的起诉是否符合法定起诉条件的说理展开，相应的说理标准可以参考最高人民法院行政审判庭编写的《行政诉讼文书样式（试行）》关于行政裁定书（驳回起诉用）的制作说明，对于驳回起诉裁定的事实和理由部分仅需围绕本案是否符合起诉条件进行写明，并注意运用法律规范对各方当事人提出的与起诉条件相关的诉讼理由逐一分析。[①] 不仅要说明当事人的起诉不满足哪一项起诉条件被驳回起诉，还要说明为什么不满足该项起诉条件，对当事人的起诉理由进行正面回应。通过进一步细化裁判文书说理标准，引导法官熟练运用认定起诉要件的裁判方法，整体提升法官法律适用的能力。在《行政诉讼文书样式（试行）》的现有基础上，进一步扩充驳回起诉裁定的信息要素内容，如在驳回起诉裁定文书首部增加案件由来以及裁判过程信息，特别是在因超过起诉期限而驳回起诉的案件中，对于原告的起诉日期、法院的立案日期等时间节点应予以明确交代，以便裁判文书说理更为清晰和公开。

（四）引入信息化手段实现裁判文书自动生成

随着法院信息化建设的不断推进，人工智能辅助法官办案的应用需求越来越强烈。但目前的法律文书纠错系统尚未根据不同裁判文书类型，在法律

---

① 最高人民法院行政审判庭编：《行政诉讼文书样式（试行）》，人民法院出版社 2015 年版，第 74 页。

适用的标准上作出有针对性的开发设计，导致纠错系统在法律适用的准确性方面的纠错率不高，难以满足日常裁判文书检测的需求。下一步可以根据驳回起诉条件认定的逻辑关系，扩充裁判文书纠错系统对于驳回起诉类案件法律适用的纠错功能，对于法律适用偏离司法标准的问题实现内容矫正。在利用信息化手段实现裁判文书批量化质量检测的基础上，进一步研发裁判文书关键信息自动提取技术，多维度提取当事人起诉信息、案件调查信息、庭审记录信息，设定针对驳回起诉裁定的裁判文书模板，将法定起诉条件的要件信息与具体法律条款建立关联映射，保证同类法定事由法律条款援引的一致性。一旦确定了裁定驳回起诉的某类特定事由，该事由的信息项便应当在裁判文书中显示为对驳回起诉条款的具体引用，最终实现驳回起诉裁定法律适用内容的自动生成，在确保文书质量的前提下逐步提高裁判文书制作效率。法院的信息化建设为辅助审判部门办案提供了有力的技术支撑，让办案法官脱离繁杂而琐碎的人工搜索和资料整理等工作，但人工智能终究不能替代法官在裁断案件中发挥个人的智慧和经验。信息化应用的目的在于辅助法官提高办案效率，防止出现低级错误，同时拓展法官的审判视野，推进统一裁判尺度，进而提升法官自身的司法水平，实现公正司法。如何获得良好的操作体验，满足法官的办案实际需求，是信息化应用建设的重中之重。

（作者单位：天津市高级人民法院　天津市河东区人民法院）

单方解除行政协议行政行为之司法审查

——结合全国149起案例及《行政协议专项解释》的规定展开

孙焕焕

2014年11月1日修正的《行政诉讼法》将单方解除行政协议等行政行为纳入了行政诉讼受案范围，2015年颁布的《最高人民法院关于适用〈中华人民共和国行政诉讼法〉若干问题的解释》（以下简称《适用解释》）就行政协议案件审理相关内容作了进一步明确[①]。但由于行政协议具有行政性和协议性的双重属性，《行政诉讼法》及相关司法解释对单方解除行政协议的规定较为原则，实践中，法院审理单方解除行政协议案件时，在解除行为性质、适用法律、解除条件、解除程序、裁判方式等方面存在认知和处理标准不一致的问题。而2019年11月12日，《最高人民法院关于审理行政协议案件若干问题的规定》（本文中简称《行政协议专项解释》）获得通过。结合《行政协议专项解释》的规定，进一步明确单方解除行政协议案件的审理裁判标准，规制行政机关单方解除行政协议行为，有利于完善政府守信践诺机制，优化营商环境，更好地实现行政管理和公共服务目标。

一、现状审视：149起案例折射类案裁判标准不统一的现实

通过Alpha法律系统，以“单方解除”“行政协议”为并列关键词检索，

① 2018年2月6日，最高人民法院发布《关于适用〈中华人民共和国行政诉讼法〉的解释》（以下简称《行诉解释》），用以取代《适用解释》及《关于执行〈中华人民共和国行政诉讼法〉若干问题的解释》。翌日，最高院副院长江必新在介绍《行诉解释》的新闻发布会上指出，在有关行政协议的专项司法解释出台前，法院审理行政协议案件应当参照《适用解释》的有关内容。参见《最高人民法院关于适用〈中华人民共和国行政诉讼法〉的解释》新闻发布会，资料来源：http：//courtapp. chinacourt. org/zixun－xiangqing－80372. html，2019年12月26日访问。

截至2019年11月25日，共检索到454起案件。通过逐一筛选，剔除民事案件、裁定驳回起诉案件、其他无关案件以及审级重复案件后，与本文主题高度契合的共有149起行政机关单方解除行政协议案件。这些案件的整体特点为：一是从结案年度看，结案数呈逐年上升趋势，2015年有5件，2016年有13件，2017年上升至36件，2018年进一步增长至65件，2019年回落至30件[①]。二是从地域分布看，涉案数最多的是辽宁省，共有21件，浙江省有16件，贵州省有14件，湖南省有13件，其他22个省或直辖市的涉案数均在8件以下。三是从行政协议类型看，149起案件共涉及18种协议类型，其中涉案数量最多的是房屋征收（征地）补偿协议案件，共有69件，占总数的46.31%；居第二位的是国有建设用地使用权出让合同案件，共有23件，占总数的15.44%；另外还有特许经营协议案件18件、招商项目投资协议案件15件、天然气投资利用协议案件4件，土地使用权挂牌成交确认书案件、水面承包协议案件、殡仪馆承包经营协议案件、采矿权有偿出让协议案件、地质灾害搬迁避让应急补助协议案件、改变大桥收费方式的协议案件、候车亭兼作广告载体的协议案件各2件等。通过对这149起案件进行深入分析，可以发现法院在单方解除行政协议行为合法性审查及裁判方面存在标准不统一的问题。[②]

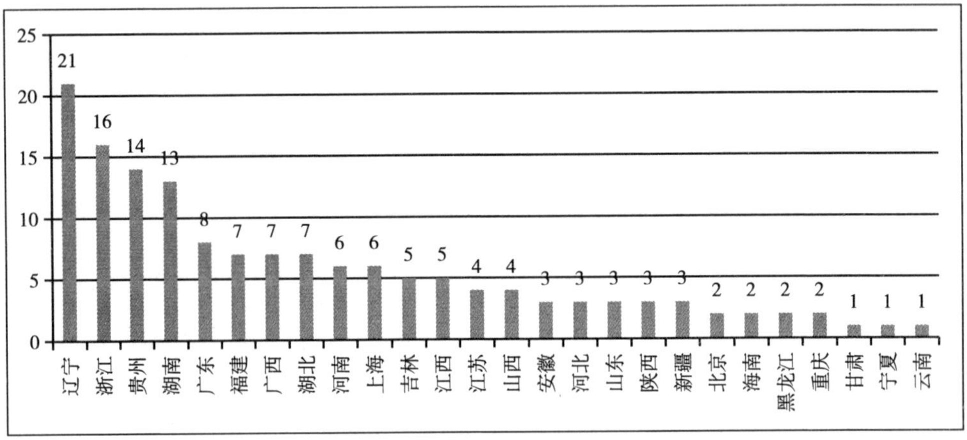

图1　案件地域分布（件）

① 这是因为有些案件结案后尚未生效，故未将裁判文书上网。

② 本文中所列举的案例除特别标明外，均为单方解除协议行政行为案件。

表1　案件所涉行政协议类型分布

编号	行政协议类型	案件数（件）	占总数的比例
1	房屋征收（征地）补偿协议	69	46.31%
2	国有建设用地使用权出让合同	23	15.44%
3	特许经营协议	18	12.08%
4	招商项目投资协议	15	10.07%
5	天然气投资利用协议	4	2.68%
6	土地使用权挂牌成交确认书	2	1.34%
7	水面承包协议	2	1.34%
8	殡仪馆承包经营协议	2	1.34%
9	采矿权有偿出让协议	2	1.34%
10	地质灾害搬迁避让应急补助协议	2	1.34%
11	改变大桥收费方式的协议	2	1.34%
12	候车亭兼作广告载体的协议	2	1.34%
13	征用海域协议	1	0.67%
14	使用国有土地养鱼协议	1	0.67%
15	河流两岸综合整治开发 PPP 项目协议	1	0.67%
16	生态环境保护贝类增养殖投资协议	1	0.67%
17	项目招标代理委托协议	1	0.67%
18	医保服务协议	1	0.67%

（一）单方解除行政协议行为性质认定标准不一致

不同于民事合同具有较为单一的私法属性，行政协议兼具行政性与协议性。行政主体具有双重地位：既是协议的一方当事人，享有《合同法》赋予的约定解除权、法定解除权[①]，又享有《行政诉讼法》所赋予的优益解除权。虽然同属解除权，但性质却截然不同，适用条件亦存在差异。通过对案例分析可知，由于约定解除、法定解除、行使优益权解除外在表现形式上均为发送解除通知，行政主体作出解除决定时在适用法律、认定事实的表述上并不能清晰判断出是何种解除，抑或行政机关的判断本就失之偏颇，而后续法院

① 包括约定解除和《合同法》第九十四条规定的法定解除。

在司法审查中也存在对解除性质认识模糊的情况。一是对于同种情形进行不同的认定。如在原告某投资中心诉被告江阴市国土资源局案①中，被告认为因原告未按约定付清全部土地出让金，根据国有建设用地使用权出让合同约定，并报江阴市政府批准，决定解除与原告签订的合同。法院经审理认为，被告单方解除合同行政行为符合双方在行政协议中的约定，实质上是一种约定解除。而在某房地产开发有限公司诉博罗县国土资源局单方解除协议案②中，同样是因为未缴纳土地出让金导致协议解除，法院则认定被告解除协议行为是单方解除，违反了行政正当程序原则，最终判决确认违法。二是在同一份判决中对于约定解除抑或行使行政优益权单方解除认定前后矛盾。如在原告某公司诉被告荆州经济技术开发区管理委员会案③中，法院一方面认定原告行为已符合合同约定解除条件，另一方面又以行政优益权确认被告作出的单方终止行为，既无必要，也在一定程度上存在对行政优益权的不当理解。三是将行使行政优益权单方解除与法定解除混同。如在某公司诉江西进贤经济开发区（产业园）管理委员会案④中，法院认为行政协议不仅具有行政性，还具有合约性，故解除行政协议不仅要符合行政法的相关规定，也需要符合合同法规定的解除条件。后续又称被告解除协议违反行政法上的信赖利益保护原则，还称该案是约定解除并非行使行政优益权解除。

（二）行使行政优益权单方解除行政协议条件认定不一致

《适用解释》对行政协议单方解除权行使条件作了规定，确立了公共利益需要与其他法定事由标准。从司法实践来看，法院对于行使行政优益权单方解除行政协议的条件认知存在不一致。一是为公共利益、行政管理目标的实现或者法律、政策等发生重大调整或变化。如在刁某诉葫芦岛市住房和城乡建设委员会案⑤中，法院认为行使优益权解除协议需要满足上述条件。二是基于法定事由或为了公共利益的需要。例如，在某公司诉北京市门头沟区

---

① 参见江苏省宜兴市人民法院（2018）苏0282行初45号行政判决书。

② 参见广东省惠州市中级人民法院（2017）粤13行终133号行政判决书。

③ 参见湖北省高级人民法院（2016）鄂行终684号行政判决书、最高人民法院（2017）最高法行申3564号行政裁定书。

④ 参见南昌铁路运输法院（2018）赣7101行初686号行政判决书。

⑤ 参见辽宁省葫芦岛市中级人民法院（2018）辽14行终119号行政判决书。

城市管理委员会案[①]中，法院认为被告基于政策的重大调整，出于公共利益的考虑解除政府特许经营协议，理由成立。又如，在某公司诉孝感市国土资源局案[②]中，法院认为要单方解除行政协议应满足以下条件：首先，必须是为了防治或除去对于公共利益的重大危害；其次，当作出单方调整或者单方解除时，应当对公共利益的具体情形作出释明；再次，单方调整须符合比例原则，将由此带来的副作用降到最低；最后，应当对相对人由此造成的损失依法或者依约给予相应补偿。三是基于协议存在违法情形。如在王某、李某诉郑州市金水区人民政府案[③]中，法院认为，作出单方解除协议的决定，通常是为了更好地实现公共利益或者行政管理目标，而对合同的履行作出单方调整，有时也是基于协议存在某种违法情形。依法行政原则在行政协议领域同样应当遵守。四是行政优益权的行使既不得与法律规定相抵触，也不能与诚信原则相违背。如在崔某诉丰县人民政府行政允诺案[④]中，法院认为，法治政府应当是诚信政府。诚信原则不仅是契约法中的帝王条款，也是行政允诺各方当事人应当共同遵守的基本行为准则。在行政允诺的订立和履行过程中，基于保护公共利益的需要，赋予行政主体在解除中的相应的行政优益权固然必要，但行政主体不能滥用行政优益权。行使行政优益权既不得与法律规定相违背，也不能与诚信原则相抵触。在对行政允诺关键内容的解释上，同样应当限制行政主体在无其他证据佐证的情况下，任意行使解释权。

（三）解除协议应遵循程序的审查认知不一致

对于行政协议这一新型行政行为，在解除过程中应遵循何种程序，没有相应的规范依据可以适用，难免使得一些法院对程序性审查关注不够。有的法院认为解除协议应当遵循正当程序，否则构成程序违法。如在张某诉苍南县人民政府案[⑤]中，法院认为被告单方解除行政协议的行为对原告的补偿安置权益产生重大影响，但被告在作出解除决定前未告知原告享有陈述、申辩的权利，并充分听取其意见，明显违反正当程序原则，程序严重违法，遂判决撤销

---

① 参见北京市门头沟区人民法院（2018）京0109行初16号行政判决书。

② 湖北省孝感市孝南区人民法院（2018）鄂0902行初35号行政判决书。

③ 参见最高人民法院（2018）最高法行申9010号行政裁定书。

④ 行政允诺的订立和履行某种程度上也可以视为协议，其关于行政优益权的行使对于行政协议亦有参考价值。参见“崔某书诉丰县人民政府行政允诺案”，载《最高人民法院公报》2017年第11期。

⑤ 参见浙江省高级人民法院（2017）浙行终1497号行政判决书。

解除决定。有的法院在审理中忽略程序审查，甚至认为解除行政协议不需要听取陈述申辩。如在黄某等诉南昌市西湖区住房保障和房产管理局案[①]中，一、二审法院自始至终未提及解除行政协议应遵循的程序。而在某公司诉农安县住房和城乡建设局请求撤销解除吉林省管道燃气特许经营协议决定一案[②]中，法院认为被诉行政行为不属于撤销或者注销行政许可行为，而是单方解除特许经营协议的行为，二者的法定程序不同，原告提出的农安住建局剥夺了其陈述和申辩权的主张，因被诉行政行为不属于行政许可行为，该主张不成立，该院不予支持。言下之意，解除行政协议不需要听取原告的陈述和申辩。

（四）针对同种情形裁判方式不一致

解除协议案件中的裁判方式不一致主要体现在两个方面：

一是履行行政协议案件审理中协议被解除的，存在多种裁判方式。第一种是判决履行行政协议。如在孙某诉关岭布依族苗族自治县人民政府请求履行征收补偿协议案[③]中，法院认为，单方解除理由不充分，依据不足，且诉讼中解除不影响协议效力，仍旧应该继续履行，遂判决被告全面履行安置补偿义务。第二种是裁定驳回原告起诉。在某公司诉上海市虹口区住房保障和房屋管理局请求履行征收补偿协议案[④]中，法院认为协议已经解除，原告仍要求继续履行系争征收协议的基础已不存在，遂裁定驳回起诉。第三种是认为解除行政协议行为合法而判决驳回原告诉讼请求，并判决对解除协议造成的损失予以补偿。如在焦某诉阳城县住房保障和城乡建设管理局请求履行征收补偿协议案[⑤]中，被告经重新测量发现原告房屋位于将建设的道路红线之外，遂单方解除协议，法院在该案中径行对解除协议合法性进行审查后认为解除协议合法，请求履行协议的基础丧失，但判决被告对原告的损失应予补偿。

二是解除行政协议行为合法的，是否应主动判决采取补救措施存在不同。有的法院认为原告未提出补偿请求，故无法处理。如在某公司诉重庆市黔江区人民政府案[⑥]中，法院经审理认为解除协议行为合法，但原告与被告均未

---

① 参见南昌铁路运输中级法院（2019）赣 71 行终 56 号行政判决书。
② 参见吉林省长春市中级人民法院（2017）吉 01 行终 218 号行政判决书。
③ 参见贵州省高级人民法院（2019）黔行终 443 号行政判决书。
④ 参见上海铁路运输法院（2018）沪 7101 行初 452 号行政裁定书。
⑤ 参见山西省高平市人民法院（2018）晋 0581 行初 21 号行政判决书。
⑥ 参见重庆市高级人民法院（2016）渝行终 690 号行政判决书。

举示上述协议解除后应否补偿或补偿多少的相应证据，据此，关于上述协议解除后应否补偿或补偿多少的问题，无法一并处理，对此不作评述，原告可另行主张。有的法院则在原告未提出补偿请求的情形下径行判决采取补救措施。如在黄某诉常德市市政公用事业管理局案①中，法院认为解除协议行为合法，在原告未就补偿提出请求的情况下，法院依然判决被告对单方解除行为采取相应补救措施。

二、明法析理：基于《行政协议专项解释》准确定性解除行为

《行政协议专项解释》关于单方解除行政协议的规定较以往司法解释有了进一步细化和提升。通过对该司法解释条文的研读，有助于对单方解除协议行为性质认定这个前提问题的解决，从而为合法性审查打下基础。

（一）《行政协议专项解释》关于解除协议的条文对比与解读

将《行政协议专项解释》与《适用解释》的相关规定对比可以发现，其关于行政协议的定义、适用法律、审查要件、判决方式等均有变化，对今后行政协议的案件审理亦存在较大影响。具体而言，如表2所示，《行政协议专项解释》关于解除行政协议的新规定体现为：一是明确将请求撤销解除行政协议行为案件作为诉讼种类。即请求撤销行政机关行使优益权的行政行为或者确认该行政行为违法。二是明确了坚持对行政机关行使优益权行政行为的合法性审查原则。即应当根据《行政诉讼法》第七十条的规定对解除行政协议的行为进行审查；对于行政机关作出的单方解除行政协议行使优益权的行为规定了不同的裁判方式。

表2　新旧司法解释相关规定对比

对比项	《适用解释》相关规定	《行政协议专项解释》相关规定
定义	第十一条第一款："行政机关为实现公共利益或者行政管理目标，在法定职责范围内，与公民、法人或者其他组织协商订立的具有行政法上权利义务内容的协议，属于行政诉讼法第十二条第一款第十一项规定的行政协议。"	第一条："行政机关为了实现行政管理或者公共服务目标，与公民、法人或者其他组织协商订立的具有行政法上权利义务内容的协议，属于行政诉讼法第十二条第一款第十一项规定的行政协议。"

① 参见湖南省常德市中级人民法院（2016）湘07行终175号行政判决书。

续表

对比项	《适用解释》相关规定	《行政协议专项解释》相关规定
适用法律	第十四条："人民法院审查行政机关是否依法履行、按照约定履行协议或者单方变更、解除协议是否合法，在适用行政法律规范的同时，可以适用不违反行政法和行政诉讼法强制性规定的民事法律规范。"	第二十七条："人民法院审理行政协议案件，应当适用行政诉讼法的规定；行政诉讼法没有规定的，参照适用民事诉讼法的规定。人民法院审理行政协议案件，可以参照适用民事法律规范关于民事合同的相关规定。"
审查要件		第十一条："人民法院审理行政协议案件，应当对被告订立、履行、变更、解除行政协议的行为是否具有法定职权、是否滥用职权、适用法律法规是否正确、是否遵守法定程序、是否明显不当、是否履行相应法定职责进行合法性审查。"
判决方式	第十五条："原告主张被告不依法履行、未按照约定履行协议或者单方变更、解除协议违法，理由成立的，人民法院可以根据原告的诉讼请求判决确认协议有效、判决被告继续履行协议，并明确继续履行的具体内容；被告无法继续履行或者继续履行已无实际意义的，判决被告采取相应的补救措施；给原告造成损失的，判决被告予以赔偿。……被告因公共利益需要或者其他法定理由单方变更、解除协议，给原告造成损失的，判决被告予以补偿。"	第十六条："在履行行政协议过程中，可能出现严重损害国家利益、社会公共利益的情形，被告作出变更、解除协议的行政行为后，原告请求撤销该行为，人民法院经审理认为该行为合法的，判决驳回原告诉讼请求；给原告造成损失的，判决被告予以补偿。被告变更、解除行政协议的行政行为存在行政诉讼法第七十条规定情形的，人民法院判决撤销或者部分撤销，并可以责令被告重新作出行政行为。被告变更、解除行政协议的行政行为违法，人民法院可以依据行政诉讼法第七十八条的规定判决被告继续履行协议、采取补救措施；给原告造成损失的，判决被告予以赔偿。"

（二）单方解除行政协议行为性质的识别

根据民事法律规范的规定，解除协议分为以下情形：一是约定解除。根据《合同法》第九十三条的规定，当事人协商一致，可以解除合同；当事人可以约定一方解除合同的条件，解除合同的条件成就时，解除权人可以解除合同。二是法定解除。根据《合同法》第九十四条的规定，出现该条规定的五种情形的，行政机关可以单方解除行政协议。实践中，行政机关往往基于行政优益权，以公共利益为由解除行政协议。

该如何理解行使优益权解除与上述约定解除、法定解除的关系呢？在行政协议中，必须引入一些非民事合同所有、不符合民事原理的特别约定与内容。比较常见的是赋予行政机关优益权，以及适用超越民法、合同法的特殊规则，从而形成行政上的权利义务关系，以保证行政协议实现行政目的，保障协议履行。行政优益权在行政协议订立时一般作为强制性条款规定，对相对一方来说，要签订协议，就必须接受行政机关对协议履行的指导与监督权、对不履行协议义务的相对一方的直接强制执行权、作为制裁手段的直接解除协议权、在情势变更情况下单方变更与解除协议的权利、对行政协议的解释权。① 作为制裁手段的直接解除协议、在情势变更情况下单方变更与解除协议均属于行使行政优益权。笔者认为，第一，约定解除可以是行使优益权解除、法定解除的表现形式。约定解除与行使优益权解除、法定解除并无必然分界。行使优益权解除、法定解除可以通过双方在协议中约定的方式来体现。第二，行使优益权解除可以构成法定解除的特殊形式。根据《行政协议专项解释》第二十七条的规定，人民法院审理行政协议案件，应当适用行政诉讼法的规定；行政诉讼法没有规定的，参照适用民事诉讼法的规定。人民法院审理行政协议案件，可以参照适用民事法律规范关于民事合同的相关规定。关于法定解除，《合同法》第九十四条第五项规定的是兜底条款，即法律规定的其他情形。再根据《行政协议专项解释》第十六条的规定，在履行行政协议过程中，可能出现严重损害国家利益、社会公共利益的情形，被告作出解除协议的行政行为后，原告可请求撤销该行为。由此可以判断，“严重损害国家利益、社会公共利益的情形”亦可构成《合同法》第九十四条规定第五项兜底条款中的其他情形之一。第三，约定解除、法定解除、行使行政优益权解除均属于行政机关单方解除协议行为。与民事合同不同，行政协议的解除，考虑到行政协议所代表的国家利益或社会公共利益，作为相对人一方的原告不能行使单方解除的形成权。原告解除协议要通过行政复议或行政诉讼程序进行。② 因此，从解除权行使的方式和效果上看，约定解除、法定解除、行使行政优益权解除最终都实现了行政主体单方解除行政协议，故而均属于

① 参见余凌云：《行政法讲义（第三版）》，清华大学出版社 2019 年版。

② 参见梁凤云 2019 年 5 月国家法官学院《行政协议诉讼实务专题讲座》内容。

《行政协议专项解释》第十一条、第十六条关于解除协议的规定的调整范围，均应根据合法性审查原则进行全面审查。但值得注意的是，法院在对约定解除、法定解除、行使行政优益权解除等行政机关单方解除行为进行审查时，在适用法律依据、认定事实、解除程序等方面仍应当根据具体情形进行分析和判定，不能一概而论。

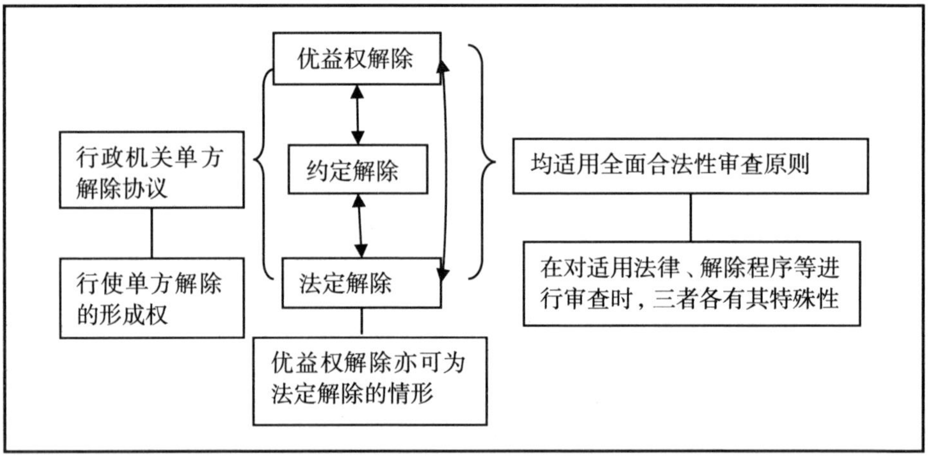

图 2 行使优益权解除与约定解除、法定解除的关系示意图

三、路径探索：明确单方解除行政协议合法性审查要件

根据《行政协议专项解释》第十一条的规定，对行政协议案件的审查是全面的合法性审查，包括是否具有法定职权、是否滥用职权、适用法律法规是否正确、是否遵守法定程序、是否明显不当、是否履行相应法定职责。针对前述实践中反映出的司法裁判不统一问题以及单方解除行政协议案件的特点，对单方解除行政协议行为的合法性审查要件重点梳理如下：

（一）是否滥用职权——加强对解除目的正当性的审查

考虑到程序问题、事实问题和法律适用问题另有审查标准，把滥用职权限于滥用实体裁量，更能兼顾审查标准体系的和谐。[①] 考量滥用职权一词的原本含义，以及《行政诉讼法》明确把“明显不当”并列作为审查标准，

① 参见何海波：《行政诉讼法（第二版）》，法律出版社 2017 年版，第 323 页。

“滥用职权”宜限于行政机关违背法律目的、恣意行使权力、性质恶劣的情形，应存在主观恶意。行政机关出于不正当动机行使职权，极端轻率任性、不负责任等均属于恶意。滥用职权具体包括徇私枉法、打击报复、反复无常、任性专横等情形。该标准对于单方解除行政协议行为的审查具有较强的现实意义，有助于规制行政机关以政府换届、领导更替等理由解除协议的行为。

法院在对“滥用职权”进行审查时，应关注在无行政法律规范或民事法律规范依据的情形下，行政机关仅以“严重损害国家利益、社会公共利益”为由解除行政协议的，其真实意图是什么，是否存在主观恶意。“国家利益、社会公共利益”是《行政协议专项解释》规定的内容，较《适用解释》中“因公共利益需要或者其他法定理由”发生了改变，但仍保留“公共利益”的表述。“公共利益”作为一个不确定的法律概念，其内涵、外延均具有高度模糊性。以至于有学者认为：可确定的、先验超然的公共利益是根本不存在的，社会中只存在不同个人和团体的独特利益。[①] 规范法学派创始人凯尔森和德国法学者阿列克西分别运用框架理论与法律论证理论证明了公共利益等不确定法律概念唯一正确答案预设的错误性。该命题成了一个不能证成的本体论虚构，毋宁说是一种要被力求达成之目标。[②] 实践中，行政机关以“公共利益需要”为由解除行政协议时，对公共利益的判断一般不会引用相关法律规定，完全取决于行政机关的自由裁量。学界对于公共利益需要作为行政机关单方解除协议的条件之一并无争议，但均未指出公共利益需要法律具体规定。例如，翁岳生教授就认为：“行政主体只有为防止或除去对公共利益之重大危害时，才拥有调整契约内容及解除行政契约的权力，以防止行政主体滥用此项权力。”[③] 在行政机关单方变更或解除协议时，对公共利益的解释及司法审查强度的把握关涉国家对行政机关行使公权力的监管力度。法院更应审慎对是否构成“严重损害国家利益、社会公共利益”加以甄别，抽丝剥茧厘清行政机关真实意图，审查是否存在以公共利益为名滥用单方解除权，侵害合同相对方的合法利益，或是与协议相对方串通损害利益关系人之利益甚至是公共利益；权力行使主体混淆自身利益与公共利益，以自身利益取代

---

① ［美］理查德·B. 斯图尔特：《美国行政法的重构》，沈岿译，商务印书馆2002年版，第63页。

② 上述理论中前者是基于对法律概念和法律适用活动的分析，后者是基于对立法活动的经验性观察。参见王天华：《行政法上的不确定法律概念》，载《中国法学》2016年第3期。

③ 翁岳生：《行政法》，中国法制出版社2002年版，第788页。

公共利益；权力实际操作者——公务员的私益与公共利益相对分离，公务员个体利用职权进行寻租等现象。行政机关应有足够的凭据能够说明是基于保障国家利益、社会公共利益的目的而予以解除。

（二）适用法律法规是否正确——以适用行政法律规范为主，参照适用民事法律规范

行政协议包含两类要素，即行政性与协议性，司法审查面临的问题是法律规范体系的运用涉及公法与私法两个层面，即“如何嵌入以公私法二分为基础的法秩序，为获得相应便利而不得不承受的负担”。[①] 学界对于单方解除行政协议应当适用民事法律规范还是行政法律规范存在较大争议。一种观点认为，行政机关单方变更、解除协议的行为属于违约行为，应当适用民事法律规范。理由是，适用民事法律规范有助于减少政府的败诉风险，助推政府重点项目的开展，同时在没有对合同相对人合法权益造成减损的情况下，确保行政效率。另一种观点认为，单方解除行为与行政协议中行政机关的行政处罚等单方行政行为一样，属于违法的行政行为，应当适用行政法律规范。理由是：第一，行政协议是对国家财产使用的管理，具有公益性，其在签订时双方当事人依据更多的是行政法律规范而不是民事法律规范。第二，单方变更、解除行为与一般行政行为无异。第三，为了防止公法遁入私法的弊端，更为了防止行政管理中可能出现的腐败，应当适用行政法律规范。[②]

根据《行政协议专项解释》第二十七条的规定，法院审理行政协议案件适用行政诉讼法的规定，可以参照适用民事法律规范关于民事合同的相关规定。行政诉讼法则规定审理行政案件以法律和行政法规、地方性法规为依据，参照规章。对于单方解除协议的行为的法律适用而言，不能一概而论。如果法律规范规定了行政机关可以单方变更解除协议，行政机关实施单方解除行为的，属于单方行政行为。我国行政机关与西方国家行政机关所拥有的当然特权并不相同。在法国，行政合同缔结后或者在履行过程中，由于社会情况变更，原来的合同不再符合公共利益的需要时，行政机关得随时解除合同。[③]

---

① 参见江必新：《中国行政合同法律制度：体系、内容及其构建》，载《中外法学》2012 年第 6 期。

② 参见梁凤云：《行政协议案件的审理和判决规则》，载《国家检察官学院学报》2015 年第 4 期。

③ 参见王名扬：《法国行政法》，北京大学出版社 2007 年版，第 154 页。

在德国，针对变更不可能或者不可预期的情况，法律规定了解除权。据此，行政机关为了避免或者消除对大众福祉的严重损害，可以解除行政法合同（非常解除权），这是因为，为了执行公共利益所产生的行政任务，行政机关必须有这种权力，并在《联邦行政程序法》中予以规定。① 我国尚未制定行政程序法，没有关于行政协议中行政机关权力的规定。一般情形下，在行政协议中，行政机关单方解除协议，必须有行政法律规范的依据。当然，由于行政协议制度正在发展和完善过程中，相关法律规范对单方解除协议的规定比较少见。从一些法律规范中能够推导出行政机关可以解除合同。例如，《城镇国有土地使用权出让和转让暂行条例》第十七条第二款规定，未按合同规定的期限和条件开发、利用土地的，市、县人民政府土地管理部门应当予以纠正，并根据情节可以给予警告、罚款直至无偿收回土地使用权的处罚。行政机关既然可以罚款甚至无偿收回土地使用权，单方面解除合同的权力就属于不言而喻的权力了。对于这种行为应当认定为单方行政行为，适用行政法律规范的规定。② 值得注意的是，根据《行政协议专项解释》第十六条的规定，“严重损害国家利益、社会公共利益的情形”亦可作为单方解除协议的依据。如果法律没有规定行政机关可以单方解除合同，但是合同约定可以解除的，行政机关的行为应当适用民事法律规范。

（三）是否遵守法定程序——以正当程序规制单方解除权的行使

由于统一的行政程序法典一直未能出台，行政主体的程序性义务与其享有的实体权力极不对称，同时也使得行政相对方的程序性权利保障欠缺，难以在行政协议中与行政主体处于对等地位。出于保证行政机关所预期的特定行政目标的达成的考量，行政机关有较大的行政优益权，而这在实际操作中又会引发诸多失范，对此需要借助行政程序来进行规范与控制，科以行政机关程序上的义务和赋予相对一方程序上的权利，使行政机关解除协议合乎理性，保证作出最有益的行政选择。③ 法定程序既包括民事法律规范规定的程序要求，也包括行政法上的程序要求。根据《合同法》第九十四条和第九十

---

① 参见［德］汉斯·J. 沃尔夫、奥托·巴霍夫、罗尔夫·施托贝尔：《行政法（第二卷）》，高家伟译，商务印书馆2002年版，第161页。

② 参见梁凤云：《行政协议案件的审理和判决规则》，载《国家检察官学院学报》2015年第4期。

③ 参见余凌云：《行政法讲义（第三版）》，清华大学出版社2019年版，第307页。

六条的规定，行政机关按照该法第九十三条第二款、第九十四条的规定主张解除合同的，应当通知对方。合同自通知到达对方时解除；法律、行政法规规定解除合同应当办理批准、登记等手续的，依照其规定。行政协议的约定解除或法定解除要遵守该条的规定。值得注意的是，除了该条规定以外，行政机关单方解除行政协议还应当遵守行政法上关于协议解除的相关规定。一是单行法对解除程序有特别规定的从其规定。如《基础设施和公用事业特许经营管理办法》第五十一条对行政机关解除特许经营协议的程序作出了明确规定，那么应当予以遵守。二是一般情形下解除协议应当遵守正当程序原则。解除行政协议作为对相对人影响较大的行政行为，一方面，应构建听证或听取意见等制度来控制该权力的行使，加强理性选择。听证或听取意见的实质是行政机关与相对人就行政优益权、行政权力行使而疏通意见，通过赋予相对一方的反论权，让相对人进行陈述、申辩，排除恣意，将决定建立在坚实的事实基础上。如果影响相对人重大利益的，要求行政机关必须举行听证。另一方面，行政机关要履行告知义务，充分说明事实和理由。行政机关应通过书面形式对于解除行政协议的事实和理由进行书面阐述，使行政机关更加谨慎地作出解除决定，同时也便于对决定的正确性进行事后的审查和判断。[①] 在作出最终解除决定时，还应当告知对方提起复议或诉讼等救济途径。

（四）是否明显不当——解除应是充分考量后的最后选择

如果行政机关的裁量明显超出了合理的界限，就构成实质上的违法，法院应当予以干预。鉴于事实认定、法律适用、行政程序、行政职权都有了相应的审查标准，“明显不当”最好理解为一个针对行政行为实体裁量的审查标准。行政行为明显不当可以分为几种情形：一是没有考虑依法应当考虑的因素；二是处理方式违反比例原则；三是没有正当理由的区别对待；四是违背业已形成的裁量标准；五是不考虑具体情况的“一刀切”处理。[②] 对于解除行政协议行为而言，其对于是否应解除，尤其是在公共利益与协议相对人权益的权衡上，存在裁量空间。

行政机关行使行政优益权单方解除应尽量先采取修正或变更措施。通过

① 参见刑鸿飞、王春业、韩轶、吴志红：《行政法专论》，法律出版社 2016 年版，第 260 页。
② 参见何海波：《行政诉讼法（第二版）》，法律出版社 2017 年版，第 314 页。

行使行政优益权单方解除可使协议法律关系消灭，从而必将与行政协议的实际履行原则发生冲突，对相对人的合法权益造成侵害，所以应当尽力争取通过协商变更协议的方式消除协议中可能对公共利益造成损害的内容。只有对协议内容进行变更已不可能或者无法达成一致，或者不解除协议便不能避免或消除公共利益的损害时方能解除。[①] 这是行政优益权单方解除比较特殊的地方，由此给相对人造成损害的，行政机关应当给予补偿，以保护相对人的合法预期。

四、标准统一：以解决争议为导向选择相应裁判方式

《行政诉讼法》第七十八条、《行政协议专项解释》第十六条对解除行政协议行为的判决方式进行了规定。针对前述实践中反映出的裁判标准不一致的问题，笔者认为，第一，原告起诉请求履行协议，而被告在案件审理过程中作出解除协议行为的，宜裁定驳回起诉。立案后，案件审理中，被告以书面形式作出了正式的解除通知并送达原告，该解除通知已成立并生效的，鉴于履行协议已经丧失了基础，法院可以向原告释明可另行就解除协议行为提起行政诉讼，就履行协议案件裁定驳回起诉。第二，对于法院经审理认定解除行为合法，是否应当判决补偿的问题，要因案而异。原告在起诉时请求撤销解除行为，其客观上不可能再提起补偿请求，因为这在逻辑上是无法行得通的，原告的根本诉求就是撤销解除协议的行为，从而能够按照原协议继续履行，其不可能在解除协议案件中同时提出补偿请求。结合行政诉讼法及司法解释的规定，如果法院认为行为合法的，可以判决驳回原告诉讼请求。如果对原告造成了损失，就可以同时判决予以补偿。如果并未造成损失，则可不予判决补偿。在补偿的具体标准上，如果案件审理能够查明的，可以判决确定的标准或者数额。如果双方的证据及陈述不足以证明损失数量或金额的，则判决被告在一定期限内补偿未尝不可。值得注意的是，在认定解除行为违法的情形下，方可判决采取补救措施，行为合法的，判决“补偿”，两者存在明显区别。第三，解除行为违法，法院判决撤销的，可视情判决继续履行协议。若原告仅请求撤销解除协议行为，法院经审查认定被诉行政行为违法

---

① 参见郑秀丽：《行政合同过程性研究》，法律出版社2016年版，第125页。

而判决撤销的，无论原告是否提出继续履行协议的请求，基于实质上解决行政争议的考量，均可以判决被告继续履行协议、采取补救措施。但基于行政赔偿需要原告提出具体的赔偿类目、数额，并提供证据证明，在原告未提出赔偿请求的情形下，不宜直接判决赔偿。

（作者单位：上海铁路运输法院）

山东法院行政判决执行情况的调研报告*

山东省高级人民法院　山东法官培训学院

【摘要】行政判决的执行情况如何，关系到行政审判定分止争，监督行政机关依法行政，维护公民、法人和其他组织合法权益的实际效果，也关系到法院的司法权威。但实践中行政判决到底执行得怎么样？如何进一步提高行政判决的执行率？这方面的调研比较少。根据山东省高院领导要求，山东法官培训学院课题组对山东省高院行政庭提供的近三年来部分行政案件的执行情况进行了回访调查：首先抽样选取一部分行政案件，然后通过电话回访、当面回访当事人的方式，调查了解相关行政案件的判决执行情况，最终形成有效回访案件100件，经汇总分析，形成调研报告。

通过调研分析，课题组发现，行政判决执行情况总体呈现以下特点：1. 总体执行到位率偏低；2. 执行到位率地区分布不平衡；3. 不同判决方式执行到位率存在差异。

从电话回访、当面回访的内容来看，行政判决执行率偏低的原因是多方面的，主要有：1. 行政机关以明示或默示的方式拒不执行判决；2. 有些案件原告方对判决执行不积极；3. 双方就执行判决的具体内容协商不成一致意见；4. 判决内容不明确，致使原告无法申请强制执行；5. 判决中未规定履责期限，行政机关拖延执行；6. 政府协调化解纠纷后不再执行法院判决；7. 行政相对人的违法情形消失；8. 案件还在执行过程之中等。

另外，有些行政判决虽然执行了，但仍然存在一些问题，主要有：1. 有的案件行政机关从形式上执行了法院判决，但没有解决，或者没有彻底解决当事人的实际问题；2. 有的案件行政机关执行方式简单，当事

---

* 本调研报告课题主持人：张成武、贡绍海，课题组成员：鞠吉瑞、钱昕、马玮玮、王炎、高健、孙学燕。

人不满；3. 有的案件虽然行政机关履行了法定职责，但是超过了法定期限等。

最后，针对行政判决的执行情况，调研报告提出如下意见、建议：1. 加强法院判后释明工作以促进判决的执行；2. 通过司法建议的方式向行政机关提出执行建议；3. 履行职责判决中应尽可能限定期限；4. 加强行政争议审前和解制度建设以促进执行等。

【关键词】 行政判决执行　执行到位率　判后释明　司法建议

根据省法院领导要求，山东法官培训学院课题组对省法院行政庭提供的部分行政案件的执行情况进行了回访调查，最终形成有效回访案件 100 件。现将有关情况汇报如下。由于调查案件数量有限，在数据分析上不具备高度精确性，仅供参考。

一、基本情况

（一）总体执行到位率偏低

在有效回访的 100 件行政案件中，能够确认执行到位的有 38 件，占全部样本案件的 38%。在执行到位的案件中，经法院强制执行的有 1 件，占执行到位案件的 2.6%。没有执行到位的有 54 件，占全部样本案件的 54%。正在执行过程中的有 8 件，占全部样本案件的 8%，其中正在法院强制执行过程中的有 6 件。（图 1）可见，已执行案件所占比重偏低。

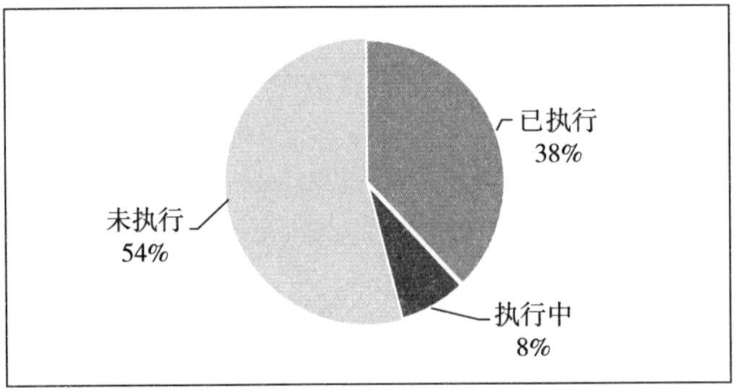

图 1　生效判决执行情况对比图

（二）执行到位率地区分布不平衡

在所调查回访的100件行政案件中，省法院及各地市法院的案件分布情况及执行到位情况见表1：

表1 省法院及各地市法院行政判决执行情况统计表

地区	案件数量	执行到位	执行中	未执行到位	执行到位率
枣庄	1	1	0	0	100%
东营	1	1	0	0	100%
潍坊	5	4	0	1	80%
青岛	4	3	0	1	75%
临沂	3	2	0	1	66.7%
德州	5	3	0	2	60%
泰安	2	1	1	1	50%
济宁	6	2	3	1	33.3%
济南	32	10	1	21	31.3%
威海	4	1	1	2	25%
菏泽	6	1	0	5	16.7%
省法院	31	9	2	20	29%

由表1看出，省法院及各地市法院的判决执行到位率分布很不平衡。但由于各地市的样本案件数量不同，因此数据分析不一定精确和有代表性，仅供参考。

（三）不同判决方式执行到位率存在差异

在课题组所回访调查的行政案件中，判决中有可执行内容的判决方式主要有五种：判决赔偿或补偿、判决重作、判决履责、判决依法采取补救措施和判决变更（图2）。

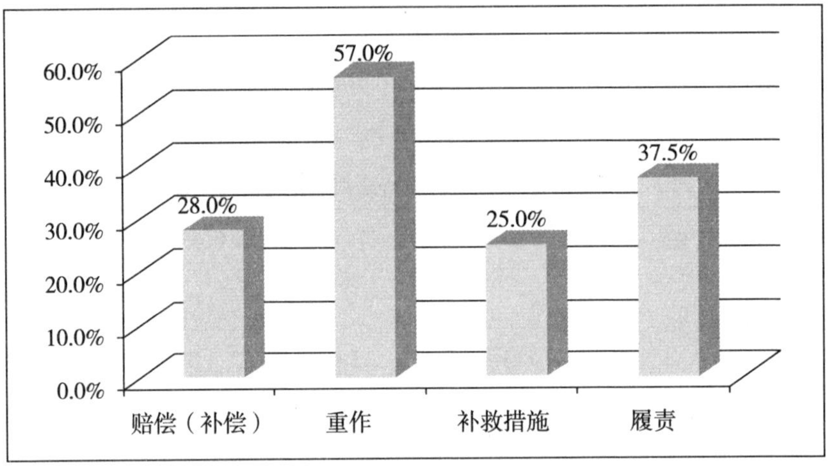

图 2　不同判决方式的执行到位率对比图

图 2 是不同判决方式的执行到位率的对比情况，由于变更判决只有 1 件，且没有执行，没有统计意义，故没有放入图中对比。以下是详细说明。

1. 判决行政机关支付具体赔偿金额的案件有 41 件，判决补偿的案件有 2 件，赔偿或补偿案件占到了全部样本案件的 43%。其中，执行到位的案件有 12 件，占此类案件的 28%；没有执行到位的有 26 件，占此类案件的 60.5%；另有 5 件处于法院强制执行中。从案件种类上看，因涉及房屋拆迁、强制拆除而导致的行政赔偿或补偿案件占绝大部分，共有 37 件，其中执行到位的有 7 件，占此类案件的 19%。其他种类较多的为政府占用承包地建设导致的地上附属物行政赔偿案件，共有 4 件，其中执行到位的有 3 件，占此类案件的 75%。除此之外，因政府扣押物品导致的行政赔偿案件有 2 件，且均已执行到位。

2. 判决行政机关重作的案件有 28 件，占样本案件的 28%。执行到位的有 16 件，占此类案件的 57.1%；没有执行到位的有 11 件，占此类案件的 39.3%；另有 1 件在执行过程中。

3. 判决行政机关依法采取补救措施的案件有 4 件，占样本案件的 4%。执行到位的有 1 件，占此类案件的 25%；没有执行到位的有 3 件，占此类案件的 75%。

4. 判决行政机关在法定期限内履行法定职责的案件有 24 件，占样本案件的 24%。其中执行到位的有 9 件，占此类案件的 37.5%；没有执行到位的有13件，占此类案件的54.2%；另有2件在执行过程中。

5. 在回访案件中作出变更判决的案件只有1件。此案件因原告不服二审判决结果，已申请再审，因此行政机关也就未执行判决。

二、原因分析

（一）行政机关以明示或默示的方式拒不执行判决

这是判决执行不到位的主要原因，其表现形式主要有：

1. 行政机关怠于执行法院判决，不作为、不回应

如（2017）鲁行终883号案，法院判决责令政府对复议申请与所涉争议一并处理，但政府没有进一步作出处理决定，也不找当事人协商相关问题，既没有书面决定，也无口头的意思表示，消极对待法院判决。此类案件有13件。

2. 行政机关以不同方式明确表示拒不执行判决

如（2017）鲁行终1170号判决书中，明确了行政机关应当对其给当事人造成的损失进行补偿，责令其在一定期限内作出补偿决定，结果行政机关却作出了不予补偿的决定，致使当事人又起诉。还有的案件中行政机关明确向当事人表示不服法院的判决，拒不执行，如（2018）鲁14行终126号案。此类案件有3件。

3. 行政机关不执行判决，径行作出其他行政行为

如（2017）鲁17行初157号案，判决重作房屋征收补偿决定。行政机关没有重作，而是对房屋进行了强制拆除，之后直到调查时也没有重作房屋征收补偿决定。此类案件有2件。

4. 行政机关以各种理由推诿、拖延履行

有的行政机关将判决执行事项推诿给下面其他部门；有的行政机关以新任单位负责人不了解情况、正在财务部门走程序等理由推脱不履行。此类案件有4件。

（二）有些案件原告方对判决执行不积极

这是判决得不到执行的另一方面原因，主要情形有：

1. 原告方对判决不满意

在未执行案件中，原告方对判决不满意的有29件。在此情况下，一是即

使被告主动履行，但因原告不满判决内容，例如不满赔偿数额，分歧较大而最终未执行到位。二是行政机关不主动执行法院判决时，原告也没有申请法院强制执行，而是采取了其他方式表达诉求。具体而言有：（1）申请再审，因而中止对原判决执行的诉求。（2）申请再审后被驳回，原告穷尽法律救济途径后选择上访。

2. 原告方不再关注判决是否得到执行

此类案件有 2 件。一件是被告确实没有重新作出行政复议决定，但由于原告忙于其他相关案件的诉讼，无暇顾及该案的执行情况，所以判决未执行到位，也未申请强制执行。另一件是行政机关没有重新作出答复，相对人因对请求答复的事项不再关注，亦未请求执行判决，这也是导致判决没有执行的原因之一。

3. 原告方不希望被告作出新的对其不利的行政行为

如（2017）鲁 14 行终 51 号案，判决撤销原行政处罚，责令重新作出行政行为。被告告知原告撤销原处罚需要本人亲自到场处理。原告只是希望撤销原处罚，并不希望被告重新处罚，所以也不到被告处处理。此类案件有 1 件。

4. 判决的执行需要当事人配合但当事人不配合，行政机关无法执行

如（2018）鲁 17 行初 113 号案，法院在判决书说理部分指出，因行政机关丢失了当事人的复议申请书，判决行政机关作出复议决定，就需要当事人重新提出申请。但当事人拒不提交申请，于是行政机关也无法作出复议决定。此类案件有 2 件。

5. 原告方因无相关法律知识，没有申请法院强制执行

此类案件中，原告一直等着想拿到法院判决的赔偿款，但由于没有相应法律知识，在等不到被告主动履行法院判决的情况下，也没有到法院申请强制执行。至调查时止，原告仍没有收到相应赔偿款。此类案件有 2 件。

（三）双方就执行判决的具体内容协商不成一致意见

如（2017）鲁 02 行终 67 号案，法院判决行政机关于判决生效后 60 日内对原告要求发放救灾抚慰金作出行政行为。但双方对救灾抚慰金数额意见不一致，调查时正在协商中，因此未在法定期限内执行。此类案件有 3 件。

（四）判决内容不明确，致使原告无法申请强制执行

法院判决责令政府采取补救措施时，往往缺少具体的可执行的明确内容，

因此在行政机关不履行判决时，原告不知如何去法院申请强制执行。如（2017）鲁行终1974号案。此类案件有1件。

（五）判决中未规定履责期限，行政机关拖延执行

如（2018）鲁17行初296号案，判决中没有规定履行职责的期限。当事人询问行政机关，行政机关就答复正在履行职责，为其办理相关证件，当然办证本身也确实需要一定的时间。主客观因素交织在一起致使当事人的合法权益至今未落实下来。此类案件有2件。

（六）政府协调化解纠纷后不再执行法院判决

在课题组所调查的案件中，有的判决重新作出行政复议决定的案件没有执行到位，是由于在法院和被告县政府的协调之下，实质化解了纠纷，故已无重新作出复议决定的必要。如（2017）鲁行终1413号案。此类案件有1件。

（七）行政相对人的违法情形消失

如（2018）鲁08行终116号案，原告方将原“违建房屋”补全了相关法律手续，行政机关不再对其重新处罚，故没有执行判决。此类案件有1件。

（八）案件还在执行过程之中

具体有两类情形。一类是行政机关在法定期限内执行了判决，但还在处理之中。如（2019）鲁01行初297号案，法院判决被告在法定期限内对原告的补偿争议协调申请作出处理，行政机关在法定期限内召开了协调会，进行了协调工作，但目前还是处于协调不成状态，相应协调结果的文书还没有送达原告。此类案件有2件。

另一类是被告没有主动履行，原告申请了强制执行。在强制执行期间，有的案件政府部门将赔偿款给了法院，但是法院拿到赔偿款后还没有给予原告，或者政府部门只给了原告部分赔偿款，剩余部分还未支付完毕，致使行政判决没有执行到位；有的案件还处于法院协调之中。此类案件有6件。

三、已执行案件仍存在的问题

（一）有的案件行政机关从形式上执行了法院判决，但没有解决，或者没有彻底解决当事人的实际问题

如有的案件法院判决政府部门在一定期限内责令村委会公开信息，政府

部门也责令村委会公开了，但村委会公开的内容不完整，仍然没有将其应当公开的政务信息全部公开，当事人感到很无奈。

（二）有的案件行政机关执行方式简单，当事人不满

如法院判决政府就拆迁补偿事宜进行协调，但政府部门只是召集各方当事人在一起商谈了一个小时左右，就以达不成一致意见为由出具《协调不成告知书》，并且该文书非常简单，没有充分说理。因此原告认为政府部门没有积极地进行调处。

（三）有的案件虽然行政机关履行了法定职责，但是超过了法定期限

如（2019）鲁09行终31号案，法院判决行政机关应当在60天内作出行政行为，但行政机关是在60天之后作出的行政行为，这也不利于保护当事人的合法权益。

四、意见、建议

（一）加强法院判后释明工作以促进判决的执行

对于原告一方没有委托律师又缺乏法律知识，判决执行时需要原告一方配合等情形，法官在判决时应及时向当事人释明其可以申请法院强制执行以及需要配合行政机关等相关权利和义务，以促进判决的执行。

（二）通过司法建议的方式向行政机关提出执行建议

法院判决行政机关依法采取补救措施时，如果法院能够提出解决问题的合理方法，如采取什么样的补救措施比较好，可以通过司法建议的方式向行政机关提出，以此促进行政机关履行相应法定职责。针对行政机关在执行法院判决过程中的工作方式、方法、文书制作等问题，也可以以司法建议的方式向行政机关提出，以促进判决的有效执行。

（三）履行职责判决中应尽可能限定期限

不限定期限易使行政机关找到推脱、延迟履行职责的理由。当然有些行政行为的作出确实需要一定的时间，但是也应尽可能参考同类案件行政机关积极执行的情况下大致花费的时间，确定一个相对合理的期限，促进案件的执行。

（四）加强行政争议审前和解制度建设以促进执行

行政争议审前和解中心对于实质性化解行政争议有着重要作用。要让更多行政案件进入和解中心，充分发挥和解中心实质性化解行政争议的职能作用，同时进一步完善判决结案方式，以此进一步提升行政判决执行的质效，彻底解决行政争议。

附：一、全省法院行政判决执行调研情况汇总

表 2　行政判决执行情况回访反馈表

序号	案号	判决方式	判决主文	执行情况
1	（2019）鲁 01 行终 218 号	变更	一审判决：一、被告莱芜市莱城区寨里镇人民政府支付给原告赵某修荣誉性补贴从 2015 年起由每年 50 元调整为 100 元；二、驳回原告赵某修的其他诉讼请求。 二审维持原判。	原告不服二审判决结果，已申请再审，因此判决未执行。
2	（2018）鲁行终 1974 号	补偿	一审判决：一、被告济宁太白湖新区管理委员会于本判决生效之日起两个月内，为原告陈某山安置一套 50 平方米或面积相近的回迁安置房，并结清差价；二、被告济宁太白湖新区管理委员会于本判决生效之日起两个月内，向原告支付临时安置补助费 12380.9 元；三、驳回原告其他诉讼请求。	没有执行，原告申请过强制执行，但双方未协商好，目前正在协调中。原告情绪比较激动，称其打算去北京上访。
3	（2018）鲁 1082 行初 36 号	补偿	限被告荣成市港西镇人民政府于本判决生效后 10 日内支付原告补偿款 178436 元。	被告在判决作出后几个月才支付给原告 9 万多元，被告一直称镇里没钱。原告称其律师申请过法院强制执行，但至今补偿款未支付完毕。

续表

序号	案号	判决方式	判决主文	执行情况
4	（2017）鲁行终1546号	履责	一审判决：责令被告济宁市兖州区人民政府于本判决生效之日起两个月内对原告的房屋补偿事项作出行政处理决定。 二审维持原判。	兖州区政府已处理。但当事人认为自己作了巨大让步，认为如果严格按照法律的规定，自己的房屋评估价在七八百万元，而实际补偿也就差不多一半，称这个问题已经拖了10年，实在不愿再拖下去了，也理解政府没有那么多钱，就让让步吧，问题就算是基本解决了。当事人认为个人放弃了很多补偿，像拖延补偿这种情况应当双倍补偿。
5	（2018）鲁14行终126号	履责	一、撤销山东省临邑县人民法院（2017）鲁1424行初11号行政判决；二、临邑县人力资源和社会保障局于收到本判决之日起30日内依据《劳动保险条例》第十四条乙款之规定核算并给付三上诉人丧葬补助费；三、临邑县人力资源和社会保障局于收到本判决之日起30日内依据《劳动保险条例》第十四条乙款、《劳动保险条例实施细则修正草案》第二十三条之规定核算并给付三上诉人一次性救济费。	临邑县人力资源和社会保障局以不服判决为由拒绝执行，周某钢想申请强制执行，律师建议先等待再看情况处理。
6	（2018）鲁14行终81号	履责	一、撤销山东省庆云县人民法院（2017）鲁1423行初38号行政判决第一项即“确认被告不予支付工亡职工李某民近亲属工伤保险待遇的行政行为违法”；二、维持山东省庆云县人民法院（2017）鲁1423行初38号行政判决第二项即“被告庆云县社会保险中心在判决生效后20个工作日内按照法定标准支付原告丧葬补助金、供养亲属抚恤金和一次性工亡补助金的工伤保险待遇”。	执行到位。

续表

序号	案号	判决方式	判决主文	执行情况
7	（2017）鲁行终881号	履责	一审判决：驳回新海园公司的诉讼请求。 二审判决：一、驳回上诉，维持原判；二、责令被上诉人山东省人民政府60日内针对行政复议申请及所涉争议进一步作出处理决定。	案件未处理。青岛橡胶制品有限公司向最高人民法院申请再审，已立案，但没有开庭，没有结果。青岛新海园房地产开发有限责任公司目前正参与另外一个相关的官司，在上诉中。对于本案当事人向青岛中院申请执行，没有立案。
8	（2016）鲁1082行初38号	履责	限被告于本判决生效后按照《不动产登记暂行条例》规定的期限将登记在荣成宏盛交通工程有限公司名下的房产（房权证号：荣房权证城字第2002002691号、土地证号：荣国用〔2003〕字第13207号）转移登记为原告所有。	没有执行。当事人称一直很忙，没有找行政机关去办这事。
9	（2017）鲁02行终67号	履责	一审判决：被告青岛市高新技术产业开发区管理委员会社会事务局、被告青岛市城阳区河套街道办事处于判决生效后60日内对原告徐某燕要求发放救灾抚慰金作出行政行为。 二审维持原判。	双方对救灾抚慰金数额意见不一致，正在协商中。
10	（2017）鲁行终1170号	履责	一审判决：一、驳回原告瀚洋公司要求撤销被告市环保局作出的167号通知的诉讼请求；二、被告市环保局于本判决生效之日起30日内，针对167号通知给原告瀚洋公司造成的损失作出补偿决定；三、驳回原告瀚洋公司的其他诉讼请求。 二审维持原判。	案件未完结。市环保局作出了不予补偿的决定，当事人又提起诉讼，一审判决环保局补偿100多万元，市环保局不服又上诉，目前在二审中。
11	（2017）鲁行终1844号	履责	一审判决：被告微山县人民政府于判决生效后15日内对原告信息公开申请重新作出答复。 二审维持原判。	没有处理。又涉其他几个批复行政诉讼。

续表

序号	案号	判决方式	判决主文	执行情况
12	（2017）鲁行终2095号	履责	一、撤销济南市中级人民法院（2017）鲁01行初681号行政判决；二、撤销济南市人民政府济征协不字〔2017〕2号《告知书》；三、责令济南市人民政府于法定期限内受理赵某国、孟某常、孟某成等三人的协调申请并依法作出处理。	行政机关做了协调工作，但结论是协调不成。行政机关向原审原告出了协调告知书。其协调过程比较简单，就是组织双方协商了一个小时左右，达不成一致意见就不再继续协调了。当事人对此很不满意。
13	（2017）鲁行终883号	履责	一审判决：驳回原告青岛橡胶制品有限责任公司的诉讼请求。 二审判决：一、驳回上诉，维持原判；二、责令被上诉人山东省人民政府60日内针对行政复议申请及所涉争议进一步作出处理决定。	被上诉人没有进一步作出处理决定，也没有主动找上诉人协调过相关事宜。上诉人希望被上诉人能履行判决，但没有申请法院强制执行。
14	（2018）鲁01行初898号	履责	责令被告济南市章丘区人民政府于本判决生效之日起30日内继续履行责令村务公开的法定职责。	被告在判决作出后，履行了责令村务公开的法定职责，但非因被告的原因，部分村务信息未公开。判决已执行到位。
15	（2018）鲁07行初29号	履责	被告青州市人民政府于本判决生效之日起10日内对原告刘某兴、闫某章、丁某勤、刘某永、冯某菊的申请事项进行调查处理并给予书面答复。	被告一直没有作出书面答复，也没有作出其他任何处理措施。原告一方也没有主动去找被告或法院，主要是认为去找了也不一定有用。

续表

序号	案号	判决方式	判决主文	执行情况
16	（2018）鲁17行初113号	履责	一、确认被告菏泽市人民政府对原告马某胜、马某波、马某义、马某山的行政复议申请不作出回复的行为违法；二、责令被告菏泽市人民政府在本判决生效之日起60日内对原告马某胜、马某波、马某义、马某山的行政复议申请履行行政复议职责，作出具体行政行为。	该判决没有执行。该判决“本院认为”部分，要求原告重新提交行政复议申请，原告不服（但没有上诉），没有重新提交。被告菏泽市政府也没有重新作出行政行为。原告正在通过其他诉讼程序维护自己所认为的“土地被强占”的权利。
17	（2018）鲁17行初296号	履责	一、两被告完善为原告所建回迁安置房项目的相关手续，使涉案回迁安置房具备办理房屋所有权证书的条件。二、驳回原告的其他诉讼请求。	该判决没有执行，由于判项中没有期限规定，原告联系被告，被告就答复在办理之中。完善为原告所建回迁安置房项目的相关手续，使涉案回迁安置房具备办理房屋所有权证书的条件，这项工作确实也需要比较长的期限。
18	（2018）鲁行终1145号	履责	一、撤销济南市中级人民法院（2017）鲁01行初1016号行政判决；二、判令济南市历城区人民政府继续履行与赵某香签订的《济南市历城区雪山片区整合村民住宅拆迁安置补偿协议》。	据律师介绍本来快要执行了，有一位领导指示，政府就拒绝履行判决要求的义务。后来当事人向济南中院申请强制执行，济南中院独创必须审判庭审查后作出裁定才能立案，截至目前已有3个月左右，行政庭还没有作出裁定，执行部门也没有立案。当事人律师认为济南中院的执行立案程序缺乏法律依据，希望省高院审查。

续表

序号	案号	判决方式	判决主文	执行情况
19	（2019）鲁0112行初26号	履责	被告济南市历城区人民政府郭店街道办事处于本判决生效之日起15个工作日内，对原告张某龙申请的信息予以公开。	郭店街道办事处没有在法定期限内向原告予以信息公开。原告已经申请了法院强制执行，现在处于等待阶段。
20	（2019）鲁01行初297号	履责	一、撤销被告济南市人民政府作出的济征协不字〔2019〕1号《征地补偿安置标准争议协调不予受理决定书》。二、被告济南市人民政府在法定期限内对原告的补偿争议协调申请作出处理。	行政机关在法定期限内召开了协调会，进行了协调工作，但目前还是处于协调不成状态，相应协调结果的文书还没有送达原告。其协调过程就是把街道办事处、国土部门及当事人聚在一起进行协商，时间不到一个小时。这次协调会因为各方对补偿标准的意见不一致而没有达成协议。
21	（2019）鲁01行终161号	履责	一审判决：被告平阴县城市更新服务中心、平阴县榆山街道办事处、平阴县榆山街道三山峪村民委员会于判决书生效后30日内对登记在张某廷名下的房屋中未予补偿部分依法向原告车某桂、张某斌、张某玲、张某莲进行补偿并发放奖励款。 二审维持原判。	判决作出之后，被告主动要求支付补偿款，但原告对数额不满意，故申请法院强制执行，法院介入后，双方就补偿款以及奖励款达成一致，判决得以执行到位。原告对法院的工作很满意。
22	（2019）鲁07行终17号	履责	一、撤销潍坊高新技术产业开发区人民法院作出的（2018）鲁0791行初74号行政判决；二、被上诉人潍坊市公安局高新技术产业开发区分局于判决生效之日起60日内对上诉于2018年4月2日的报案作出处理决定。	2019年5月28号潍坊市公安局高新技术产业开发区分局向上诉人出具了一份不予受理的通知书，没有作出其他处理决定。

续表

序号	案号	判决方式	判决主文	执行情况
23	(2019)鲁09行终31号	履责	一审判决：责令被告东平县民政局于本判决生效后60日内依法履行法定职责。 二审维持原判。	执行到位，但是没有在法定期限内执行。
24	(2017)鲁1002行初31号	履责	责令被告威海市社会保险服务中心于本判决生效后30日内按规定核准支付原告医疗费用和住院伙食补助费。	已经支付，执行到位。
25	(2018)鲁0103行初306号	履责	被告济南市市中区人民政府二七新村街道办事处在本判决生效之日起15个工作日内对原告翟某成2018年9月11日的信息公开申请书予以答复。	被告作出了答复书，称原告申请公开的信息不存在。原告不认可该答复书，已提起诉讼，目前案件正在审理中。
26	(2018)鲁0104行初76号	履责	被告济南市槐荫区城市更新局于本判决生效之日起30日内就原告王某秀、王某刚所有的位于济南市槐荫区德兴街1号楼1单元×××室房屋被征收的公平补偿事项作出处理。	判决没有执行。因双方就拆迁补偿协议未达成合意。被告要求原告签订放弃部分利益的协议之后才能领取补偿房屋的钥匙，原告不同意。
27	(2018)鲁0112行初209号	履责	一、被告济南市历城区人民政府鲍山街道办事处同原告张某金签订的《济南新东站片区建设项目拆迁安置补偿补充协议》继续履行；二、被告济南市历城区人民政府鲍山街道办事处应当在济南市新东站片区安置区内，对《济南新东站片区建设项目拆迁安置补偿补充协议》中载明的原告张立金家庭成员和其他同村被安置人员一并进行安置。	判决作出之后，被告提出上诉，二审维持了原判。但被告一直没有执行判决，原告多次联系被告，被告一直推脱称正在走程序。
28	(2017)鲁02行赔终5号	赔偿	一、撤销青岛市市南区人民法院(2017)鲁0202行赔初1号行政赔偿判决；二、济南铁路公安局青岛公安处赔偿刘某泉人民币667589.21元，并支付该款项自2015年4月15日起至实际支付刘某泉之日的中国人民银行同期存款利息。	执行到位。

续表

序号	案号	判决方式	判决主文	执行情况
29	（2017）鲁04行终22号	赔偿	一、撤销山东省滕州市人民法院（2013）滕行初字第80号行政赔偿判决；二、枣庄市薛城区人民政府于本判决生效之日起30日内赔偿王某意房屋损失1300417.56元、附属物损失94918.35元、被砸物品损失10000元、搬迁补助费500元、临时安置补助费3002.4元，共计1408838.31元。	执行到位。
30	（2017）鲁13行初298号	赔偿	一、被告临沭街道于本判决生效之日起10日内支付原告孟某红房屋赔偿金23020元；二、被告临沭街道于本判决生效之日起10日内支付原告孟某红附属物赔偿金10400元；三、被告临沭街道于本判决生效之日起10日内支付原告孟某红室内物品赔偿金1645元；四、驳回原告孟某红的其他诉讼请求。	已履行完毕，但没有在法定期限内执行，当事人多次找被告及其律师，最终才得以执行。
31	（2017）鲁14行终64号	赔偿	维持庆云县人民法院（2016）鲁1423行初14号行政判决的主文部分，即被上诉人德州市公安局交通警察支队庆云大队自收到本判决之日起20日内一次性给付上诉人秦某林、赵某哲车辆损失及评估费9430元、差旅费9600元，以上款项共计19030元。	执行到位。
32	（2017）鲁17行初317号	赔偿	一、撤销被告郓城县人民政府作出的（2017）郓政赔字第2号行政赔偿决定；二、被告郓城县人民政府在本判决生效之日起15日内将郓城县万象世纪小区8号楼六层楼房（100.21平方米）交付原告作为被强制拆除房屋价值的赔偿；三、被告郓城县人民政府在本判决生效之日起15日内赔偿原告装修补偿价值23400元、搬迁补助费2035元、临时安置费15465元（101.74×8×19）、室内物品赔偿2万元，共计60900元。	已执行完毕，但没有在法定期限内执行，当事人多次向被告、法院反映，最终才得以执行。

续表

序号	案号	判决方式	判决主文	执行情况
33	（2017）鲁行赔终3号	赔偿	一审判决：一、限市政府于本判决生效之日起10日内支付孙某红赔偿金共计4128427.3元；二、限市政府于本判决生效之日起10日内支付孙某红自2013年5月28日起以4128427.3元为基数按人民银行同期贷款利率计算至判决生效之日止的利息。 二审维持原判。	执行到位。
34	（2017）鲁行终581号	赔偿	一审判决：东营区政府、文汇街道办、东营社区赔偿曾某美人民币338759元及从2012年12月5日起至判决履行之日止的银行利息。 二审维持原判。	东营区政府、文汇街道办、东营社区无故不执行。另，曾某美对赔偿数额不认可，申请再审被驳回。
35	（2018）鲁0112行初229号	赔偿	一、限被告济南市历城区人民政府港沟街道办事处应当自本判决生效之日起30日内支付原告杨某国房屋主体结构的赔偿金520691.52元；二、限被告济南市历城区人民政府港沟街道办事处应当自本判决生效之日起30日内支付原告杨某国附属设施赔偿金5395.20元，装修费赔偿金25830元，共计31225.20元；三、限被告济南市历城区人民政府港沟街道办事处应当自本判决生效之日起30日内支付原告杨某国搬迁费104138.30元；四、限被告济南市历城区人民政府港沟街道办事处应当自本判决生效之日起30日内支付原告杨某国房屋内财产损失2万元；五、限被告济南市历城区人民政府港沟街道办事处应当自本判决生效之日起30日内支付原告杨某国各类拆迁奖励173556.50元；六、驳回原告杨圣国的其他诉讼请求。	没有执行。行政机关没有主动执行。当事人也对判决赔偿金额不满上诉，二审结束后仍在准备申诉，所以没有申请执行。

续表

序号	案号	判决方式	判决主文	执行情况
36	(2018)鲁0112行初243号	赔偿	一、确认被告济南市历城区人民政府王舍人街道办事处于2017年6月5日对原告李某珍位于济南市历城区王舍人街道大辛庄村西南大辛河以东房屋实施的拆除行为违法；二、限被告济南市历城区人民政府王舍人街道办事处自本判决生效之日起10日内支付原告李某珍涉案房屋内物品损失1万元；三、驳回原告李某珍的其他诉讼请求。	没有执行。当事人认为二审程序违法，正在申请再审，对判决结果也不满意，所以也没有申请法院执行。
37	(2018)鲁01行终225号	赔偿	一审判决：一、确认被告唐冶街道办于2017年6月10日拆除原告袁某明合作社地上建（构）筑物的行为违法。二、被告唐冶街道办于本判决生效之日起10日内支付原告袁某明赔偿金10100496.4元。 二审维持原判。	执行到位。
38	(2018)鲁01行终576号	赔偿	一审判决：一、被告华山街道办在华山片区安置区内为原告家庭安置141平方米楼房或者赔偿原告赔偿金2141367元；二、限被告华山街道办自本判决生效之日起30日内支付原告王某堂超出安置房面积赔偿金132016.50元，附属设施赔偿金9230.40元，过渡费、搬家费33600元，共计174846.90元；三、限被告华山街道办自本判决生效之日起30日内支付原告王某堂房屋内财产损失3万元；四、限被告华山街道办自本判决生效之日起30日内支付原告王某堂拆迁奖励26673元。 二审维持原判。	判决作出后，被告曾多次联系原告，要求执行判决，但因原告对判决结果不满意，至今未领取赔偿金或选择安置房屋，并称其一直在上访反映情况。
39	(2018)鲁02行终651号	赔偿	一审判决：被告即墨路办事处赔偿原告李某新财产损失1000元。 二审维持原判。	执行到位。

续表

序号	案号	判决方式	判决主文	执行情况
40	（2018）鲁05行初19号	赔偿	一、被告东营市人民政府于本判决生效之日起10日内向原告东营顺通化工（集团）有限公司支付原告的机器设备损失22962363.49元及相应利息（按照中国人民银行同期贷款基准利率自2013年11月15日计算至款项付清之日）。二、驳回原告的其他诉讼请求。	执行到位。
41	（2018）鲁09行赔终6号	赔偿	一、变更（2016）鲁0982行赔初7号行政赔偿判决第一项为：上诉人宁阳县住房和城乡建设局于本判决生效之日起10日内赔偿被上诉人胡某东直接经济损失1918291.94元，评估费12500元由上诉人宁阳县住房和城乡建设局负担；二、维持（2016）鲁0982行赔初7号行政赔偿判决第二项，即驳回被上诉人胡某东的其他诉讼请求。	宁阳县住建局并未给予被上诉人赔偿，因此被上诉人向新泰市人民法院申请强制执行。在申请强制执行期间，住建局将这部分款项给了新泰市人民法院。但是新泰市人民法院只给了被上诉人一份结案通知书，这部分款项一直暂扣没有给予被上诉人。被上诉人仍处于等待阶段。
42	（2018）鲁1082行初19号	赔偿	被告荣成市港西镇人民政府赔偿原告财产损失人民币19184元，于本判决生效后10日内将赔偿款交付我院转付原告。	被告没有按照判决支付给原告赔偿款，原告情绪比较激动，哭诉称被告镇政府欺负人，拖欠赔偿款不给他。
43	（2018）鲁13行终165号	赔偿	一审判决：一、确认被告临沂市罗庄区褚墩镇人民政府2015年4月25日强制拆除原告孟某文的肉鸭养殖场的行政行为违法；二、被告临沂市罗庄区褚墩镇人民政府赔偿原告孟某文损失41880元，于本判决生效后10日内付清。 二审维持原判。	判决生效后，被告不积极履行，原告及其律师多次催要，被告以新领导不了解情况等理由推脱不履行。最后原告申请法院强制执行。现已执行到位，原告满意。

续表

序号	案号	判决方式	判决主文	执行情况
44	（2018）鲁行终1532号	赔偿	一审判决：一、被告菏泽市牡丹区人民政府、菏泽市牡丹区牡丹街道办事处于本判决生效之日起15日内共同赔偿原告经济损失8500元；二、驳回原告其他诉讼请求。 二审维持原判。	本案一审原告申请再审已被驳回，但仍对案件实体判决赔偿数额不满。原告嫌钱数少，没有向被告申领一审判决的赔偿款，被告没有主动履行，原告也没有申请强制执行。
45	（2018）鲁行终1533号	赔偿	一、被告菏泽市牡丹区人民政府、菏泽市牡丹区牡丹街道办事处于本判决生效之日起15日内共同赔偿原告经济损失6800元；二、驳回原告其他诉讼请求。 二审维持原判。	原告申请再审已被驳回，但仍对案件实体判决赔偿数额不满。原告嫌钱数少，没有向被告申领一审判决的赔偿款，被告没有主动履行，原告也没有申请强制执行。
46	（2018）鲁行终1534号	赔偿	一、被告菏泽市牡丹区人民政府、菏泽市牡丹区牡丹街道办事处于本判决生效之日起15日内共同赔偿原告经济损失1700元；二、驳回原告其他诉讼请求。 二审维持原判。	原告仍对案件实体判决赔偿数额不满。原告嫌钱数少，没有向被告申领一审判决的赔偿款，被告没有主动履行，原告也没有申请强制执行。
47	（2018）鲁行终1535号	赔偿	一、被告菏泽市牡丹区人民政府、菏泽市牡丹区牡丹街道办事处于本判决生效之日起15日内共同赔偿原告经济损失10200元；二、驳回原告其他诉讼请求。 二审维持原判。	本案一审原告申请再审已被驳回，但仍对案件实体判决赔偿数额不满。原告嫌钱数少，没有向被告申领一审判决的赔偿款，被告没有主动履行，原告也没有申请强制执行。

续表

序号	案号	判决方式	判决主文	执行情况
48	（2018）鲁行终1536号	赔偿	一、被告菏泽市牡丹区人民政府、菏泽市牡丹区牡丹街道办事处于本判决生效之日起15日内共同赔偿原告经济损失5100元；二、驳回原告其他诉讼请求。 二审维持原判。	原告仍对案件实体判决赔偿数额不满。原告嫌钱数少，没有向被告申领一审判决的赔偿款，被告没有主动履行，原告也没有申请强制执行。
49	（2018）鲁行终1537号	赔偿	一、被告菏泽市牡丹区人民政府、菏泽市牡丹区牡丹街道办事处于本判决生效之日起15日内共同赔偿原告经济损失23115元（19470元+3645元）；二、驳回原告其他诉讼请求。 二审维持原判。	一审原告申请再审已被驳回，但仍对案件实体判决赔偿数额不满。原告嫌钱数少，没有向被告申领一审判决的赔偿款，被告没有主动履行，原告也没有申请强制执行。
50	（2018）鲁行终1538号	赔偿	一、被告菏泽市牡丹区人民政府、菏泽市牡丹区牡丹街道办事处于本判决生效之日起15日内共同赔偿原告经济损失1700元；二、驳回原告其他诉讼请求。 二审维持原判。	原告嫌钱数少，没有向被告申领一审判决的赔偿款，被告没有主动履行，原告也没有申请强制执行。
51	（2018）鲁行终745号	赔偿	一、撤销枣庄市中级人民法院（2017）鲁04行初42号行政赔偿判决；二、责令枣庄市薛城区人民政府于本判决生效之日起90日内对魏某山、闫某秀依法予以全面赔偿。	因薛城区人民政府决定以每平方米850元赔偿，而当事人想以每平方米5000余元进行赔偿，双方赔偿标准相差太大，故政府一直未执行。
52	（2018）鲁行终749号	赔偿	一审判决：一、被告菏泽市牡丹区人民政府、菏泽市牡丹区牡丹街道办事处于本判决生效之日起15日内共同赔偿原告经济损失6800元；二、驳回原告其他诉讼请求。 二审维持原判。	本案一审原告申请再审已被驳回，但仍对案件实体判决赔偿数额不满。原告嫌钱数少，没有向被告申领一审判决的赔偿款，被告没有主动履行，原告也没有申请强制执行。

续表

序号	案号	判决方式	判决主文	执行情况
53	（2019）鲁0103行初25号	赔偿	一、被告济南市市中区人民政府兴隆街道办事处于本判决生效之日起60日内，向原告孙某支付物品损失3400元；二、被告济南市市中区人民政府兴隆街道办事处于本判决生效之日起60日内，向原告轩某青支付物品损失35000元；三、被告济南市市中区人民政府兴隆街道办事处于本判决生效之日起60日内，向原告高某国支付物品损失21000元。	兴隆街道办事处没有在法定期限内履行。原告方打电话问过，被告称领导已经同意赔偿，正在财务处走程序。但是被告一直没有接收原告方三人的银行账号，原告三人均处于等待阶段。
54	（2019）鲁01行赔终10号	赔偿	一审判决：一、由被告济南市长清区人民政府归德街道办事处于本判决生效之日起15日内赔偿原告建筑材料损失费70000元。二、由被告济南市长清区人民政府归德街道办事处于本判决生效之日起15日内赔偿原告脚手架、电炉、大门损失费共计4300元。三、驳回原告万某东的“法院依法判令被告赔偿原告的财产损失3723978.4元”诉讼请求。 二审维持原判。	原告已对该案申请再审。判决作出后，被告未主动联系原告支付损失费，因原告认为判决赔偿的损失费数额过少，亦未联系被告，未申请法院强制执行。
55	（2019）鲁01行赔终11号	赔偿	一审判决：一、由被告济南市长清区人民政府归德街道办事处于本判决生效之日起15日内赔偿原告石某刚建筑材料损失费70000元。二、驳回原告石某刚的“法院依法判令被告赔偿原告的财产损失1428631元”诉讼请求。 二审维持原判。	判决作出后，被告未主动联系原告支付损失费，因原告认为判决赔偿的损失费数额过少，亦未联系被告，未申请法院强制执行。原告已对该案申请再审。
56	（2019）鲁01行赔终12号	赔偿	一审判决：一、由被告济南市长清区人民政府归德街道办事处于本判决生效之日起15日内赔偿原告建筑材料损失费70000元。二、驳回原告赵某的“法院依法判令被告赔偿原告的财产损失1795940元”诉讼请求。 二审维持原判。	原告已对该案申请再审。判决作出后，被告未主动联系原告支付损失费，因原告认为判决赔偿的损失费数额过少，亦未联系被告，未申请法院强制执行。

续表

序号	案号	判决方式	判决主文	执行情况
57	（2019）鲁01行赔终13号	赔偿	一审判决：一、由被告济南市长清区人民政府归德街道办事处于本判决生效之日起15日内赔偿原告类某军建筑材料等损失费70000元。二、驳回原告类某军的“法院依法判令被告赔偿原告的财产损失1676351元”诉讼请求。 二审维持原判。	判决作出后，被告未主动联系原告支付损失费，因原告认为判决赔偿的损失费数额过少，亦未联系被告，未申请法院强制执行。原告已对该案申请再审。
58	（2019）鲁01行赔终3号	赔偿	一审判决：一、由被告济南市长清区人民政府归德街道办事处于本判决生效之日起15日内赔偿原告建筑材料损失费70000元。二、驳回原告陈某的“法院依法判令被告赔偿原告的财产损失1710526元”诉讼请求。 二审维持原判。	原告已对该案申请再审。判决作出后，被告未主动联系原告支付损失费，因原告认为判决赔偿的损失费数额过少，亦未联系被告，未申请法院强制执行。
59	（2019）鲁01行赔终4号	赔偿	一审判决：一、由被告济南市长清区人民政府归德街道办事处于本判决生效之日起15日内赔偿原告建筑材料损失费75000元。二、驳回原告赵某的“法院依法判令被告赔偿原告的财产损失5112746.5元”诉讼请求。 二审维持原判。	判决作出后，被告未主动联系原告支付损失费，因原告认为判决赔偿的损失费数额过少，亦未联系被告，未申请法院强制执行。原告已对该案申请再审。
60	（2019）鲁01行赔终5号	赔偿	一审判决：一、由被告济南市长清区人民政府归德街道办事处于本判决生效之日起15日内赔偿原告田某兴建筑材料损失费70000元。二、驳回原告田某兴的“法院依法判令被告赔偿原告的财产损失1441391.9元”诉讼请求。 二审维持原判。	原告已对该案申请再审。判决作出后，被告未主动联系原告支付损失费，因原告认为判决赔偿的损失费数额过少，亦未联系被告，未申请法院强制执行。
61	（2019）鲁01行赔终6号	赔偿	一审判决：一、由被告济南市长清区人民政府归德街道办事处于本判决生效之日起15日内赔偿原告张某建筑材料等损失费70000元。二、驳回原告张某的“法院依法判令被告赔偿原告的财产损失1837913元”诉讼请求。 二审维持原判。	判决作出后，被告未主动联系原告支付损失费，因原告认为判决赔偿的损失费数额过少，已对该案申请再审，因此亦未联系被告，未申请法院强制执行。

续表

序号	案号	判决方式	判决主文	执行情况
62	（2019）鲁01行赔终7号	赔偿	一审判决：一、由被告济南市长清区人民政府归德街道办事处于本判决生效之日起15日内赔偿原告建筑材料损失费80000元。二、驳回原告徐某刚的“法院依法判令被告赔偿原告的财产损失7711625元”诉讼请求。 二审维持原判。	原告已对该案申请再审。判决作出后，被告未主动联系原告支付损失费，因原告认为判决赔偿的损失费数额过少，亦未联系被告，未申请法院强制执行。
63	（2019）鲁01行赔终8号	赔偿	一审判决：一、由被告济南市长清区人民政府归德街道办事处于本判决生效之日起15日内赔偿原告建筑材料损失费75000元。二、由被告济南市长清区人民政府归德街道办事处于本判决生效之日起15日内赔偿原告部分材料损失费10000元。三、驳回原告李某的“法院依法判令被告赔偿原告的财产损失5891991元”诉讼请求。 二审维持原判。	判决作出后，被告未主动联系原告支付损失费，因原告认为判决赔偿的损失费数额过少，已对该案申请再审，因此亦未联系被告，未申请法院强制执行。
64	（2019）鲁01行终105号	赔偿	一审判决：限被告济南市历城区人民政府唐冶街道办事处自本判决生效之日起15日内支付原告张某达苗圃中地上物损失236万元。 二审维持原判。	被告已依照判决支付原告损失费236万元，判决执行到位，原告表示满意。
65	（2019）鲁01行终106号	赔偿	一、维持济南市历城区人民法院（2018）鲁0112行初137号行政判决第二项，即：“限被告济南市历城区人民政府唐冶街道办事处于本判决生效之日起10日内支付原告赵某国地上物（果树）赔偿金136500元”；二、限上诉人济南市历城区人民政府唐冶街道办事处于本判决生效之日起10日内支付上诉人赵某国果树残值赔偿金3280元。	被告已按照判决支付原告地上物赔偿金以及果树残值赔偿金，该判决已执行到位。
66	（2019）鲁13行终21号	赔偿	一审判决：被告尚岩镇政府赔偿原告万某勤经济损失6238元，于本判决生效后10日内付清。评估费1000元由被告尚岩镇政府承担。 二审维持原判。	政府部门没有依法按时履行。原告一直等着想拿到这些钱，但由于没有相应法律知识，没有到法院申请强制执行。

续表

序号	案号	判决方式	判决主文	执行情况
67	（2019）鲁08行终10号	赔偿	一审判决：一、被告梁山县城市管理行政执法局、梁山县水泊街道办事处于本判决生效后10日内共同向原告王某明、王某亮给付房屋赔偿款791160.8元；二、被告梁山县城市管理行政执法局、梁山县水泊街道办事处于本判决生效后10日内共同向原告王某明、王某亮给付房屋附属设施赔偿款8771.8元；三、驳回原告王某明、王某亮的其他诉讼请求。 二审维持原判。	没有执行，判决作出之后原告找过被告要求执行判决，被告态度强硬，不支付赔偿款。原告已申请法院强制执行，目前正在走程序。
68	（2019）鲁08行终6号	赔偿	一审判决：一、被告梁山县城市管理行政执法局、梁山县水泊街道办事处于本判决生效后10日内共同向原告马某赔偿房屋损失77691元；二、被告梁山县城市管理行政执法局、梁山县水泊街道办事处于本判决生效后10日内共同向原告马某赔偿设备及生活物品损失5290.25元；三、驳回原告马某的其他诉讼请求。	没有执行，判决作出之后原告找过被告要求执行判决，被告态度强硬，不支付赔偿款。原告已申请法院强制执行，目前正在走程序。
69	（2017）鲁02行终742号	责令依法采取补救措施	一、撤销青岛市黄岛区人民法院（2017）鲁0211行初36号行政判决；二、青岛市黄岛区综合行政执法局于本判决生效后30日内对上诉人临沂禾晟文化传媒有限公司依法采取补救措施。	采取了补救措施，当事人比较满意。
70	（2017）鲁行终1974号	责令依法采取补救措施	一审判决：责令被告青岛市政府、青岛市国土局在本判决生效之日起两个月内依法采取补救措施。 二审维持原判。	没有执行。当事人称根据判决书很难申请强制执行，判决书仅提到责令政府采取补救措施，缺少具体的可执行的事项。领导也在考虑这件事，这个判决让当事人很难受。目前公司正在讨论这件事该怎么办。

续表

序号	案号	判决方式	判决主文	执行情况
71	（2018）鲁行终1032号	责令依法采取补救措施	一、撤销济南市中级人民法院（2018）鲁01行初231号行政判决第一项，即“确认被告历城区政府成立的济南市历城区雪山片区建设指挥部于2014年10月11日与原告钱某元签订拆迁安置补偿协议的行为无效”；二、维持济南市中级人民法院（2018）鲁01行初231号行政判决第二项、第三项，并变更为“一、驳回原告钱某元请求判令被告济南市历城区人民政府履行拆迁安置补偿协议，向原告钱某元交付114平方米的安置房3套的诉讼请求；二、责令被告济南市历城区人民政府采取补救措施”。	当事人称没法执行，本来起诉是为了按照原协议履行而不是为了不重新签订协议的，结果又给判了采取补救措施，若当事人不同意重新协商不可能执行，当事人正在为此申诉，已申诉至最高院，目前正在走程序。
72	（2018）鲁行终738号	责令依法采取补救措施	一审判决：被告自本判决生效之日起采取补救措施，针对原告的行政赔偿请求，同时包括第三人邢某桂、高某方、阎某松的权益受损情况，依法作出处理。 二审维持原判。	该案一审原告已经向最高院申请再审，被告没有采取补救措施，原因是其想等再审结果出来再说。
73	（2017）鲁行终1424号	重作	一、撤销济南市中级人民法院（2017）鲁01行初1号行政判决；二、撤销济南市槐荫区人民政府作出的济槐政复决字〔2016〕46号行政复议决定；三、责令槐荫区人民政府于本判决生效之日起60日内重新作出行政复议决定。	槐荫区政府作出不予公开的复议决定，当事人不服起诉，经过两审最终槐荫区房屋征收服务中心公开了相关信息。当事人称还有其他许多诉讼，多数已败诉，还有正在诉讼中的。
74	（2017）鲁14行终51号	重作	一审判决：一、撤销被告德州市公安局交通警察支队平原大队作出的NO. A106030965807号山东省公安交通管理简易程序处罚决定书；二、德州市公安局交通警察支队平原大队在法定期限内重新作出行政行为。 二审维持原判。	判决作出后，被告未主动执行判决，原告打电话要求撤销处罚，而被告告知原告需要本人到场进行处理，原告认为如果自己到场，就会被重新处罚，故没有前往。原告的诉求是撤销处罚，想申请法院强制执行。

续表

序号	案号	判决方式	判决主文	执行情况
75	（2017）鲁 17 行初 150 号	重作	一、撤销被告郓城县政府对原告张某敞作出的郓房征补〔2017〕23 号房屋征收补偿决定；二、限本判决生效之日起 3 个月内，被告郓城县政府对原告张某敞重新依法作出房屋征收补偿决定。	没有重作，房子刚被强拆，正在诉讼和僵持中。
76	（2017）鲁 17 行初 157 号	重作	一、撤销被告郓城县政府对原告段某超作出的郓房征补〔2017〕03 号房屋征收补偿决定；二、限本判决生效之日起 3 个月内，被告郓城县政府对原告段某超重新依法作出房屋征收补偿决定。	没有重作，房子刚被强拆，正在诉讼和僵持中。
77	（2017）鲁行终 1413 号	重作	一审判决：一、撤销被告成武县人民政府作出的成政复决字〔2016〕28 号行政复议决定；二、限被告成武县人民政府在判决生效之日起 60 日内就第三人史某力的复议申请重新作出复议决定。 二审维持原判。	县政府没有再作出新的复议决定，而是协调处理了纠纷。法院与县政府共同给原告做工作，在保障原告通过冻结的其他资产实现债权的前提下，原告放弃该房产补偿款的权益。原告同意。因此县政府没重作。
78	（2017）鲁行终 1959 号	重作	一、撤销聊城市中级人民法院（2017）鲁 15 行初 16 号行政判决；二、责令聊城市人民政府在法定期限内重新作出行政复议决定。	聊城市政府没有在法定期限内重新作出行政复议决定。原告方也没有再就此事询问市政府，而是通过起诉强拆或申请再审等维护自身权益。
79	（2017）鲁行终 1973 号	重作	一、撤销聊城市中级人民法院（2017）鲁 15 行初 17 号行政判决；二、撤销聊城市人民政府聊政复决字〔2016〕第 5 号行政复议决定；三、责令聊城市人民政府在法定期限内重新作出行政复议决定。	政府执行了判决，作出了复议决定，但结果不理想，又走程序，后来当事人觉得太漫长放弃了维权；另有一相关诉讼目前在省高院进行中。

续表

序号	案号	判决方式	判决主文	执行情况
80	（2018）鲁0112行初226号	重作	一、撤销被告济南市历城区人力资源和社会保障局于2013年11月13日作出的济历城人社监理字〔2013〕第004号劳动保障监察行政处理决定书；二、限被告济南市历城区人力资源和社会保障局自本判决生效之日起60日内对原告许某兰于2010年9月14日的投诉事项重新作出处理。	没有执行。行政机关没有主动执行。当事人也称判决有问题，如果人社局再作出对当事人不利的处理决定，又得再起诉，如此循环，没有尽头。当事人准备申诉。
81	（2018）鲁01行初1130号	重作	一、撤销被告济南市市中区人民政府作出的济（市中）征补字〔2016〕22号《房屋征收补偿决定》；二、限被告济南市市中区人民政府于本判决生效之日起60日内重新作出行政行为。	该案已经上诉至省高院，且已经作出了终审判决，判决结果维持原判。至调查回访之时止，被告没有重作。原告一方面对终审判决不服，想要继续向检察院申请抗诉；另一方面质疑政府房屋征收决定通过的程序违法，其房屋没有经过面积测算和评估报告等程序就被拆迁，就此想向审计署申请对征收决定进行审计监督。
82	（2018）鲁01行初1131号	重作	一、撤销被告济南市市中区人民政府作出的济（市中）征补字〔2016〕21号《房屋征收补偿决定》；二、限被告济南市市中区人民政府于本判决生效之日起60日内重新作出行政行为。	该案已经上诉至省高院，且已经作出了终审判决，判决结果维持原判。至调查回访之时止，被告没有重作。原告一方面对终审判决不服，想要继续向检察院申请抗诉；另一方面质疑政府房屋征收决定通过的程序违法，其房屋没有经过面积测算和评估报告等程序就被拆迁，就此想向审计署申请对征收决定进行审计监督。

续表

序号	案号	判决方式	判决主文	执行情况
83	（2018）鲁01行初808号	重作	一、撤销被告山东省人民政府作出的鲁政复驳字〔2018〕230号《驳回行政复议申请决定书》；二、责令被告山东省人民政府在本判决生效之日起60日内重新作出行政行为。	判决作出后，被告省政府重新作出了行政复议决定，但除添加泰山区政府为复议第三人外，其余内容与被撤销的230号复议决定书没有区别，原告就重新作出的复议决定亦提起诉讼，新判决省政府重新作出行政复议决定。
84	（2018）鲁01行终441号	重作	一、撤销济南市历城区人民法院（2018）鲁0112行初91号行政判决；二、责令被上诉人济南市历城区食品药品监督管理局于本判决送达之日起15日内依法重新对上诉人贾某泷作出奖励行为。	被告历城区食药监局对原告重新作出了奖励行为，判决已执行到位。
85	（2018）鲁01行终487号	重作	一、变更处罚决定书中第二项即“罚款2030200元”为“罚款1608160元”（2010.2×200×4）；二、撤销济南市长清区综合行政执法局济城执长清区综处字〔2017〕第300号行政处罚决定，责令其在法定期限内对上诉人山东银丰大融置业有限公司占用绿地的行为重新作出处理。	被告已重新作出了处罚，原告银丰公司亦接受新的处罚结果，判决已执行到位。
86	（2018）鲁07行终141号	重作	一、撤销青州市人民法院（2018）鲁0781行初23号行政判决；二、撤销被上诉人青州市社会保险事业管理局于2017年11月27日向王某学作出的《补缴社会保险申请答复书》；三、撤销被上诉人青州市人民政府于2018年1月31日作出的青复决字〔2017〕101号《青州市人民政府行政复议决定书》；四、被上诉人青州市社会保险事业管理局在法定期限内对王某学的申请重新作出处理。	执行到位。

续表

序号	案号	判决方式	判决主文	执行情况
87	（2018）鲁07行终45号	重作	一、撤销潍坊高新技术产业开发区人民法院作出的（2017）鲁0791行初22号行政判决；二、撤销潍坊市住房和城乡建设局作出的潍建裁字〔2017〕1号《关于对王某玲房屋拆迁行政裁决书》；三、潍坊市住房和城乡建设局于本判决生效之日起30日内对王某玲提出的房屋拆迁补偿行政裁决申请重新作出裁决。	本案涉及拆迁，案情较为复杂，时间跨度达11年之久。潍坊市住建局在判决生效后的30日内已经重新作出裁决，即上诉人（原审原告）享受800多万元的货币补偿不变，另加这些年的银行利息。上诉人的诉求是不要货币补偿，因拆迁涉及的是商业用房，要求得到原位置、原楼层、原面积的商业用房。 因上诉人对重新作出的行政裁决不满，已经起诉至潍坊高新技术产业开发区人民法院，目前该案件经过了一次调解，两次开庭审理，尚未作出判决。
88	（2018）鲁08行终116号	重作	一、撤销被告曲阜市城市管理行政执法局于2017年10月30日作出的曲城执处字〔2017〕306281号行政处罚决定。二、责令被告曲阜市城市管理行政执法局于本判决生效后在法定期限内重新作出行政行为。	一审原告的违建房屋补全相应法律手续后，一审被告执法局没有再对其重新作出新的行政行为。
89	（2018）鲁08行终167号	重作	一审判决：一、撤销被告曲阜市环保局于2017年7月13日对原告金圣公司作出的曲环罚字〔2017〕67号行政处罚决定；二、撤销被告曲阜市政府于2017年11月15日作出的曲政复决字〔2017〕19号行政复议决定；三、被告曲阜市环保局可于本判决发生法律效力之日起60日内对原告金圣公司重新启动行政执法程序并作出相应处理。 二审维持原判。	被告又重新作出了两个行政处罚。但原告认为被告涉嫌故意找麻烦，对后两个行政处罚业已复议和诉讼，在诉讼中一审判决被告败诉。原告正在上诉。

续表

序号	案号	判决方式	判决主文	执行情况
90	（2018）鲁08行终34号	重作	一、撤销泗水县人民法院（2017）鲁0831行初5号行政判决。二、撤销被上诉人曲阜市市场监督管理局于2016年5月23日作出的曲工商处字〔2016〕6号行政处罚决定。三、责令被上诉人曲阜市市场监督管理局在法定期限内对原审第三人潘某的申诉重新作出处理。	被上诉人已经启动新的处罚程序，但因需要重新鉴定，还没有作出最终的处罚决定。即正在履行法院判决，还未履行完毕。
91	（2018）鲁08行终90号	重作	一审判决：一、撤销被告邹城市国土资源局于2017年11月16日作出的邹城市不动产不登第005号《不予登记告知书》；二、责令被告邹城市国土资源局在10个工作日内对原告付某梅申请的事项重新作出处理。 二审维持原判。	执行到位。
92	（2018）鲁14行终145号	重作	一审判决：撤销被告夏津县人力资源和社会保障局作出的夏人社伤重不认字〔2017〕第003号《不予认定工伤决定书》，责令夏津县人力资源和社会保障局于本判决生效之日起60日内重新作出行政行为。 二审维持原判。	执行到位。
93	（2018）鲁17行初792号	重作	一、撤销被告单县人民政府于2018年12月5日向被告李某政所作的答复；二、责令被告单县人民政府于本判决生效之日起15日内，重新依法向李某政作出答复。	原告称被告没有依法在规定期限内作出答复，原告也没有主动联系过被告。县国土局给了原告一个答复，大致内容是：原告在村里没有土地，原告涉嫌买卖集体土地，要对其进行处理。
94	（2018）鲁行终1377号	重作	一审判决：责令被告济南市政府对原告王某玉、陈某勇、胡某东、胡某利、胡某亮、胡某兴、李某盛、王某凯、陈某刚、马某胜、陈某强、孙某亮的复议申请事项依法作出处理。 二审维持原判。	被告对原告的复议重新作出了处理，但原告对新的处理结果不满，已提起诉讼。

续表

序号	案号	判决方式	判决主文	执行情况
95	（2018）鲁行终2131号	重作	一、撤销济南市中级人民法院（2018）鲁01行初669号行政判决；二、责令济南市人民政府在法定复议期限内对上诉人的复议申请重新作出复议决定。	被告重新作出了复议决定，受理了原告的复议请求，又驳回了复议请求。原告对新的复议决定不服，已提起诉讼。
96	（2018）鲁行终2684号	重作	一、撤销青岛市中级人民法院（2018）鲁02行初29号行政判决；二、责令青岛市崂山区人民政府在法定期限内重新作出行政复议决定。	崂山区政府重新作了复议决定，以超期为由驳回了原告的复议请求。针对新的复议决定，原告已提起诉讼，目前案件正在审理中。
97	（2018）鲁行终760号	重作	一审判决：撤销济南市政府于2017年6月23日作出的《依申请公开政府信息告知书》，撤销省政府于2017年8月15日作出的413号复议决定，济南市政府于判决生效后依法重新对崔某于2017年6月8日的政府信息公开申请（编号：20170600016）作出答复。 二审维持原判。	被告未重新作出答复，原告因对此事不再关注，亦未要求执行判决。
98	（2018）鲁行终923号	重作	一、撤销滨州市中级人民法院（2017）鲁16行初108号行政判决；二、责令滨州市滨城区人民政府在法定复议期限内对卜某国、王某奎的行政复议申请重新作出复议决定。	被告重新作出了复议决定，驳回了原告的复议请求，原告不服，已提起诉讼，当前正在审理中。
99	（2019）鲁01行终29号	重作	一、撤销济南市历下区人民法院（2018）鲁0102行初175号行政判决；二、责令被上诉人济南市交通运输监察支队在本判决生效之日起60日内重新作出行政行为。	被告重新作出了处罚行为，将处罚2万元改为处罚200元，原告接受新的处罚结果，认为判决已执行到位，很感谢法院的公正裁判。
100	（2019）鲁07行终40号	重作	一、撤销寿光市人民法院于2018年12月14日作出的（2018）鲁0783行初51号行政判决；二、被上诉人寿光市人力资源和社会保障局于本判决生效后60日内重新作出工伤认定结论。	执行到位。

二、行政判决执行典型案例

典型案例 1：被告主动履行，但因原告不满赔偿数额，分歧较大而未执行到位

在所调查的（2018）鲁行终 745 号魏某山、闫某秀诉枣庄市薛城区人民政府（以下简称薛城区政府）行政赔偿一案中，双方均不服枣庄市中级人民法院于 2017 年 12 月 22 日作出的（2017）鲁 04 行初 42 号行政赔偿判决，向山东省高级人民法院提起上诉。案件涉及因城中村改造引发的违法拆迁，城中村改造涉及范围广、人数多、社会影响大，并且本案时间跨度较长，经历了多次审判过程。2008 年原告所在村庄划入城中村改造范围，2011 年在原告未签订补偿安置协议的情况下其房屋被薛城区城中村改造工作领导小组拆除。2015 年魏某山、闫某秀向枣庄市中级人民法院提起行政赔偿诉讼。后因原告上诉该案分别于 2016 年、2017 年被山东省高级人民法院作出一次指令审理、一次发回重审的判决。综观该案，其时间跨度接近十年，涉及城中村改造、违法拆迁的特殊背景，且客观实际已经发生了很多变化，解决纠纷本身有一定困难。

对于该案的赔偿范围、赔偿标准、赔偿数额，双方当事人分歧较大。在赔偿范围上，原、被告对于搬迁补助费和临时安置补助费等是否应予赔偿意见不一；在赔偿标准上，对于城中村改造、集体土地征收、国有土地上房屋征收，不同的情形涉及的赔偿标准并不相同。该案发生在城中村改造过程中，且存在山东省人民政府对涉案房屋所在村庄作出“农转非”批复和前期薛城区政府已对大部分被拆迁人按城中村改造拆迁安置补偿方案安置补偿完毕的事实，对于原告涉案房屋按什么标准赔偿双方当事人所持分歧较大，且在调解中难以达成一致意见。

在综合考量有关赔偿事项和赔偿数额问题仍需要薛城区政府进一步审查核实的情况下，山东省高级人民法院于 2019 年 3 月作出终审判决，判决如下：一、撤销枣庄市中级人民法院（2017）鲁 04 行初 42 号行政赔偿判决；二、责令枣庄市薛城区人民政府于本判决生效之日起 90 日内对魏某山、闫某秀依法予以全面赔偿。

经回访调查得知，判决作出后，薛城区政府决定以每平方米 850 元的标准进行赔偿，原告想以每平方米5000多元的价格进行赔偿，双方赔偿标准相差过于悬殊，致使该案判决无法得到执行。课题组在回访中了解到，原告已经开始打算通过上访解决问题。

典型案例2：判决重作行政复议决定中的“循环诉讼”问题

1. 问题

虽然从形式上看，判决重作的行政复议案件基本都执行到位，但根据此类案件的电话回访以及实地走访的情况来看，重新作出的复议决定并没有实质化解纠纷，多数行政相对人认为新作出的复议决定与撤销的复议决定在本质上没有区别，且大部分行政相对人就重新作出的复议决定亦提起诉讼。更有甚者，针对重新作出的行政复议决定提起的诉讼，法院的判决依旧是责令被告行政机关重新作出行政行为，这就引发了“循环诉讼”的问题。在课题组所调查的9件判决重作行政复议决定的案件中，有8件没有获得复议申请人的认可，有7件复议申请人针对新作出的复议决定亦提起诉讼。这类案件往往涉及拆迁、招商引资等重大事项，行政机关对于此类案件的复议往往采取审慎的态度。因此，重新作出的复议决定与原决定相比，复议结果大都相同，说理大都类似。故客观呈现出的，是已经依照判决重新作出复议决定的执行到位样态，但实际上并没有达到案结事了、实质化解纠纷的效果。

2. 典型案例

在课题组所调查的（2018）鲁01行初808号泰安明智置业有限公司（以下简称泰安明智公司）诉山东省人民政府（以下简称省政府）行政复议一案中，就很典型地体现了“循环诉讼”的问题。该案中，泰安明智公司向省政府提起行政复议，请求责令泰安市人民政府限期按片区改造相关规定组织实施泰安市粮库和泰山面粉有限公司地块片区改造项目。省政府以申请人及被申请人均不适格，以及复议申请没有具体的行政复议请求和理由，不属于行政复议范围为由，驳回了泰安明智公司的复议申请。泰安明智公司遂向济南中院提起诉讼，请求撤销省政府的复议决定，判令其重新作出行政复议决定。济南中院经审理，判决省政府重新作出行政行为。判决生效后，省政府虽按照程序，在法定期限内重新作出了复议决定，但该复议决定以泰安市政府没有履行申请人行政复议请求中载明的法定职责为由，驳回了泰安明智公司的行政复议申请。泰安明智公司不服，又向济南中院提起诉讼。济南中院经审理认为，省政府重新作出的行政复议决定，违反了《行政诉讼法》第七十一条的规定，判决撤销该复议决定，并责令省政府重新作出行政复议决定。课题组根据实地走访的询问得知，由于案件正处于协调当中，所以新的判决还未执行。

《行政诉讼法》第七十一条规定：“人民法院判决被告重新作出行政行为的，被告不得以同一的事实和理由作出与原行政行为基本相同的行政行为。”但根据这次所调查的案件，实践中还是有部分判决重作的案件，被告以作出与原行政行为基本相同的行政行为的方式，来完成对判决的执行。对行政相对人来说，除了对重新作出的行政行为提起诉讼，没有其他的救济途径。不只是行政复议案件，某些行政处罚案件也存在着这样的问题。

实务探讨：疫情防控期间价格执法问题

《市场监管总局关于依法从重从快严厉打击新型冠状病毒疫情防控期间违法行为的意见》的解读

国家市场监督管理总局法规司

为深入贯彻落实习近平总书记关于疫情防控工作的重要指示精神和党中央、国务院的重大决策部署，始终将人民群众的生命安全和身体健康放在第一位，市场监管总局研究出台《关于依法从重从快严厉打击新型冠状病毒疫情防控期间违法行为的意见》（以下简称《意见》）。《意见》立足于助力疫情防控，坚持法治理念，对从重从快严厉打击涉及疫情防控的违法行为作出规定，提出要求。各地市场监管部门准确理解和切实落实《意见》，可以重点把握以下几点。

一、关于实施时间和适用范围

《意见》的实施时间为新冠疫情防控期间。自国家宣布新冠疫情结束之日起，《意见》自动停止实施。《意见》的适用范围是新冠疫情防控期间发生的涉及疫情防控的违法行为，主要有三类：一是野生动物及其制品违法交易。二是口罩等防护用品制假售假。这里的“制假售假”主要是指制造、销售质量存在严重问题，达不到应当具有的防护性能的劣质产品。三是哄抬防护用品及制作原材料和粮油肉蛋菜奶等基本民生商品价格。

二、关于从重处罚

根据市场监管总局发布的《关于规范市场监督管理行政处罚裁量权的指导意见》，在发生公共卫生或者社会安全事件期间实施违法行为，可以依法从重处罚。考虑到上述三种违法行为既在疫情防控期间发生，又与疫情防控密切相关，具有特殊的危害性，应当依法从重处罚。野生动物及其制品非法交易、口罩等防护用品制假售假等违法行为，由于直接影响疫情防控，《意见》要求在依法可以选择的处罚种类和处罚幅度内顶格处罚。对哄抬防护用品及制作原材料和基本民生商品价格等违法行为，也影响疫情防控，但考虑到具体情形更为复杂多样，对其处罚需要区分不同情况，《意见》规定在依法可以选择的处罚种类和处罚幅度内，适用较重、较多的处罚种类或者较高的处罚幅度进行处罚，其中罚款的数额应当在从最低限到最高限这一幅度中较高的30%部分。无论是哪种违法行为，涉嫌犯罪的，必须坚决移送司法机关依法追究刑事责任。

三、关于从快办理

为了及时查处违法行为，更好地助力疫情防控，《意见》要求各地市场监管部门对与疫情防控相关的违法案件优先办理，同时加快工作节奏，尽力缩短案件办理时间，切实提高办案效率。鉴于当前疫情防控的严峻形势和打击相关违法行为的迫切需要，《意见》进一步规定："各省级市场监管部门在不违反法律、行政法规的情况下，可以根据当地疫情防控需要，简化执法和听证程序，压缩办案时限，提高应当进行听证案件的罚款数额下限，积极运用电子送达、在线听取当事人陈述和申辩等简便迅捷的方式，具体举措由各地自行决定。"也就是说，《意见》授权各省级市场监管部门在不违反法律、行政法规的情况下，对总局制定和公布的相关规章及文件可以调整实施，自行决定加快案件办理的具体举措。这里提请注意以下几点：一是不得违反《行政处罚法》等法律、行政法规的规定。二是可以调整实施的规章主要是指《市场监督管理行政处罚程序暂行规定》和《市场监督管理行政处罚听证暂行办法》。三是地方政府及其司法部门对办案程序也有一些规定，需要做好与这些规定的衔接。

四、关于加强协作和指导

市场监管部门办理案件，既需要与内部有关机构加强协作，也需要与公安、法院等司法机关加强沟通与合作；既需要上级市场监管部门对下级市场监管部门加强指导，也需要本级市场监管部门对办案工作加强组织领导。因此，《意见》对加强协作和加强指导提出了原则性意见。

疫情期间哄抬价格查处指导意见解读*

丁茂中

为确保新冠肺炎疫情防控期间口罩、抗病毒药品、消毒杀菌用品、相关医疗器械等防疫用品以及与群众日常生活相关的粮油肉蛋菜奶等基本民生商品市场价格秩序稳定，强化和规范各级市场监管部门查处哄抬价格违法行为，市场监管总局在2020年2月1日出台了《关于新型冠状病毒感染肺炎疫情防控期间查处哄抬价格违法行为的指导意见》。

就性质而言，该指导意见是一个临时性的专项政策文件。它只适用于新冠肺炎疫情期间，当国家有关部门宣布疫情结束之日起，该指导意见也就自动停止实施了。

就需求而言，该指导意见的出台是非常必要的。众所周知，自新冠肺炎疫情暴发以来，包括口罩、消毒液、蔬菜等在内的很多商品出现了价格骤涨问题。譬如：山西省阳泉市市场监管局在1月23日对药店检查时发现，阳泉市百林医药有限公司从2020年1月21日开始将进价为1.8元/包的“溢泉精品粉口罩”大幅提价到15元/包对外销售，将进价为6元/个的“呼吸阀成人2.5口罩upperAir”大幅提价到38元/个对外销售；西安市长安区市场监管局在1月28日对航天富力城邻里中心农贸市场进行市场检查中发现，该市场蔬菜价格上涨幅度达60%—100%，其中红萝卜涨幅达90%，大蒜涨幅达66%。这不仅严重影响广大人民群众的日常生活，还直接影响整个疫情防控工作。在这种情况下，就迫切需要市场监管部门及时采取有效措施来确保相关物价与供给的稳定。

就依据而言，该指导意见有着充分的上位法授权。正如该指导意见在开头指出的那样，其是依照《价格法》《价格违法行为行政处罚规定》等法律

* 本文刊登于《市场监督管理》2020年第4期。

法规作出的。1997 年，我国出台了《价格法》。除了其他内容外，这部法律在第十四条规定了经营者不得“捏造、散布涨价信息，哄抬价格，推动商品价格过高上涨”。对此，先后经过国务院三次修订的《价格违法行为行政处罚规定》进行了相应的细化规定，即将其具体为以下三项内容：（1）捏造、散布涨价信息，扰乱市场价格秩序的；（2）除生产自用外，超出正常的存储数量或者存储周期，大量囤积市场供应紧张、价格发生异常波动的商品，经价格主管部门告诫仍继续囤积的；（3）利用其他手段哄抬价格，推动商品价格过快、过高上涨的。该指导意见则是重点对这三项内容再进行进一步细化说明，以加强对当前执法的指导性。

根据该指导意见，只要经营者实施了虚构购进成本、虚构本地区货源紧张或者市场需求激增、虚构其他经营者已经或者准备提价、虚构可能推高防疫用品或者民生商品价格预期的其他信息、散布捏造的涨价信息、散布的信息虽不属于捏造信息但使用“严重缺货”“即将全线提价”等紧迫性用语或者诱导性用语而推高价格预期、散布言论以号召或者诱导其他经营者提高价格、散布可能推高防疫用品或者民生商品价格预期的其他信息等任意一项行为，就构成“捏造、散布涨价信息，扰乱市场价格秩序”。

根据该指导意见，除了按照政府或者政府有关部门要求为防疫需要进行物资储备或者计划调拨之外，生产防疫用品及防疫用品原材料的经营者不及时将已生产的产品投放市场、批发环节经营者不及时将防疫用品或者民生商品流转至消费终端、零售环节经营者除为保持经营连续性保留必要库存外不及时将相关商品对外销售，经市场监管部门告诫仍继续囤积的，就构成“除生产自用外，超出正常的存储数量或者存储周期，大量囤积市场供应紧张、价格发生异常波动的商品，经价格主管部门告诫仍继续囤积”。

根据该指导意见，经营者在销售防疫用品过程中强制搭售其他商品或者变相提高防疫用品价格、虽未提高防疫用品或者民生商品价格但大幅度提高配送费用或者收取其他费用、销售同品种商品超过 1 月 19 日前（含当日）最后一次实际交易的进销差价率、疫情发生前未实际销售或者 1 月 19 日（含当日）前实际交易情况无法查证且在购进成本基础上大幅提高价格对外销售并经市场监管部门告诫仍不立即改正，就构成“利用其他手段哄抬价格，推动商品价格过快、过高上涨”。

除了上述内容以外，该指导意见还重点对“无违法所得”情形及“情节较重或者情节严重”作了细化规定。凡是无合法销售或者收费票据、隐匿或者销毁销售或者收费票据、隐瞒销售或者收费票据数量或者账簿与票据金额不符导致计算违法所得金额无依据的、实际成交金额过低但违法行为情节恶劣以及其他违法所得无法准确核定的情形，都可以按“无违法所得”论处。对于这种情形，根据《价格违法行为行政处罚规定》，执法机构原则上将会对经营者处5万元以上50万元以下的罚款。只要捏造或者散布疫情扩散或防治方面的虚假信息引发群众恐慌进而推高价格预期、同时使用多种手段哄抬价格、哄抬价格行为持续时间长或者影响范围广、哄抬价格之外还有其他价格违法行为、在疫情防控期间有两次以上哄抬价格违法行为、隐匿或者毁损相关证据材料或者提供虚假资料、拒不配合依法开展的价格监督检查以及其他情形，都属于“情节较重或者情节严重”。对于这类情形，根据《价格违法行为行政处罚规定》，执法机构将会对经营者处50万元以上300万元以下的罚款，甚至责令停业整顿或者吊销营业执照。

由于《价格法》除规定了政府定价以外，还另外特别规定：“当重要商品和服务价格显著上涨或者有可能显著上涨，国务院和省、自治区、直辖市人民政府可以对部分价格采取限定差价率或者利润率、规定限价、实行提价申报制度和调价备案制度等干预措施。省、自治区、直辖市人民政府采取前款规定的干预措施，应当报国务院备案。”因此，针对原则上由市场调节的经营者价格行为的“捏造、散布涨价信息，哄抬价格，推动商品价格过高上涨的”在效果上可能会出现情形竞合问题。所以，该指导意见还特别指出：“经营者违反省级人民政府依法实施的价格干预措施关于限定差价率、利润率或者限价相关规定的，构成不执行价格干预措施的违法行为，不按哄抬价格违法行为进行查处。”

党的十八届三中全会通过的《中共中央关于全面深化改革若干重大问题的决定》指出：“经济体制改革是全面深化改革的重点，核心问题是处理好政府和市场的关系，使市场在资源配置中起决定性作用和更好发挥政府作用。”可以说，市场监管总局及时出台《关于新型冠状病毒感染肺炎疫情防控期间查处哄抬价格违法行为的指导意见》就是对此最好的精神领会与政策贯彻，这对于确保我国尽早打赢目前的“战疫”具有非常重要的社会意义。

（作者单位：上海政法学院竞争法研究中心）

新冠肺炎疫情时期涉价格执法类行政案件的司法分析及应对

北京市通州区人民法院行政庭调研组*

引　言

自新冠肺炎疫情发生以来，全国出现了多起价格违法事件。近日，习近平总书记作出战“疫”部署：“要在党中央集中统一领导下，始终把人民群众生命安全和身体健康放在第一位，从立法、执法、司法、守法各环节发力，全面提高依法防控、依法治理能力，为疫情防控工作提供有力法治保障。”同时，习近平总书记强调：“要加强市场监管等执法工作”，这要求执法机关严厉查处各类防疫用品和民生物品的价格违法行为，保障社会安定有序。为保障广大人民群众的人身健康、生命安全及维护社会稳定，各市场监管部门采取从严、从重、从快的行政执法模式，严厉查处、有效打击价格违法行为，但后续可能会引发一系列行政诉讼。为保障疫情期间价格执法的顺利开展和法治政府建设，通州法院行政庭围绕新冠肺炎疫情期间价格执法问题进行调查研究，从价格违法行为的现状入手，调研目前价格执法行为的执法治理情况，深入分析可能引发的行政诉讼类型及争议问题，全面梳理行为认定、执法程序、处罚幅度以及规范性文件的附带性审查等方面的审理思路，切实保障人民群众和执法机关的诉讼权益，为最终打赢疫情防控阻击战提供司法支持。

一、疫情时期价格违法现状及执法治理情况

（一）疫情时期价格违法现状

受市场利益驱动，在疫情时期部分防疫用品、民生物品等应急必需品的

---

* 主要执笔人：佟艳艳、张璐、甄硕、陈幽燕、郭伟娜、毕安迪、章志豪。

经营者及其他违法者存在价格违法行为，产生了极其严重的不良后果，一方面不利于疫情防控大局的稳定，不仅严重侵犯了消费者的权益，还人为地制造了紧张气氛，造成社会恐慌，给整体的疫情防控工作带来不利影响。另一方面更不利于整体社会秩序的维护，不仅直接造成市场经济秩序紊乱，使得社会资源无法得到合理配置，还会导致消费者产生抢购及囤货等行为，容易滋生违法犯罪行为，进而不利于社会的稳定。疫情时期的价格违法主要有以下三种具体表现形式：

1. 哄抬物价行为。疫情期间的哄抬物价行为多集中在防疫用品、民生物品上，经营者提高售价的方式亦呈现出多样化特点，包括囤积货物、散布虚假涨价信息等。受疫情影响，公众对防疫用品、民生物品的需求激增，经营者利用商品供需失衡的状况，大肆提高商品售价，扰乱市场秩序。日前，北京丰台区某药房销售“天价”口罩以及上海徐家汇某超市断崖式上调蔬菜价格，均收到了当地市场监管部门开出的天价罚单。

2. 价格欺诈行为。价格欺诈首先表现为商品质价不符，上海市某公司生产的口罩，标识三层，实为两层，存在改变商品品质而产生价格欺诈的违法行为。笔者通过对新浪网旗下的“黑猫投诉”平台进行检索，发现近期类似情况激增①。此外，部分经营者采取了搭售的方式变相涨价，如广东省韶关市某药房将药品与口罩捆绑在一起销售，变相抬高口罩价格。还有的经营者虽未提高商品价格，但大幅度提高相应的配送费用，隐性涨价。

3. 未明码标价行为。根据《价格法》的相关规定，对商品明码标价系经营者应尽义务，也是对公民知情权的一种保障。在疫情时期，紧缺商品的明码标价尤为重要，否则，将无法正常维持市场秩序。北京市昌平区及黑龙江省讷河市的某些药店均出现了因其销售口罩未明码标价而受到行政处罚的情形。

（二）疫情时期价格执法治理情况

1. 疫情时期价格执法的主要措施

为严厉、快速、有效打击价格违法行为，规范市场秩序，维护社会稳定，市场监管部门采取了多种举措，主要有：

（1）制定规范性文件，明确价格违法范围。国家市场监督管理局于2020

---

① 笔者在黑猫投诉平台以“口罩”“质量”“价格”为关键词，共检索出25条投诉信息，其中24条系2020年1月28日至2月4日提起的投诉，理由均为质量和价格不匹配。

年2月1日出台了《市场监管总局关于新型冠状病毒感染肺炎疫情防控期间查处哄抬价格违法行为的指导意见》（以下简称《指导意见》），对哄抬价格违法行为的认定与处理进行细化和作出指导。此外，多地的市场监管部门也相继出台了规范性文件，并通过发布公告、倡议书以及告诫书等方式倡导市场主体合法经营。

（2）线上线下相结合，严查价格违法行为。各地市场监管部门均采取线上和线下相结合的方式排查价格违法行为，线上排查采取公示疫情期间的投诉举报电话、网站或邮箱等方式，以提醒消费者留存取证。线下排查采取稽查人员到市场实地检查的方式，以有效杜绝价格违法行为①。

（3）行政处罚机制多样，力惩价格违法行为。从目前的执法实践看，大多以高额罚款为主，辅以公开曝光疫情时期典型价格违法案件，以达到警示作用。此外，也有部分省市作出责令停业整顿②等处罚决定，加大惩治力度。

2. 疫情时期价格执法特点

市场监管部门在疫情时期的价格执法行为呈现出以下特点：

（1）罚款处罚突出性。从目前全国的情况看，各地区出现了只要发现价格违法行为必罚款的局面，罚款作为主要的处罚方式，其幅度确定以及收缴方式会成为后续行政案件审查的重点。

（2）从严从重惩戒性。虽然《指导意见》明确界定了价格违法行为的种类，亦具体列举了从重处罚的情形，但鉴于《价格法》《价格违法行为行政处罚规定》（以下简称《价格违法规定》）等法律法规给予了行政机关较大的自由裁量空间，为达到稳定市场秩序的效果，市场监管部门大多采用了从严、从重的裁量幅度。

（3）从快处罚时效性。因疫情时期的价格执法具有时效性，为了使行政处罚达到预期的行政管理效果，市场监管部门大多会从快处理案件，易出现执法不当情形，在后续的行政诉讼中，对价格执法行为进行全面审查时，应考虑到当下的疫情形势。

---

① 线下排查以上海市和广州市市场监督管理局派出专门执法队伍为例，执法队分区对监管范围内药店、市场等主体进行全面检查。

② 2020年1月26日，天津津南市场监管委接群众举报，一药房存在哄抬口罩价格的情况。一款N95口罩进货价格12元/袋，售价却高达128元/袋。药店涉嫌不明码标价、哄抬物价、非法牟取暴利。检查人员当场查扣涉事产品，并责令药店暂停营业，处以300万元行政处罚。

二、疫情时期涉价格执法类行政案件的问题分析

此次疫情事发突然，给行政机关执法带来巨大挑战的同时，也对司法审判工作产生了深远影响，具体而言，法院未来在审理疫情时期涉价格执法类行政诉讼案件时需要解决好以下几个方面的问题：

（一）不同类型的价格执法案件涌至法院，案件集中爆发

根据现行法律法规的有关规定，针对疫情时期经营者所实施的价格违法行为，市场监管部门有权采取包括行政处罚、行政强制在内的执法措施，消费者亦有权对于经营者价格违法行为进行投诉举报，由此会产生市场监管部门是否积极履责以及行政执法是否合法合理的问题，与之对应，不同类型的价格执法类行政案件会涌向法院，为法院的审判工作带来一定的压力，需要法院提前做好准备，积极应对。通过分析目前价格执法的现状，我们预测主要有以下几个类型的案件将会集中进入司法程序，需要法院提前做好准备：

1. 行政处罚类案件。根据《价格法》第四十条第一款、《价格违法规定》第五条、第六条的规定，市场监管部门可以对违法行为进行行政处罚。因目前对违法经营者予以行政处罚是价格执法机关所运用的最主要执法手段，因此，行政相对人针对行政处罚决定不服而提起的行政诉讼案件将会是疫情之后涉价格执法案件的主要类型。

2. 行政强制类案件。根据《价格法》第三十四条、《价格违法规定》第十五条的规定，市场监管部门可以对经营者的违法行为采取责令其暂停相关营业等行政强制措施，但实施行政强制措施须遵守告知、听取陈述、申辩、制作查封、扣押清单等法定程序及相应程序的实施期限。如执法机关事实认定有误或者履行程序不当，极易引发相应的诉讼。

3. 投诉举报类案件。在疫情时期，消费者与经营者之间因价格问题而产生的矛盾纠纷概率大幅增加，根据《价格法》第三十八条及《消费者权益保护法》第三十九条、第四十六条的规定，消费者有权向执法机关行使投诉举报等权利，由此引发涉及市场监管部门对消费者的投诉举报是否依法履行答复告知及查处义务的行政争议。

4. 规范性文件附带审查类案件。在疫情防控阶段，除国家主要执法机关颁布了多个规范性文件作为执法依据外，各级地方人民政府及其职能部门亦

结合本地实际制定了诸多规范性文件，上述规范性文件呈现出规则具体、处罚从重、政策导向的特征，因此，对相对人的权益影响往往比上位法更直接、更深远，若对于疫情时期的规范性文件有争议，当事人可能会提出对于上述规范性文件的附带性审查。

5. 其他可能的案件类型。除上述几种主要的案件类型外，涉价格执法类案件还可能以政府信息公开、行政赔偿等案件形式进入司法程序，并以撤销之诉、确认违法之诉及履责之诉等为主要诉讼请求。

在处理上述几个类型的案件时，审判部门需要克服疫情时期涉价格执法类案件呈现的集中化、复杂性特点。一方面，因价格执法类行政行为的发生时间集中于疫情防控特殊时期，因此，该类案件进入司法程序的时间也会相对集中于全国疫情防控取得最终胜利后的法定起诉期限之内，需要法院提前做好应对方案，包括专门性审判团队的设立、涉疫情案件的类型化审理规范的形成等，不打无准备之仗。另一方面，人民法院在对此类案件进行审理时，应充分考虑其复杂性，除现有法律规定之外，还应充分考虑执法行为对于疫情防控的必要性以及疫情发展对执法行为的可能影响，尽可能弱化私益与公益之间的冲突，平衡不同主体之间的利益保护。此外，由于疫情原因，该类案件的处理往往社会关注度较高，社会影响较广，示范作用及社会效果明显，这就对行政法官的业务能力提出了全新的要求与挑战。

（二）疫情时期涉价格执法类案件的审判思路需要及时调整，理顺审理难点

因涉及疫情防控这一特殊时期，该阶段的价格执法类案件的审判思路会与一般的价格执法案件有所不同，在保障相对人合法权益的情况下，审判人员还需要充分考虑疫情防控时期的特殊案件背景，这就需要审判人员及时调整并确立审判思路，对不同类型的案件可能遇到的疑难问题进行梳理，预先把握案件审理难点，以便提前找好应对举措，妥当地处理相应的案件。我们按照案件类型总结出相应的审理难点及重点，具体如下：

1. 对于行政处罚类案件。结合疫情时期行政处罚的特点，该类案件主要围绕违法事实如何认定、行政处罚裁量权的行使是否正当、行政处罚作出的程序是否正当等争议焦点展开，尤其是行政处罚的裁量幅度是否过重、是否违反正当性及比例原则，将会成为重中之重。

2. 对于行政强制类案件。鉴于对疫情时期执法案件“从快”处理的程序特点进行预判，价格执法机关实施行政强制措施时，是否履行了相应的程序、已履行的程序是否符合法律规定等问题，将成为此类案件的主要争议焦点。

3. 对于投诉举报类案件。该类案件的争议焦点，将主要围绕疫情时期的投诉举报人原告主体资格是否需要限缩、是否需要界分普通消费者与职业打假人的权利、执法机关履责程序特别是履责期限是否可以有相应变通等问题展开，并形成独立的诉讼类型。

4. 对于规范性文件附带审查类案件。需要对疫情时期涉价格执法类相关规范性文件的效力进行审查，重点把握规范性文件是否与上位法之间有冲突以及当规范性文件与上位法之间发生冲突时，如何确定审理规则，是否需要考虑疫情防控形势等客观因素等审理难点。

5. 对于政府信息公开案件。需要平衡政府信息公开及个人隐私权保护之间的界限，但考虑到和一般涉行政处罚类的政府信息案件差异不大，故在后文不再单独论述此类问题。

（三）疫情时期涉价格执法类案件当事人的救济权利需要保障，明确解决路径

因涉及疫情防控这一特殊时期，对于当事人行政救济权的行使也产生了诸多不利影响，具体表现为以下几个方面：

1. 对权利行使期限的影响。在疫情防控时期，出于疫情管控措施的实施以及当事人身体状况等客观因素的影响，将会对当事人寻求司法救济的起诉期限、举证期限、审理期限及上诉期限等程序问题形成障碍。以起诉期限为例，对于疫情的存在是否构成《行政诉讼法》第四十八条第一款所规定的不可抗力或者其他不属于其自身的原因，并据此对被耽误的起诉期限予以扣除，目前尚未有明确定论。而若根据《行政诉讼法》第四十八条第二款的规定，公民、法人或者其他组织因前款规定以外的其他特殊情况耽误起诉期限的，可在障碍消除后十日内向人民法院申请延长期限。但对于如何判断障碍是否消除，则涉及各省市地方乃至全国范围内的疫情防控是否已取得阶段性或最终胜利，在疫情状况存在地方差异的情况下，该判断的作出需要行政法官结合多方因素进行审慎考量。

2. 对当事人出庭应诉的影响。在行政案件的原告、被告或者第三人因疫

情原因无法参加诉讼，特别是必须共同进行诉讼的当事人无法参加诉讼的情况下，是否构成诉讼中止事由以及人民法院应如何妥善安排诉讼进程须予以考虑。而对于已经决定合并审理的案件是否需要等待不能参加诉讼的一方再行开庭审理，以及非必须共同进行的群体性诉讼如何在减少法院审判工作压力的情况下充分保障当事人诉讼权利，也是人民法院在疫情防控背景下即将面临的一系列难题。

3. 对查明案件事实的影响。在查明案件事实并进行认定时，部分案件可能因当事人所在地区疫情管制的需要，当事人无法自行收集案件相关证据，而此时即便申请法院前往调查取证，亦存在客观调取不能的实质障碍。此外，如食品、药品等部分证据因具有季节性、保质期短或有毒有害等特殊原因，早已被执法部门进行集中销毁，由此导致的证据灭失也将对案件事实的认定造成一定阻碍。而且，疫情时期的价格违法行为因具有较强的时间阶段性，法院在疫情过后的案件审理中很难再采取同期对比评估、鉴定或询价的方式确定有关违法事实。此外，对于需要证人出庭以查明事实的部分案件，在证人因疫情原因而无法出庭作证的情况下，在对其所提供证据的形式及其证明力的认定上，人民法院亦须结合疫情时期的特殊背景予以充分考量。

三、疫情时期涉价格执法类案件的司法应对

（一）依法认定价格违法行为，审慎审理涉价格执法类案件

1. 从宽认定违法主体。根据《价格法》第三条、《价格违法规定》第六条以及《指导意见》第四条的规定并参考《国家发展改革委办公厅关于〈价格法〉中的“经营者”如何认定的复函》的规定，违法主体应作宽泛认定，包含生产、批发和零售环节的经营者以及其他提供有偿服务的法人、其他组织和个人，对于未依法取得经营资格的违法者，也应当依法处罚。

2. 明确违法行为认定标准。各地市场监管部门通过发布规范性文件的方式明确了认定标准，虽有差别，但整体趋同，一般均从三个维度予以认定，一是以防疫用品、民生物品等应急必需品为违法行为的实施对象；二是以各地区启动公共卫生事件应急响应之日为实施违法行为的时间节点；三是以直接或者变相大幅度提高价格、不明码标价等具体情节作为不同价格违法行为的认定标准。典型价格违法行为包括：（1）哄抬价格行为。此行为指的是经

营者及其他违法者在属地政府启动公共卫生事件应急响应之日起，通过捏造、散布涨价信息、恶意囤积、直接或者变相大幅度提高防疫用品（含口罩、药品、消毒杀菌用品以及相关医疗器械等）和生活必需品（含果蔬、食用农产品、米、面、油，以及交通费等）价格的行为。[①] 没有确定涨价幅度的，市场监管部门应当结合进货成本、购销差的具体变化等情况作出认定。（2）违反明码标价行为。根据《价格违法规定》第十三条，参考湖南省《关于新型冠状病毒疫情防控期间有关价格违法行为定性与处理操作指南》的规定，未明码标价或口头定价、模糊标价、价外加价、强制捆绑搭售等，都可按违反明码标价行为依法查处。（3）价格欺诈行为。经营者利用虚假的或者使人误解的标价形式或者价格手段，欺骗、诱导消费者或者其他经营者与其进行交易的行为都是价格欺诈行为，《禁止价格欺诈行为的规定》第六条、第七条对表现形式予以细化，在疫情防控期间，经营者通过低标高结、误导交易等相关法律法规中明令禁止的方式销售应急必需品，可认定为价格欺诈行为。

（二）准确把握疫期执法程序审查重点，兼顾合法性与合理性

在对疫期执法程序的司法审查中，应当兼顾合法性与合理性，平衡法定程序要求与特殊时期执法程序的合理克减，法院应当综合考虑执法机关依法行政、保障相对人的程序权利、疫情背景下的市场秩序管理需求、行政执法成本等因素，并对其进行全面审查。

1. 行政处罚程序的审查。法院应对疫期价格执法的下列程序进行重点审查：（1）权利告知程序。市场监管部门在作出行政处罚决定之前，应当告知相对人作出决定的事实、理由及依据，并告知其依法享有的权利，当事人有权进行陈述和申辩。（2）送达程序。在疫情背景下审查送达程序合法性时，对于违法当事人拒不配合接收文书的，以违法当事人收到、知晓或者应当收到、知晓行政处罚决定时作为送达完成时点，对于采用公告方式进行送达的，可从宽掌握送达方式的穷尽标准。（3）听证程序。疫情期间的价格执法中，最为典型系高额罚款的拟处罚决定，根据《行政处罚法》规定，应当赋予当事人听证权，并及时组织听证，基于疫情因素影响，当事人无法参加听证的，可以中止听证，市场监管部门无法及时组织听证的，可以在疫情结束后再组

---

① 湖北省、青海省、海南省标准为15%，云南省标准为20%，山东省标准为35%。

织听证，正式的处罚决定应在充分保障听证权后作出。（4）依照执法程序的合理克减原则进行个案认定。疫情期间要求执法机关从快处理价格违法行为，综合考虑优化行政力量、集中处理重大违法案件等因素，在执法过程中可能会存在部分程序的省略、简化，只要不违反法律法规的强制性规定，具有合理理由的执法程序克减，法院就可以支持，但需要法官在具体的个案中综合判断。

2. 行政强制程序的审查。在疫期执法从快处理背景下，行政强制程序重点审查以下内容：（1）严格审查重要节点。如“行政强制措施实施前须向行政机关负责人报告并经批准”“行政机关作出强制执行决定前，应当事先催告当事人履行义务”等。（2）查封、扣押清单的制作。查封、扣押清单的制作是从快处理过程中，最容易出错的环节，不仅市场监管机关在执法中需要注意，法院对其审查时也需要重点关注。（3）行政强制措施时限审查。要严格遵守《行政强制法》等法律规范对于时限的要求，符合延长情形的，可依法延长；但需要注意的是，在疫情期间，对符合质量标准的应急必需品的查封、扣押或证据保存时间不宜过长，以保证这些物品尽快进入流通领域。

3. 投诉举报案件中履责期限的审查。投诉、举报是价格执法线索的主要来源之一，疫情期间各省市均开设了投诉举报热线，其中部分投诉举报有可能转换为投诉举报案件，案件主要涉及市场监管部门完全不履责或者超期履责问题。在司法审查时，对于属于人民法院受案范围并进行实体审查的案件，在审查履责期限时要优先适用疫情执法的相关规范性文件，若未按规定从快处理的，应作否定性评价；明确规定可暂缓处理、延长处理的，应予支持；未作特殊规定的，则适用市场监督管理领域关于投诉、举报处理的一般规定；依法履行延期、中止审批程序的，予以支持。

（三）恰当适用过罚相当原则，衡平疫情下的公共利益与个体私益

针对价格执法中的行政裁量行为，在司法审查中要准确适用过罚相当原则①。一般可从以下三个方面进行判断，同时满足的，可认定为过罚相当，予以支持。

---

① 《行政处罚法》第四条规定，设定和实施行政处罚必须以事实为依据，与违法行为的事实、性质、情节以及社会危害程度相当。立法者也将其表述为“过罚相当原则”。全国人大常委会法制工作委员会国家法、行政法室编：《〈中华人民共和国行政处罚法〉释义》，法律出版社1996年版，第8—9页。

1. 适当性判断。主要指考量违法行为的事实、性质、情节以及社会危害程度等因素进而选取能够实现法律目的的具体行政行为，即行政行为处罚幅度要与违法行为的危害程度等相适当，不得过高或者过低。相较于平常，在疫情时期，违法者针对应急必需品的哄抬物价、违反明码标价、价格欺诈等行为，情节以及社会危害程度更恶劣，严重影响疫情防治和社会稳定，符合《价格违法规定》以及《指导意见》中列明的从重处罚情形，执法机关可依法从重处罚，至于涉及的具体罚款数额的确定，可按照各省市确定的裁量基准及执法惯例进行审查。

2. 必要性判断。主要指行政行为是否在全面衡量公益与私益的基础上选择对相对人侵害最小的适当方式进行，没有超过必要限度。《价格法》等法律规范对价格违法行为设置了多种处罚种类，包括罚款、没收违法所得、责令停产停业、暂扣或者吊销许可证、暂扣或者吊销执照等。一般而言，相较于其他处罚种类，罚款应是对疫情时期控制应急必需品市场价格侵害最小的一种处罚措施，若选择责令停产停业、暂扣或吊销营业执照的处罚种类，需要考虑是否会影响疫情期间违法主体地域辐射范围内公众的疫情防治和生活需要，在疫情期间，社会公众依托药店、超市等商店采购应急必需品，民众若不能就近采购，反而加剧人员流动，恶化疫情蔓延，故在没有其他违法情节并符合罚款以外的处罚种类适用情形时，执法机关对违法者采取责令停产停业、暂扣或吊销营业执照的处罚种类可认定为明显不当，不利于疫情防控和社会稳定。

3. 均衡性判断。主要衡量处罚行为所侵害的个人权益与所维护的公共利益是否平衡，维护的公共利益必须大于或等于个人权益损失。行政处罚法的立法目的是维护公共利益和社会秩序，保护公民、法人或者其他组织的合法权益。在疫情背景下，最大的公共利益就是广大公众的人身健康和生命安全，应优先考虑如何采取有效措施来控制疫情和消除疫情带来的其他社会负面影响，恢复正常的生产、生活和法律秩序，使社会公共利益得到优先保护，同时，疫情期间的价格执法行为对同行业市场主体具有一定的威慑力和教育效果，有利于疫情防控和维护市场秩序。

另外，根据疫情时期的特殊情况，价格执法中的行政处罚往往会处以较重的罚款，为节约司法资源，实质性地化解行政争议，审判实践中对于罚款数额明显不当的，应当根据《行政诉讼法》第七十七条的规定[1]直接判决变更。

（四）妥善审查规范性文件，为疫期执法提供规则供给

在疫情背景下，市场监管部门制定的规范性文件成为行政执法的直接依据，对其进行附带性审查应当根据《最高人民法院关于适用〈中华人民共和国行政诉讼法〉的解释》的规定，把握好职权、程序与内容三大审查方向。

1. 肯定市场监管部门的发文职权。截至2020年1月29日，全国已有31个省、市、自治区启动重大突发公共卫生事件Ⅰ级响应，部分省级市场监管部门通过制定规范性文件统一本区域内对价格违法行为的查处力度，市场监管部门作为价格监督管理机关，具有查处价格违法行为、维护市场秩序的法定职责，故其具有依法制定本区域内查处价格违法行为规范性文件的权力。

2. 支持发布程序的简化。规范性文件的制发有严格的程序要求，[2] 但在疫情之下，为高效开展防控工作，维护市场秩序，市场监管部门简化程序、及时发布查处价格违法行为的规范性文件并无不当，这也是公共利益优先原则的应有之义，北京市人大常委会于2020年2月7日通过的《关于依法防控新型冠状病毒感染肺炎疫情　坚决打赢疫情防控阻击战的决定》中也明确了市、区人民政府及其有关部门可以根据上述相关法律法规和本市疫情防控需要，发布疫情防控的决定、命令，并及时调整相关实施细则和配套文件。但需要强调的是，在疫情结束后，包括市场监管部门在内的所有发文单位，应当完善程序并重新评估文件是否继续适用等。

3. 严格法律优位和法律保留原则。规范性文件的制定应以法律为界，在法律授权范围内为价格执法机关提供精细而准确的执法指导。一方面，规范性文件的制定不应与上位法相冲突。在疫情防控期内，市场监管部门制发的有关查处价格违法行为的规范性文件，应与《突发事件应对法》《价格法》

---

① 《行政诉讼法》第七十七条规定："行政处罚明显不当，或者其他行政行为涉及对款额的确定、认定确有错误的，人民法院可以判决变更。人民法院判决变更，不得加重原告的义务或者减损原告的权益。但利害关系人同为原告，且诉讼请求相反的除外。"

② 《国务院办公厅关于加强行政规范性文件制定和监督管理工作的通知》中"严格制发程序"规定："行政规范性文件必须严格依照法定程序制发，重要的行政规范性文件要严格执行评估论证、公开征求意见、合法性审核、集体审议决定、向社会公开发布等程序。要加强制发程序管理，健全工作机制，完善工作流程，确保制发工作规范有序。"

《价格违法规定》等法律法规相一致，不可与之矛盾。另一方面，规范性文件不应当越权设定行政许可、行政处罚、行政强制等无权设定的事项，不得违法增加公民、法人和其他组织的义务或者减损其合法权益。

（五）科学判定疫情影响，充分保护各方当事人诉讼权利

1. 准确界定疫情的不可抗力性质，消除对当事人期限类诉讼权利的影响。《行政诉讼法》及《最高人民法院关于适用〈中华人民共和国行政诉讼法〉的解释》并未对不可抗力进行明确界定，但参照《民事诉讼法》并结合《民法总则》的内容，此次疫情的暴发及其后续发展并非当事人以一己之力即可预见、避免或克服，应当属于不可抗力范畴。以起诉期限为例，当事人为此耽误起诉的，可将耽误的时间予以扣除；不能确定两者间是否有必然关联的，出于对当事人诉讼权利保护优先的基本原则，仍应给予其诉权；至于扣除的时间起始点，尽管各地防控情况不尽相同，但考虑到疫情的流动性危害和防控举措的整体性、关联性，可在最大限度范围内予以扣除。但值得注意的是，对于不可抗力所造成的起诉期限的延误，应当由原告方承担举证责任。对于起诉期限之外的涉举证期限、审理期限及上诉期限等程序性问题，大体可以参照上述思路依法予以扣除或延长。

2. 灵活适用中止、延期审理等多种方法，消除对当事人依法出庭陈述申辩权利的影响。人民法院可以依职权或者根据当事人的申请，在审理期限范围内尽可能延期开庭审理；对于必须进行开庭审理的特殊案件，或者是必须共同进行的诉讼案件，当事人一方或双方因疫情原因不能到庭参加诉讼的，可考虑适用不可抗力事由中止案件审理；对于必须共同进行的诉讼以外的群体性诉讼或人民法院已经决定合并审理的其他案件，其中的部分案件当事人因疫情无法参加诉讼的，可先行对具备开庭条件的案件进行单独审理，其他案件待具备开庭条件后再行开庭审理；具备网上开庭条件的，还可以采取更为安全稳妥的网上庭审方式进行。

3. 合理分配举证责任，消除对当事人举证不能、举证困难的影响。针对原告、被告及第三人主张因疫情造成举证困难或者期限内举证不能的，可依法准许延期提供；原告主张因疫情无法提供其向被告提出申请的证据的，人民法院亦应依据《行政诉讼法》第三十八条第一款第二项的规定，结合其他已有证据对原告的事实主张进行妥善考量，不宜径行裁定驳回起诉；对于因

疫情防控需要已经灭失的证据，如已被执法机关销毁的保质期较短或有毒有害的食品、药品等事实证据，行政机关仍应提供其他资料如查封、扣押清单、销毁记录单等法定留痕证据予以佐证，不能仅以疫情防控为由即认可其证据空白；对于因疫情原因无法出庭作证的证人，为查明案件事实需要，可依法提交书面证言；具备网上出庭作证条件的，可以采取网上出庭作证的方式；如当事人在庭审过程中要求新的证人出庭作证的，法庭可以根据审理案件的具体情况，决定是否准许以及是否延期审理。

4. 有限限缩诉请履行单纯答复职责的原告资格，消除疫情期间的程序空转影响。在实践中，基于建立回复型政府的要求，从保障公民投诉举报权利角度出发，一般给予所有的投诉举报人针对行政机关完全不作为的行为提起行政诉讼的权利，即无论投诉举报人是否具有利害关系，均有要求行政机关给予答复的诉讼权利，此种做法实质上是考虑了我国行政执法和司法环境下程序空转的可接受空间，让渡了一部分行政执法资源。但在疫情背景下，行政执法资源更为宝贵，程序空转可接受空间应当进行压缩，同时考虑到市场监管部门在疫情防控期间均将接受较为或者更为严格的人大监督、纪律监察、行政监管等，故在司法程序中，可限缩涉价格违法投诉举报案件的原告主体资格范围，对于欠缺实体利益的投诉举报人，不再给予提起诉讼的主体资格。

结　语

行政审判工作是疫情之下保护公民、法人和其他组织的合法权益，监督行政机关依法行使职权的重要法治保障。针对价格执法对行政审判可能产生的影响，人民法院要提前预判，调整并确立疫情时期涉价格执法类案件的审判思路，衡平公益与私益，充分保障疫情时期的行政法治和各方诉讼权利。

共克时艰，战胜疫情，需要行政机关、社会公众的共同努力，形成合力，共同促进疫情之下的行政法治，维护社会稳定。在疫情防控的特殊时期，行政机关的行政执法工作在满足疫情防控需要的同时，更要依法防疫、依法行政。公民要尽可能减少人员聚集，对于有诉讼需求的公民，建议采用网上立案、移动微法院立案和网上开庭、质证的方式远程获取法律服务，实现诉讼权利。

疫情防控时期哄抬物价的有关法律规定与建议

高景言

新型冠状病毒肺炎疫情发生后，政府及市场监管部门加强价格监督检查和指导，确保防疫用品销售价格平稳。但也出现少数经营者借防疫用品需求激增之机，哄抬口罩等防疫用品及其他生活必需品的价格。如北京市济民康泰大药房丰台区第五十五分店大幅抬高 N95 型口罩销售价格至 850 元/盒，黑龙江省讷河市天一药店将一次性口罩售价由 3 元/包大幅抬高至 20 元/包，天津市旭润惠民大药房连锁有限公司柳盛道分公司销售口罩 128 元/袋、“84”消毒水每瓶售价 38 元，西宁市海湖新区大润发超市售卖的一颗包心菜价格高达 33 元、两根黄瓜 23 元，郑州市京广路大商超市及世纪联华橄榄城店大白菜价格达到 60 多元一棵，等等。上述借疫情之机哄抬物价，损害广大群众的利益，造成市场及百姓恐慌。相关政府部门已对此进行处理。

一、哄抬物价的法律规定

哄抬物价是指经营者意在强行抬高价格水平的交易活动。哄抬物价的构成具备三个要件：（1）具有主观故意。经营者捏造涨价信息，散布涨价信息，主观上一定具有推动价格上涨的故意。（2）客观上实施推动价格上涨的行为。（3）具有导致价格上涨的结果或者重大可能性。《价格违法行为行政处罚实施办法》对哄抬物价的情形作了详细规定。以下是相关法律、法规、规章及相关规范性文件对“哄抬物价”的规定。

1. 《价格法》第十四条规定：“经营者不得有下列不正当价格行为：……（三）捏造、散布涨价信息，哄抬价格，推动商品价格过高上涨的……”

2. 《突发事件应对法》第四十九条规定：“自然灾害、事故灾难或者公共卫生事件发生后，履行统一领导职责的人民政府可以采取下列一项或者多项应急处置措施：……（八）依法从严惩处囤积居奇、哄抬物价、制假售假等扰乱市场秩序的行为，稳定市场价格，维护市场秩序……”

3.《突发公共卫生事件应急条例》第五十二条规定：“在突发事件发生期间，散布谣言、哄抬物价、欺骗消费者，扰乱社会秩序、市场秩序的，由公安机关或者工商行政管理部门依法给予行政处罚；构成犯罪的，依法追究刑事责任。”

4.《价格违法行为行政处罚实施办法》第二条对“哄抬价格行为”作出具体规定：(1) 捏造、散布涨价信息，大幅度提高价格。即以人为编造并且扩散虚假的涨价信息，导致市场价格信号导向错误，故意引起社会恐慌，推动商品和服务价格大幅度上涨的行为。(2) 生产成本或进货成本没有发生明显变化，以牟取暴利为目的，大幅度提高价格。即在短时间内以过高的价格获取明显高于社会平均利润，侵害其他生产者、经营者和消费者利益，以牟取暴利为目的，大幅度提高价格的行为。(3) 在一些地区或行业率先大幅度提高价格。率先大幅度提高价格的特征是，带头推动商品和服务价格过度上涨，引导其他商品和服务价格的连锁响应，导致价格大幅度上涨。大幅度提高价格既反映在某一个或某一些经营者销售商品或者提供服务的行为上，也反映在一些地区或一些行业中的商品和服务上。(4) 囤积居奇，导致商品供不应求而出现价格大幅度上涨。即经营者为了等待时机高价出售而故意把市场上比较稀缺的商品储存起来，破坏商品正常流通秩序导致商品供应短缺，推动商品价格大幅度上涨的行为。

5. 2003 年 4 月 25 日国家发展改革委《关于界定哄抬价格违法行为有关问题的复函》(发改价格〔2003〕135 号)，该复函是“非典”时期针对北京市物价局的请示，经商全国人大法工委、最高人民法院和原国务院法制办同意进行回复：在应对“非典”等突发事件的特定时期，经营者销售人民群众必需品，有下列情形之一的，属“哄抬价格”违法行为：(1) 捏造、散布涨价信息，大幅度提高价格的；(2) 生产成本或进货成本没有发生明显变化，以牟取暴利为目的，大幅度提高价格的；(3) 在一些地区或行业率先大幅度提高价格的；(4) 囤积居奇，导致商品供不应求而出现价格大幅度上涨的。构成哄抬价格行为的具体提价或涨价幅度，由省级价格主管部门根据当地具体情况提出，并报请省级人民政府批准确定。

6. 2003 年 5 月 20 日原国务院法制办、国家发展改革委、原国家工商总局《关于实施〈突发公共卫生事件应急条例〉第五十二条中对哄抬物价违法行为查处有关问题的通知》指出："在突发事件发生期间，经营者有哄抬物价行为的，由价格主管部门依照《价格法》、《价格违法行为行政处罚规定》等有关规定，予以行政处罚；情节严重，需要吊销营业执照的，由价格主管部门依照有关规定提请工商行政管理部门依法予以吊销营业执照的行政处罚。"

7.《国家突发公共卫生事件应急预案》"应急反应措施"中，要求各级人民政府应维护社会稳定："组织有关部门保障商品供应，平抑物价，防止哄抢；严厉打击造谣传谣、哄抬物价、囤积居奇、制假售假等违法犯罪和扰乱社会治安的行为。"

8. 2020年2月1日，国家市场监管总局出台了《关于新型冠状病毒感染肺炎疫情防控期间查处哄抬价格违法行为的指导意见》（国市监竞争〔2020〕21号），该意见对哄抬价格的行为作了细化规定。

二、哄抬物价如何认定？

无论是《价格法》还是《突发事件应对法》对于哄抬物价的价格如何认定，都没有规定，只是对哄抬物价的行为作出了规定。

1. 国家发展改革委《关于界定哄抬价格违法行为有关问题的复函》（发改价格〔2003〕135号）规定："构成哄抬价格行为的具体提价或涨价幅度，由省级价格主管部门根据当地具体情况提出，并报请省级人民政府批准确定。"

2. 2004年9月1日起施行的《价格违法行为行政处罚实施办法》第二条规定："构成哄抬价格行为的具体提价或涨价幅度，由省级价格主管部门根据当地具体情况提出，并报请省级人民政府批准确定。"

3. 针对2003年"非典"疫情期间有关商品价格上涨的情况，各省物价部门出台了关于如何界定哄抬价格的文件。

（1）2003年5月2日山东省物价局《关于界定哄抬价格违法行为有关问题的通知》规定：经营者经营其他实行市场调节价的人民生活必需品、"非典"相关的商品和服务，其价格超过2003年4月22日价格50%的，按哄抬价格违法行为论处。经营者不能提供4月22日交易价格的，由物价部门按照

4 月 22 日当地市场平均价格确定。

（2）黑龙江省物价局《关于确定构成哄抬价格行为的提价或涨价幅度的通知》（黑价宏字〔2003〕120 号）规定：大幅度提高价格，是指以该行为发生日前一日的销售价格为基准，扣除生产成本或进货成本增加因素，在 7 日内提价幅度超过 30%（鲜活商品超过 80%）。

4. 2005 年 9 月 26 日山东省物价局《关于构成哄抬价格行为涨价幅度界定问题的意见》规定，当出现“市、县地域范围内发生较大灾情、疫情期间，为维护正常市场价格秩序，保持社会稳定，价格主管部门需要对与控制灾情、疫情相关的商品和服务价格进行适度监管的”，省价格主管部门可区别不同商品和服务的不同情况，在超过正常平均价格 30% 至 100% 的区间内，确定构成哄抬价格行为的提价或涨价幅度。需确定的具体提价或涨价幅度不在上述区间的，报请省政府批准。并规定：构成哄抬价格行为涨价幅度的界定要严格依法进行。未依法确定构成哄抬价格行为涨价幅度的，不得随意实施行政处罚。

5. 本次新型冠状病毒肺炎疫情发生后，各省市场监管局也下发文件，对疫情期间哄抬物价行为进行了规制。

（1）2020 年 1 月 26 日，湖北省市场监管局《关于新型冠状病毒感染的肺炎防控期间有关价格违法行为的认定与处理的指导意见》（鄂市监竞争〔2020〕3 号），对于如何认定“哄抬价格”作出了明确规定。即自 2020 年 1 月 22 日起，销售商品或者提供服务存在下列情形之一的，依法认定为哄抬价格行为：（1）以 2020 年 1 月 21 日前商品销售价格或者提供服务的价格为原价，在 1 月 22 日后超出原价销售或者提供服务的；（2）商品进货成本发生变化，购销差额未与 1 月 21 日前保持一致并扩大的；（3）所售商品无参照原价，购销差价额超过 15% 的。

（2）2020 年 1 月 29 日，山东省发展和改革委员会、山东省市场和监督管理局、山东省医疗保障局《关于新型冠状病毒感染的肺炎疫情防控期间哄抬价格违法行为认定有关问题的通知》（鲁发改价格〔2020〕58 号）规定：自即日起至疫情解除前，对于我省疫情相关的口罩、消毒水、药品等防疫用品，以及与人民群众生活密切相关的肉、蛋、菜、米、面、油等生活必需品价格实行上涨幅度控制，上述商品购销差价超过 35% 的，由各级市场监管部门按照哄抬价格行为依法查处。

（3）2020年1月28日，海南省市场监督管理局《关于新型冠状病毒感染的肺炎防控期间　哄抬价格违法行为认定与处理的指导意见》规定：自2020年1月24日起，销售商品存在下列情形之一的，依法认定为哄抬价格行为：以2020年1月23日前商品销售价格为原价，在1月24日后超出原价销售的；商品进货成本发生变化，购销差额未与1月23日前保持一致并扩大的；所售商品无参照原价，购销差价额超过15%的。

（4）2020年1月23日，上海市市场监督管理局《关于疫情防治相关商品的价格提醒告诫函》，明确哄抬价格的五种行为，但未有明确哄抬价格的标准。

6. 2020年2月1日，国家市场监管总局出台的《关于新型冠状病毒感染肺炎疫情防控期间查处哄抬价格违法行为的指导意见》（国市监竞争〔2020〕21号）第十条规定，各省、自治区、直辖市市场监管部门可根据本意见，报经省级人民政府同意，出台认定哄抬价格违法行为的具体标准以及依法简化相关执法程序的细化措施，并向市场监管总局（价监竞争局）备案。在本意见出台前，省级市场监管部门或者其他有关部门经省级人民政府同意，已经就认定哄抬价格违法行为作出具体规定的，继续执行。

三、哄抬物价行为的法律责任

1.《价格法》第四十条规定："经营者有本法第十四条所列行为之一的，责令改正，没收违法所得，可以并处违法所得五倍以下的罚款；没有违法所得的，予以警告，可以并处罚款；情节严重的，责令停业整顿，或者由工商行政管理机关吊销营业执照……"

2. 2010年12月4日修改的《价格违法行为行政处罚规定》第六条规定，对于捏造、散布涨价信息，扰乱市场价格秩序，利用其他手段哄抬价格，推动商品价格过快、过高上涨的，责令改正，没收违法所得，并处违法所得5倍以下的罚款；没有违法所得的，处5万元以上50万元以下的罚款，情节较重的处50万元以上300万元以下的罚款；情节严重的，责令停业整顿，或者由工商行政管理机关吊销营业执照。

3. 最高人民法院、最高人民检察院《关于办理妨害预防、控制突发传染病疫情等灾害的刑事案件具体应用法律若干问题的解释》（法释〔2003〕8

号）第六条规定："违反国家在预防、控制突发传染病疫情等灾害期间有关市场经营、价格管理等规定，哄抬物价、牟取暴利，严重扰乱市场秩序，违法所得数额较大或者有其他严重情节的，依照刑法第二百二十五条第（四）项的规定，以非法经营罪定罪，依法从重处罚。"

《刑法》第二百二十五条第四项为"其他严重扰乱市场秩序的非法经营行为"，情节严重的，处五年以下有期徒刑或者拘役，并处或者单处违法所得一倍以上五倍以下罚金；情节特别严重的，处五年以上有期徒刑，并处违法所得一倍以上五倍以下罚金或者没收财产。

因此，哄抬物价行为作为一般违法行为，触犯了行政法律法规，一般由行政机关进行行政处罚，情节严重，构成犯罪的，依法追究刑事责任。

4. 2020 年 1 月 25 日，国家市场监管总局发布《关于坚决维护防疫用品市场价格秩序的公告》(2020 年第 3 号)：凡捏造、散布涨价信息，大量囤积市场供应紧张的防疫用品，大幅度提高销售价格，串通涨价，以及其他违反价格法律法规的行为，各级市场监管部门要依法从严从重从快查处……广大经营者要切实履行社会责任，严格依法经营，合法合理行使自主定价权，严格执行政府依法制定的价格干预措施和紧急措施，做到明码标价、诚信经营。

四、对哄抬物价行为法律规制的立法思考

1.《价格法》《突发事件应对法》作为法律，《突发公共卫生事件应急条例》作为国务院制定的行政法规，对哄抬价格的行为作了原则性规定，在法律法规层面缺乏对处理疫情防控中哄抬价格的细致性规定。并且所规定的主要还是事后处罚，如《价格法》第四十条的规定。

2. 哄抬价格的认定确实是一个复杂的事情。构成价格的要素有很多，比如疫情中原材料价格上涨、人工成本的上涨、物流费用的上涨，涉及原料、生产、批发、零售各环节，势必导致防疫用品或生活必需品的价格上涨。

如果市场监管部门仅以文件发布前一天或前几天商品销售价格或者提供服务的价格为原价进行比较，显然是不现实、不科学的。

疫情防控特殊时期，既要稳定价格，又要注意保护特殊时期经营者的积极性，尊重市场规律。因此，市场监管部门在制定标准时，要综合考虑各种成本、各种因素，从而对"哄抬价格"制定一个切实可行的标准。

“保证应急设施、设备、救治药品和医疗器械等物资储备”是突发公共卫生事件中政府的职责，政府有责任、有义务确保防疫用品和生活必需品的供应。

政府部门应对疫情期间生产、销售特定用品的企业给予一定的补助或其他优惠政策，才能保证减少哄抬价格的发生。

3. 基于每次突发公共卫生事件并不局限于一个地区，为此应在《突发事件应对法》《突发公共卫生事件应急条例》中规定自然灾害、事故灾难或者公共卫生事件发生后，由国务院价格主管部门制定特定用品的全国统一价格，而不是由各省自行确定价格上涨幅度。只有如此，才能确保防疫用品价格不致混乱。

因此，完善立法，做到有法可依，才能确保执法部门执法有力，也确保突发公共卫生事件期间正常的防疫商品和生活必需品的平稳供应。

［作者单位：北京市炜衡（济南）律师事务所］

司法文件

最高人民法院关于审理行政协议案件若干问题的规定

（2019 年 11 月 12 日最高人民法院审判委员会第 1781 次会议通过，自 2020 年 1 月 1 日起施行）

为依法公正、及时审理行政协议案件，根据《中华人民共和国行政诉讼法》等法律的规定，结合行政审判工作实际，制定本规定。

第一条 行政机关为了实现行政管理或者公共服务目标，与公民、法人或者其他组织协商订立的具有行政法上权利义务内容的协议，属于行政诉讼法第十二条第一款第十一项规定的行政协议。

第二条 公民、法人或者其他组织就下列行政协议提起行政诉讼的，人民法院应当依法受理：

（一）政府特许经营协议；

（二）土地、房屋等征收征用补偿协议；

（三）矿业权等国有自然资源使用权出让协议；

（四）政府投资的保障性住房的租赁、买卖等协议；

（五）符合本规定第一条规定的政府与社会资本合作协议；

（六）其他行政协议。

第三条 因行政机关订立的下列协议提起诉讼的，不属于人民法院行政诉讼的受案范围：

（一）行政机关之间因公务协助等事由而订立的协议；

（二）行政机关与其工作人员订立的劳动人事协议。

第四条 因行政协议的订立、履行、变更、终止等发生纠纷，公民、法人或者其他组织作为原告，以行政机关为被告提起行政诉讼的，人民法院应当依法受理。

因行政机关委托的组织订立的行政协议发生纠纷的，委托的行政机关是被告。

第五条 下列与行政协议有利害关系的公民、法人或者其他组织提起行政诉讼的，人民法院应当依法受理：

（一）参与招标、拍卖、挂牌等竞争性活动，认为行政机关应当依法与其订立行政协议但行政机关拒绝订立，或者认为行政机关与他人订立行政协议损害其合法权益的公民、法人或者其他组织；

（二）认为征收征用补偿协议损害其合法权益的被征收征用土地、房屋等不动产的用益物权人、公房承租人；

（三）其他认为行政协议的订立、履行、变更、终止等行为损害其合法权益的公民、法人或者其他组织。

第六条 人民法院受理行政协议案件后，被告就该协议的订立、履行、变更、终止等提起反诉的，人民法院不予准许。

第七条 当事人书面协议约定选择被告所在地、原告所在地、协议履行地、协议订立地、标的物所在地等与争议有实际联系地点的人民法院管辖的，人民法院从其约定，但违反级别管辖和专属管辖的除外。

第八条 公民、法人或者其他组织向人民法院提起民事诉讼，生效法律文书以涉案协议属于行政协议为由裁定不予立案或者驳回起诉，当事人又提起行政诉讼的，人民法院应当依法受理。

第九条 在行政协议案件中，行政诉讼法第四十九条第三项规定的“有具体的诉讼请求”是指：

（一）请求判决撤销行政机关变更、解除行政协议的行政行为，或者确认该行政行为违法；

（二）请求判决行政机关依法履行或者按照行政协议约定履行义务；

（三）请求判决确认行政协议的效力；

（四）请求判决行政机关依法或者按照约定订立行政协议；

（五）请求判决撤销、解除行政协议；

（六）请求判决行政机关赔偿或者补偿；

（七）其他有关行政协议的订立、履行、变更、终止等诉讼请求。

第十条 被告对于自己具有法定职权、履行法定程序、履行相应法定职责以及订立、履行、变更、解除行政协议等行为的合法性承担举证责任。

原告主张撤销、解除行政协议的，对撤销、解除行政协议的事由承担举证责任。

对行政协议是否履行发生争议的，由负有履行义务的当事人承担举证责任。

第十一条 人民法院审理行政协议案件，应当对被告订立、履行、变更、解除行政协议的行为是否具有法定职权、是否滥用职权、适用法律法规是否正确、是否遵守法定程序、是否明显不当、是否履行相应法定职责进行合法性审查。

原告认为被告未依法或者未按照约定履行行政协议的，人民法院应当针对其诉讼请求，对被告是否具有相应义务或者履行相应义务等进行审查。

第十二条 行政协议存在行政诉讼法第七十五条规定的重大且明显违法情形的，人民法院应当确认行政协议无效。

人民法院可以适用民事法律规范确认行政协议无效。

行政协议无效的原因在一审法庭辩论终结前消除的，人民法院可以确认行政协议有效。

第十三条 法律、行政法规规定应当经过其他机关批准等程序后生效的行政协议，在一审法庭辩论终结前未获得批准的，人民法院应当确认该协议未生效。

行政协议约定被告负有履行批准程序等义务而被告未履行，原告要求被告承担赔偿责任的，人民法院应予支持。

第十四条 原告认为行政协议存在胁迫、欺诈、重大误解、显失公平等情形而请求撤销，人民法院经审理认为符合法律规定可撤销情形的，可以依法判决撤销该协议。

第十五条 行政协议无效、被撤销或者确定不发生效力后，当事人因行政协议取得的财产，人民法院应当判决予以返还；不能返还的，判决折价补偿。

因被告的原因导致行政协议被确认无效或者被撤销，可以同时判决责令被告采取补救措施；给原告造成损失的，人民法院应当判决被告予以赔偿。

第十六条 在履行行政协议过程中，可能出现严重损害国家利益、社会公共利益的情形，被告作出变更、解除协议的行政行为后，原告请求撤销该行为，人民法院经审理认为该行为合法的，判决驳回原告诉讼请求；给原告造成损失的，判决被告予以补偿。

被告变更、解除行政协议的行政行为存在行政诉讼法第七十条规定情形的，人民法院判决撤销或者部分撤销，并可以责令被告重新作出行政行为。

被告变更、解除行政协议的行政行为违法，人民法院可以依据行政诉讼法第七十八条的规定判决被告继续履行协议、采取补救措施；给原告造成损失的，判决被告予以赔偿。

第十七条 原告请求解除行政协议，人民法院认为符合约定或者法定解除情形且不损害国家利益、社会公共利益和他人合法权益的，可以判决解除该协议。

第十八条 当事人依据民事法律规范的规定行使履行抗辩权的，人民法院应予支持。

第十九条 被告未依法履行、未按照约定履行行政协议，人民法院可以依据行政诉讼法第七十八条的规定，结合原告诉讼请求，判决被告继续履行，并明确继续履行的具体内容；被告无法履行或者继续履行无实际意义的，人民法院可以判决被告采取相应的补救措施；给原告造成损失的，判决被告予以赔偿。

原告要求按照约定的违约金条款或者定金条款予以赔偿的，人民法院应予支持。

第二十条 被告明确表示或者以自己的行为表明不履行行政协议，原告在履行期限届满之前向人民法院起诉请求其承担违约责任的，人民法院应予支持。

第二十一条 被告或者其他行政机关因国家利益、社会公共利益的需要依法行使行政职权，导致原告履行不能、履行费用明显增加或者遭受损失，原告请求判令被告给予补偿的，人民法院应予支持。

第二十二条 原告以被告违约为由请求人民法院判令其承担违约责任，人民法院经审理认为行政协议无效的，应当向原告释明，并根据原告变更后的诉讼请求判决确认行政协议无效；因被告的行为造成行政协议无效的，人民法院可以依法判决被告承担赔偿责任。原告经释明后拒绝变更诉讼请求的，人民法院可以判决驳回其诉讼请求。

第二十三条 人民法院审理行政协议案件，可以依法进行调解。

人民法院进行调解时，应当遵循自愿、合法原则，不得损害国家利益、社会公共利益和他人合法权益。

第二十四条 公民、法人或者其他组织未按照行政协议约定履行义务，经催告后不履行，行政机关可以作出要求其履行协议的书面决定。公民、法人或者其他组织收到书面决定后在法定期限内未申请行政复议或者提起行政诉讼，且仍不履行，协议内容具有可执行性的，行政机关可以向人民法院申请强制执行。

法律、行政法规规定行政机关对行政协议享有监督协议履行的职权，公民、法人或者其他组织未按照约定履行义务，经催告后不履行，行政机关可以依法作出处理决定。公民、法人或者其他组织在收到该处理决定后在法定期限内未申请行政复议或者提起行政诉讼，且仍不履行，协议内容具有可执行性的，行政机关可以向人民法院申请强制执行。

第二十五条 公民、法人或者其他组织对行政机关不依法履行、未按照约定履行行政协议提起诉讼的，诉讼时效参照民事法律规范确定；对行政机关变更、解除行政协议等行政行为提起诉讼的，起诉期限依照行政诉讼法及其司法解释确定。

第二十六条 行政协议约定仲裁条款的，人民法院应当确认该条款无效，但法律、行政法规或者我国缔结、参加的国际条约另有规定的除外。

第二十七条 人民法院审理行政协议案件，应当适用行政诉讼法的规定；行政诉讼法没有规定的，参照适用民事诉讼法的规定。

人民法院审理行政协议案件，可以参照适用民事法律规范关于民事合同的相关规定。

第二十八条 2015 年 5 月 1 日后订立的行政协议发生纠纷的，适用行政诉讼法及本规定。

2015 年 5 月 1 日前订立的行政协议发生纠纷的，适用当时的法律、行政法规及司法解释。

第二十九条 本规定自 2020 年 1 月 1 日起施行。最高人民法院以前发布的司法解释与本规定不一致的，适用本规定。

《最高人民法院关于审理行政协议案件若干问题的规定》新闻发布稿

最高人民法院行政审判庭庭长　黄永维

（2019 年 12 月 10 日）

各位记者朋友：

《最高人民法院关于审理行政协议案件若干问题的规定》已于 2019 年 11 月 12 日经最高人民法院审判委员会第 1781 次会议讨论通过，并于今天正式发布。这部司法解释是在全国上下认真学习贯彻党的十九届四中全会精神之际，最高人民法院通过的一部重要的司法解释。这部司法解释的发布，将对切实保障人民群众在行政协议中的合法权益、推进法治政府诚信政府建设、优化法治化营商环境、提高政府行政治理能力、推进人民法院行政审判工作产生积极的、深远的影响。下面，我就这部司法解释的起草情况、主要内容和贯彻执行作一简要的介绍和说明。

一、行政协议解释的起草过程

行政协议是新时代中国特色社会主义市场经济不断发展的必然产物，是现代行政管理活动发生重大变革的重要体现，是公众社会治理参与权和公共资源分享权的必然结果，是现代社会服务行政、给付行政等发展理念的具体体现。行政机关通过与公民、法人或者其他组织协商签订的协议，一方面充分发挥了市场在资源配置中的决定性作用，让一切生产要素在公开、公平、公正的程序中竞争；另一方面能够更好发挥政府的职能作用，让社会资本潜力充分释放，更好地实现行政管理和公共服务目标。对于行政协议，中共中央、国务院《关于完善产权保护制度依法保护产权的意见》突出强调了要“完善政府守信践诺机制”“大力推进法治政府和政务诚信建设，地方各级政府及有关部门要严格兑现向社会及行政相对人作出的政策承诺，认真履行在招商引资、政府与社会资本合作等活动中与投资主体依法签订的各类合同，不得以政府换届、领导更替等理由违约毁约，因违约毁约侵犯合法权益的，要承担法律和经济责任”。人民法院通过对行政协议案件的审理，有助于推动政府“放管服”改革，有助于加快政府职能转变，有助于创新行政管理方式，有助于改善营商环境，有助于推动社会主义市场经济更有效率、更加公平、更可持续发展，有助于推进法治政府和服务型政府，有助于国家治理体系现代化和国家治理能力现代化。

2014 年 11 月 1 日，第十二届全国人大常委会第十一次会议通过了《关于修改〈中华人民共和国行政诉讼法〉的决定》，并自 2015 年 5 月 1 日起施行。修改后的行政诉讼法将行政协议纳入行政诉讼的受案范围，并明确规定了行政协议案件的裁判方式。2015 年 4 月 20 日，最高人民法院审判委员会第 1648 次会议通过了《最高人民法院关于适用〈中华人民共和国行政诉讼法〉若干问题的解释》，该司法解释中用 6 个条文，就行政协议案件审理的相关内容作了进一步明确。这一司法解释对于正确理解和适用新修改的行政诉讼法，特别是正确审理行政协议案件起到了积极的推动作用。

但是，上述司法解释是为了配合修改后的行政诉讼法的实施制定的，就涉及行政协议案件的主要问题作了规定，还远远不能满足司法实践的需要。由于行政协议是一种特殊的行政管理活动，既具有行政管理活动“行政性”的一般属性，同时也具有“协议性”的特别属性。考虑到行政协议案件的审理与一般行政行为案件的审理规则不同，需要通过司法解释作出比较详细和科学的规定，从 2016 年开始，最高人民法院正式启动行政协议司法解释的起草工作。在起草过程中，我们根据行政诉讼法的规定，以 2015 年《适用解释》规定的行政协议内容为基础，开展了多形式、多层次的调研。在起草过程中，为了确保司法解释的质量，我们广泛征求和听取了全国人大法工委、司法部、最高人民检察院、中华全国律师协会和中国法学会行政法学研究会的意见建议；为了确保司法解释切合行政管理实际，征求了国家发改委、财政部、原国土资源部、住建部、国家卫计委、教育部等 30 余个部委的意见建议；为了确保司法解释满足司法实践需要，我们先后在浙江、陕西、北京、南京、上海、沈阳等地开展了十余次调研活动，听取了各高级法院的意见，特别是深入听取了部分中、基层人民法院一线法官的意见建议；为了确保司法解释符合行政协议基本理论，我们多次听取民法学界和行政法学专家教授的意见建议。从征求意见的范围来看，本次司法解释征求意见是行政审判领域范围最广的一次。

在充分沟通和讨论的基础上，经过近三年的广泛深入调研，实务界和法学界有关行政协议的共识越来越多，在归纳、总结和研究分析各种意见的基础上，前后形成了司法解释稿共计 24 稿。经过多次修改，最终形成行政协议司法解释送审稿，并由最高人民法院审判委员会讨论通过。

二、起草行政协议司法解释的基本原则

在起草司法解释的过程中，我们始终坚持以下基本原则：

一是，始终坚持以习近平新时代中国特色社会主义思想为指导思想。在起草过程中，我们始终坚持以习近平新时代中国特色社会主义思想为指导，始终把贯彻落实党的十八大、党的十九大精神摆在突出位置。特别是认真落实人民主体地位，践行全心全意为人民服务根本宗旨，切实保障人民群众在土地房屋征收征用补偿等行政协议案件的合法权益，为人民群众提供更便捷、更高效、更优质的司法救济，不断满足人民群众日益增长的多元司法需求。同时，始终把贯彻落实行政诉讼法的最新规定放在重要位置，监督促进行政机关在订立、履行、变更、终止行政协议中行使行政优益权的行为，扎紧行政权力规范运行的“制度笼子”，大力推进社会主义法治政府建设。

二是，始终坚持以推动建立完善政府践信守诺机制为重要目标。中央多次提出要完善政府守信践诺机制。政府守信践诺机制是社会诚信建设的重要基石。司法解释着眼于加强政府诚信建设，确保行政机关按照行政协议约定，严格兑现向社会及行政相对人依法作出的政策承诺，确保行政机关认真履行在招商引资、政府与社会资本合作等活动中与投资主体依法签订的各类合同；确保因以政府换届、领导人员更替等理由违约毁约侵犯合法权益的，要承担法律和经济责任；确保因国家利益、公共利益或者其他法定事由需要改变政府承诺和合同约定的，对企业和投资人因此而受到的财产损失依法予以补偿，推动责任政府、诚信政府建设落到实处。

三是，始终坚持以强化产权保护为根本目标。完善产权保护制度是坚持和完善社会主义基本经济制度、完善社会主义市场经济的内在要求。中央明

确提出要“完善产权保护制度”。司法解释根据行政诉讼法的规定，切实保护各种所有制经济产权和合法利益，保证各种所有制经济依法平等使用生产要素、公开公平公正参与市场竞争、同等受到法律保护；严格把握政府解除行政协议的条件，确保政府依法依约履行协议义务；明确因行政机关违约的充分赔偿和因国家利益需要的充分补偿原则，确保行政协议案件中当事人产权利益得到有力保护。

四是，始终坚持以保障民营经济和社会资本合作方的合法权益为重要职责。民营经济是推动社会主义市场经济发展的重要力量，是推进供给侧结构性改革、推动高质量发展、建设现代化经济体系的重要主体。司法解释明确了矿业权出让协议等国有自然资源使用权出让协议、符合本解释规定的政府与社会资本合作协议属于行政协议，将这类协议纳入行政诉讼规制的范畴；明确了参与招标、拍卖、挂牌等竞争性活动的市场主体的行政诉讼原告资格；等等。通过这些规定，推动实现平等保护产权，努力营造公平的竞争环境，切实保障民营企业和社会资本合作方的合法权益。

五是，始终坚持以优化营商环境为重要使命。优化营商环境是不断解放和发展社会生产力，加快建设现代化经济体系、推动高质量发展的重要机制条件。中央高度重视优化营商环境工作。司法解释坚持依照行政诉讼法的规定，结合国务院《优化营商环境条例》等规定，对被诉行政行为进行合法性审查，对政府违约行为进行合约性审查，监督政府诚实守信，确保“放管服”改革的顺利推进，营造鼓励民营经济和社会资本创业、创新的土壤，为经济发展培育稳健持久的内生增长动力。

三、行政协议司法解释的主要内容

行政协议司法解释全文共29条。主要规定了以下几个方面的内容：

（一）明确行政协议的定义和范围，切实保障行政协议当事人的合法权益

——明确了行政协议的内涵。司法解释第一条规定，行政机关为了实现行政管理或者公共服务目标，与公民、法人或者其他组织协商订立的具有行政法上权利义务内容的协议，属于《行政诉讼法》第十二条第一款第十一项规定的行政协议。根据这一规定，行政协议包括四个要素：一是主体要素，即必须一方当事人为行政机关；二是目的要素，即必须是为了实现行政管理

或者公共服务目标；三是内容要素，即协议内容必须具有行政法上的权利义务内容；四是意思要素，即协议双方当事人必须协商一致。通过对行政协议内涵的规定，明确行政协议与民事合同之间的区别。

——明确规定了行政协议的范围。行政诉讼法规定，政府特许经营协议、土地房屋征收补偿协议等协议属于行政协议范围。司法解释对除上述两类协议之外的类型进行了列举。主要包括：矿业权出让协议等国有自然资源使用权出让协议；政府投资的保障性住房的租赁、买卖等协议；符合司法解释规定的政府与社会资本合作协议；等等。通过对国有自然资源使用权出让协议的审理，将有效解决过去一段时间，国有自然资源领域政府不履约、不监管、权力寻租等乱象，确保国有资产等国家利益得到有力保护；通过对政府投资的保障性住房的租赁、买卖等协议，将有力保障城市低收入群体的“房子是用来住的”合法权益；通过对政府与社会资本合作协议的审理，将有利于保障社会资本方参与公私合作的积极性和安全感，有利于营造公平竞争环境，有利于非公有制经济健康发展。

——明确排除了行政机关的内部协议、人事协议。为了准确把握行政协议的范围，司法解释进一步规定，对于行政机关之间因公务协助等事由而订立的协议、行政机关与其工作人员订立的劳动人事协议，不符合行政协议的基本要素，不属于人民法院行政诉讼受案范围。

（二）明确行政协议诉讼主体资格，保障当事人诉讼权利

——明确了行政协议诉讼原告资格。行政协议往往涉及国家利益和社会公共利益，往往涉及行政管理目标的实现。因此，在行政协议订立过程中，需要遵循“公开、公平、公正”的行政法原则。行政协议案件中，行政协议的订立和履行不仅涉及协议当事人的权利义务，也涉及行政协议当事人之外的利害关系人的权利义务。司法解释根据行政诉讼法的规定，规定了行政协议中的利害关系人的原告资格，不局限于民事合同的相对性原则。为了保证公平竞争权人在行政协议订立中的权益，规定了公平竞争权人的原告资格；为了保障被征收人、征用人、公房承租人等弱势群体的实体权益，规定了用益物权人和公房承租人的原告资格。

——明确了行政机关的被告资格。基于行政协议诉讼“民告官”的定位，司法解释规定，因行政协议的订立、履行、变更、终止等产生纠纷，公

民、法人或者其他组织作为原告，以行政机关为被告提起行政诉讼的，人民法院应当依法受理。人民法院受理行政协议案件后，被告就该协议的订立、履行、变更、终止等提起反诉的，人民法院不予准许。

（三）坚持行政协议诉讼的全面管辖原则，确保案件公正审理

行政协议诉讼既包括了行政机关行使行政优益权的行政行为诉讼，也包括了行政机关不依法履行、未按照约定履行协议义务的违约诉讼。司法解释针对不同的诉讼请求，确立了不同的审理规则。

——明确行政协议诉讼种类。为了便于当事人提起行政协议诉讼，司法解释根据行政诉讼法的规定，明确了行政协议诉讼的具体种类，主要包括：请求判决撤销行政机关行使优益权的行政行为或者确认该行政行为违法；请求判决行政机关依法履行或者按照行政协议约定履行义务；请求判决确认行政协议的效力；请求判决行政机关依法或者按照约定订立行政协议；请求判决撤销、解除行政协议；请求判决行政机关赔偿或者补偿；等等，基本上包括了所有的行政协议类型，确保当事人的合法诉求在行政诉讼中得到全面实现。

——明确不同诉讼类型的举证责任。司法解释根据当事人的不同诉求，结合行政机关在行政协议中的地位，区别情况规定了举证责任。被告对于具有法定职权、履行法定程序、履行相应法定职责以及订立、履行、变更、解除行政协议等行为的合法性承担举证责任；原告主张撤销、解除行政协议的，对撤销、解除行政协议的事由承担举证责任；对行政协议是否履行发生争议的，由负有履行义务的当事人承担举证责任。

（四）坚持对行政机关行使优益权行为的合法性审查，确保行政机关“法无授权不可为”原则落实

——明确对行政优益权行为的合法性审查。司法解释坚持对被诉行政行为合法性进行审查，明确规定，人民法院审理行政协议案件，应当根据《行政诉讼法》第七十条的规定对被告订立、履行、变更、解除行政协议的行为是否具有法定职权、是否滥用职权、适用法律法规是否正确、是否遵守法定程序、是否明显不当、是否履行相应法定职责进行全面的合法性审查，不受原告诉讼请求的限制。

——明确对行政优益权行为的裁判方式。针对行政机关作出的单方变更、

解除行政协议等行使优益权的行为，司法解释规定了不同的裁判方式：在履行行政协议过程中，可能出现严重损害国家利益、社会公共利益的情形，被告作出变更、解除协议的行政行为后，原告请求撤销该行为，人民法院经审理认为该行为合法的，判决驳回原告诉讼请求；给原告造成损失的，判决被告予以补偿；被告行使行政优益权的行为违法的，人民法院判决撤销或者部分撤销，并可以责令被告重新作出行政行为；被告行使行政优益权的行政行为违法，人民法院可以判决继续履行协议、采取补救措施；给原告造成损失的，判决被告予以赔偿。

——明确行政机关依法行使行政职权造成损害的补偿。对于合法的行政行为造成损害的，行政机关应当依法补偿。司法解释规定，被告或者其他行政机关因国家利益、社会公共利益的需要依法行使行政职权，导致原告履行不能、履行费用明显增加或者遭受损失，原告请求判令被告给予补偿的，人民法院应予支持。

（五）依法确认行政协议的效力，确保国家利益、社会公共利益和私人合法权益的平衡

——明确行政协议无效情形。司法解释结合行政协议的特点，结合行政诉讼法关于无效行政行为的规定，对行政协议无效的情形作了明确。行政协议存在重大且明显违法情形的，人民法院应当确认行政协议无效；人民法院可以适用民事法律规范确认行政协议无效；行政协议无效的原因在一审法庭辩论终结前消除的，人民法院可以确认行政协议有效。

——明确行政协议效力待定情形。司法解释规定，法律、行政法规规定应当经过其他机关批准等程序后生效的行政协议，在一审法庭辩论终结前未获得批准的，人民法院应当确定该协议不发生效力；行政协议约定被告负有履行批准程序等义务而被告未履行，原告要求被告承担赔偿责任的，人民法院应予支持。

——明确行政协议可撤销情形。司法解释参照合同法等民事法律规范的规定，规定了行政协议可撤销的情形。司法解释规定，原告认为行政协议存在胁迫、欺诈、重大误解、显失公平等情形而请求撤销，人民法院经审理认为符合法律规定的可撤销情形的，可以依法判决撤销该协议。

——明确行政协议解除情形。司法解释规定，原告请求解除行政协议，

人民法院认为符合约定或者法定解除情形且不损害国家利益、社会公共利益和他人合法权益的，可以判决解除该协议。

（六）坚持行政协议充分赔偿原则，确保行政协议当事人实体权益实现

——明确了行政协议的给付判决。为了确保行政协议当事人实际权益，回应当事人实质诉求，司法解释规定了具体给付判决。司法解释规定，被告未依法履行、未按照约定履行行政协议，人民法院可以依法判决被告继续履行，并明确继续履行的具体内容；被告无法履行或者继续履行无实际意义的，人民法院可以判决被告采取相应的补救措施；给原告造成损失的，判决被告予以赔偿。

——明确了行政协议违约责任。行政机关违约的，应当充分赔偿当事人的实际损失。司法解释规定，原告要求按照约定的违约金条款或者定金条款予以赔偿的，人民法院应予支持。被告明确表示或者以自己的行为表明不履行行政协议义务，原告在履行期限届满之前向人民法院起诉请求其承担违约责任的，人民法院应予支持。

——明确了行政协议案件中的诉讼类型转换。行政协议诉讼是公法诉讼，具有维护国家利益和社会公共利益的客观诉讼性质。司法解释规定，原告以被告违约为由请求人民法院判令其承担违约责任，人民法院经审理认为行政协议无效的，应当向原告释明，并根据原告变更后的诉讼请求判决确认行政协议无效；因被告的行为造成行政协议无效的，人民法院可以依法判决被告承担赔偿责任。原告经释明拒绝变更诉讼请求的，人民法院可以判决驳回其诉讼请求。

（七）规范行政协议案件的强制执行，确保国家利益、社会公共利益及时实现

基于行政协议诉讼“民告官”的定位，行政机关认为行政相对人不依法、不依约履行行政协议的，可以根据行政诉讼法和行政强制法的规定，向人民法院申请强制执行。主要包括两种情形：

——以行政机关作出的履行协议决定作为执行名义，向人民法院申请强制执行。如果行政协议的行政相对人未按照协议履行，行政机关可以作出相应的履行协议行政决定。如果相对人未申请行政复议或者提起行政诉讼，且仍不履行，协议内容具有可执行性的，行政机关可以将该行政决定作为执行

名义向人民法院申请强制执行。

——以行政机关作出的处理决定作为执行名义，向人民法院申请强制执行。如果法律、行政法规规定行政机关对行政协议享有监督协议履行的职权，行政机关可以对不履行协议的行政相对人作出处理决定。如果行政机关依法作出行政决定后，行政相对人未申请行政复议或者其他行政诉讼，且仍不履行，协议内容具有可执行性的，行政机关可以向人民法院申请强制执行。

需要明确的是，人民法院审理行政协议案件，一般遵循实体从旧，程序从新原则，对于2015年5月1日之前订立的行政协议发生纠纷的，适用当时的法律、行政法规及司法解释；当时的法律、行政法规及司法解释没有规定的，可以适用行政诉讼法和本司法解释。

以上是我对行政协议司法解释主要内容的介绍。下一步，人民法院将进一步贯彻党中央的各项部署和要求，严格按照行政诉讼法的规定，公正审理好行政协议这一新类型案件，进一步推进诚信政府法治政府建设，进一步推进政府治理能力现代化，进一步强化产权保护力度，让人民群众在每一起行政案件中感受到公平正义！

此外，本次发布的案例属于参考案例，与以往发布的典型案例有所不同。供大家参考。

谢谢大家！

征稿启事

《行政执法与行政审判》是最高人民法院针对行政审判工作出版发行的唯一的综合指导性图书。丛书自出版以来，深受全国各地法院行政审判法官、行政执法人员和专家学者的普遍欢迎和好评。对各级法院行政审判工作具有权威的指导作用，对各级各部门行政机关依法行政和行政法、行政管理专业的专家学者具有较强的参考作用。

本丛书及时刊登行政法的最新司法解释、司法文件、司法政策及解读，具有典型和指导意义的审判案例及分析，行政执法和行政审判的调研信息及成果等内容，设有“大法官论坛”“理论探索”“案例分析”“实务争鸣”“调查研究”“司法文件”等栏目。现编委会竭诚向全国的行政执法和行政审判理论和实务工作者征稿。来稿要求：

一、稿件应属未公开发表的作品。请勿一稿两投。

二、优先发表在本书所涉领域有创见的、高水平的文章，来稿采用与否以理论和实务价值为标准。

三、稿件引文应当注明出处，注释体例参见本书“写作体例说明”。

四、稿件最好为附打印稿的 word 文件电子版。

五、稿件一经发表，文责自负，但编者保留对来稿进行技术性加工处理的权利。文章一经采用，由本编辑部统一付给稿酬。

六、来稿请按以下联系方式寄送：

地址：北京市东城区东交民巷 27 号

最高人民法院行政审判庭　梁凤云

邮编：100745

请在信封正面注明“《行政执法与行政审判》来稿”字样。

E－mail：zgfyxzt@ sohu. com

《行政执法与行政审判》编委会

写作体例说明

一、交付稿件要求

（一）总体要求

齐（不缺页、不缺件）、清（稿面清楚）、定（已定稿的稿件）。提供稿件电子版，并附打印清样，出版社视清样为最终定稿。

（二）具体要求

纸样用A4纸，单面打印。

电子版内容一定要与提供的清样内容相同。

二、编辑体例

正文编码顺序按：一、（一）1.（1）①第一，其一，等来编排。

三、技术规范

数字用法：

统计数字、时间、物理量等均用阿拉伯数字（如：100kg　45.8万元　11个月　4.9万册　12.4亿人）；法条号尊重原文，即原文是汉字的用汉字，原文是阿拉伯数字的用阿拉伯数字。

注释方法：

1. 一般原则

（1）注释采取页下注，注释号每页重新起算；

（2）引注作品的，注释应完整；

（3）作者为三人或三人以上的，首次引用时应显示全部作者，重复出现时可在第一作者之后加“等”字样。

2. 著作引文注释范例

一般格式：作者/书名/出版社/出版年代/页码

如：×××/×××编著/×××主编：《×××》，××出版社××年版，第××页。

3. 文章引文注释范例

一般格式：作者/文章题目/引自何种出版物/出版时间/页码

（1）著作中文章

××：《文章名》，载××主编：《书名》，××出版社××年版，第××页。

（2）期刊中的文章

××：《文章名》，载《期刊名》××年第×期。

（3）报纸上的文章

××：《文章名》，载《报纸名》××年××月××日，第×版。

图书在版编目（CIP）数据

行政执法与行政审判．总第79集／中华人民共和国最高人民法院行政审判庭编．—北京：中国法制出版社，2020.8

ISBN 978－7－5216－1211－0

Ⅰ．①行…　Ⅱ．①中…　Ⅲ．①行政执法－中国－丛刊②行政诉讼－审判－中国－丛刊　Ⅳ．①D922.11－55②D925.318.2－55

中国版本图书馆CIP数据核字（2020）第136320号

策划编辑　周琼妮（zqn－zqn@126.com）
责任编辑　周琼妮　秦智贤　　　　封面设计　杨鑫宇

行政执法与行政审判（总第79集）

XINGZHENG ZHIFA YU XINGZHENG SHENPAN（ZONG DI－79 JI）

编者/中华人民共和国最高人民法院行政审判庭
经销/新华书店
印刷/三河市紫恒印装有限公司
开本/710毫米×1000毫米　16开　　　　印张/15　字数/209千
版次/2020年8月第1版　　　　2020年8月第1次印刷

中国法制出版社出版
书号ISBN 978－7－5216－1211－0　　　　定价：68.00元

北京西单横二条2号
邮政编码100031　　　　传真：010－66031119
网址：http：//www.zgfzs.com　　　　**编辑部电话：010－66067023**
市场营销部电话：010－66033393　　　　**邮购部电话：010－66033288**